仲裁法案例研习

王继福　编著

燕山大学出版社
2018 · 秦皇岛

图书在版编目（CIP）数据

仲裁法案例研习 / 王继福编著. 一秦皇岛：燕山大学出版社，2018.11
ISBN 978-7-81142-772-1

Ⅰ. ①仲… Ⅱ. ①王… Ⅲ. ①仲裁法一案例一中国 Ⅳ.①D925.705

中国版本图书馆 CIP 数据核字（2018）第 273528 号

仲裁法案例研习
王继福　编著

出 版 人： 陈　玉
责任编辑： 孙志强
封面设计： 朱玉慧
出版发行： 燕山大学出版社 YANSHAN UNIVERSITY PRESS
地　　址： 河北省秦皇岛市河北大街西段 438 号
邮政编码： 066004
电　　话： 0335-8387555
印　　刷： 秦皇岛墨缘彩印有限公司
经　　销： 全国新华书店

开　　本： 787mm×1092mm　1/16　　**印　　张：** 14　　**字　　数：** 250 千字
版　　次： 2018 年 11 月第 1 版　　**印　　次：** 2018 年 11 月第 1 次印刷
书　　号： ISBN 978-7-81142-772-1
定　　价： 45.00 元

目　录

第一章　仲裁和仲裁法概述

第一节　仲裁管辖范围

案例1：甲公司与乙公司《房屋租赁合同》纠纷案

【基本案情】

2002年3月1日，甲公司与丙公司签订的《房屋租赁合同》约定：将甲公司所有的3500平方米房屋出租给丙公司使用，租期从2002年3月1日至2007年3月1日，租金为每月每平方米人民币15元，按月收取，合同还对双方的其他权利义务进行了约定，但无仲裁条款。合同签订后，甲公司依约将房屋交付给丙公司。同年4月，甲公司委托丁公司代收租金。丙公司向丁公司支付了2002年3月至2004年6月期间的租金。2004年6月1日，乙公司当时的筹建负责人肖某以丙公司更名为乙公司为由，与甲公司签订了《补充协议》，将上列租赁合同中的承租人名称由丙公司变更为乙公司，并同时以乙公司法定代表人身份与甲公司签订了一份《房屋租赁合同》，该合同承租方填写为乙公司，争议解决方式约定为“协商不成时，双方均有权提请××仲裁委员会仲裁”，其他内容与甲、丙公司原定合同相同。2004年7月至2005年7月期间的租金均由后来成立的乙公司支付给了丁公司。

甲公司在发现肖某以丙公司更名为乙公司为由与其签订《补充协议》及《房屋租赁合同》一事与事实不符，乙公司事实上并非由丙公司更名而来，乙公司是另行成立的独立法人后，向乙公司送达了书面通知并要求乙公司：立即腾退房屋并按甲公司原与丙公司所定合同付清房屋占用费。2005年3月，甲公司将其出租房屋有偿转让给戊公司。2006年7月，甲公司与戊公司签订《协议书》约定：由甲公司承租上述房屋，租金每月每平方米人民币19元，租期自2006年7月1日起至2007年12月31日止，租金共计1130500元，并已由甲公司按约支付给了戊公司。但本案中的租赁房屋仍被乙、丙公司占用，且乙、丙公司自2005年8月起一直未付租金。其间甲公司多次催促其腾返房屋并支付占用费，均遭拒绝。甲公司遂向仲裁委员会提请仲裁，其仲裁请求为：⑴确认甲公司与乙公司的房屋租赁合同无效，由乙公司、丙公司向其支付房屋占用费及各项损失共计人民币1309000元（计算至2007年6月，其余占用费每月每平方米19元计付至腾退之日止）（注意：甲公司此计算期限有误），且由两公司承担连带清偿责任；⑵本案仲裁费由乙、丙公司承担。

对甲公司的仲裁请求，乙公司辩称：乙公司与甲公司不成立房屋租赁合同关系，请求仲裁庭驳回甲公司的仲裁请求。其理由是：⑴乙公司于2004年6月1日受让了丙公司与甲公司的《房屋租赁合同》项下的权利和义务，自2004年6月1日起乙公司作为承租方与出租方丁公司履行《房屋租赁合同》；⑵因出租方丁公司违反《房屋租赁合同》约定，乙公司已经向人民法院提起了诉讼。

对甲公司的请求，丙公司辩称：丙公司与甲公司不成立房屋租赁合同关系，请求仲裁庭驳回甲公司的仲裁请求。其理由为：丙公司于2002年3月1日与丁公司签订《房屋租赁合同》，承租了上列房屋，并于2004年6月1日与乙公司签订《协议书》，将合同项下的权利义务转让给乙公司，丙公司与甲公司没有关系。

在庭审过程中，甲、乙、丙公司重申了各自的主张，并相互辩论，其主要观点以及理由如下：

甲公司认为:2002年3月1日，甲公司与丙公司签订的《房屋租赁合同》约定：甲公司将自己的3500平方米房屋出租给丙公司，租期自2002年3月1日至2007年3月1日，租金为每平方米人民币15元。该合同租金已委托丁公司代收。2005年3月，甲公司将房屋依法转让给戊公司。2006年7月1日，甲公司与戊公司签订《协议书》，约定由甲公司承租该房屋，租金为每平方米19元，租期自2006年7月1日至2007年12月31日，租金合计人民币1130500元，已由甲公司依约全额支付给戊公司。2004年6月1日，乙公司的筹建负责人以丙公司更名为乙公司需办理工商登记为由，骗取甲公司与其签订补充协议及租赁合同，约定将同一房屋租赁给乙公司使用，租期自2002年3月1日至2007年3月1日。事实上，乙公司于2004年8月10日经工商行政管理核准登记成立，与丙公司均系独立法人。现租赁物由乙、丙公司占有使用，且自2005年8月至今拒不腾退房屋亦拒不缴纳房屋占用费并造成损失，理应腾退房屋并赔偿损失。

乙公司则认为：乙公司已合法受让了丙公司与丁公司的《房屋租赁合同》项下的权利义务，并自受让之日起就以承租方的身份履行了与丁公司签订的《房屋租赁合同》；因出租方丁公司违反该合同，乙公司已向人民法院提起了诉讼，因此乙公司与甲公司不成立房屋租赁关系。

丙公司认为：丙公司因与丁公司签订《房屋租赁合同》而承租了本案中的同一房屋，其后又因与乙公司签订《协议书》而将合同权利义务转让给了乙公司，丙公司已不是承租方。因此，丙公司与甲公司不存在房屋租赁合同关系。

仲裁庭经过审理，认为：⑴乙公司与丙公司之间、丙公司与丁公司之间、甲公司与戊公司之间均没有约定仲裁条款，其后也未达成有关仲裁条款的协议，因此他们之间的争议均不属于本案的仲裁管辖范围，本案的仲裁管辖范围仅为有仲裁条款约定的甲公司与乙公司之间的房屋租赁合同纠纷。⑵乙公司在租赁合同的签订、履行过程之中的有关行为构成了民事欺诈，因此甲公司与乙公司签订的《补充协议》和《房屋租赁合同》无效。⑶乙公司应向甲公司支付房屋占用费及损失费。根据本案业已查明的事实，这笔房屋占用费及损失费共计人民币 1309000 元；并按每月每平方米 19 元的标准向甲公司支付 2007 年 6 月至实际腾退之日止 3500 平方米房屋的占用费。据此，仲裁庭作出如下裁决：

⑴甲公司与乙公司签订的《补充协议》和《房屋租赁合同》无效；

⑵乙公司向甲公司支付房屋占用费及损失费共计人民币 1309000 元；

⑶乙公司按每月每平方米 19 元的标准向甲公司支付 2007 年 6 月至实际腾退之日止的房屋占用费；

⑷本案仲裁费用由乙公司承担；

⑸驳回甲公司的其他仲裁请求。

本裁决为终局裁决，自作出之日起生效。

【问题】

1. 从实体上看，甲公司与乙公司签订的《补充协议》和《房屋租赁合同》是否有效？乙公司是否应向甲公司支付房屋占用费及损失费以及支付多少？

2. 从程序上讲，本案各主体之间的争议是否属于本案的仲裁管辖范围？

【案例解析】

本案是一起房屋租赁合同纠纷案。认定某个争议事项是否属于仲裁管辖范围可从以下方面加以考察：⑴必须是双方当事人在仲裁协议中约定的提请仲裁解决的争议范围或事项；⑵必须是仲裁法所允许采用仲裁方式处理的事项。从而表明，认定某个争议事项是否属于仲裁管辖范围的前提是当事人之间是否存在仲裁协议。这是因为，有无仲裁协议是能否进入仲裁程序的前提。对此，《仲裁法》第四条规定："当事人采用仲裁方式解决纠纷，应当双方自愿，达成仲裁协议。没有仲裁协议，一方申请仲裁的，仲裁委员会不予受理。"而关于仲裁协议的形式，《仲裁法》第十六条第一款规定："仲裁协议包括合同中订立的仲裁条款和以其他书面方式在纠纷发生前或者纠纷发生后达成的请求仲裁的协议。"即仲裁协议的形式主要有两种：合同中的仲裁条款和以其他书面方式在纠纷发生前或者纠纷发生后达成的请求仲裁的协议书。

那么，本案各主体之间的争议是否属于本案的仲裁管辖范围这个焦点问题，应紧紧围绕本案各主体之间是否存在仲裁协议来判断。从前述案情简介可知，本案中，围绕着甲公司的房屋，各主体向仲裁庭提供了以下合同、协议书、补充协议：甲公司与丙公司签订的《房屋租赁合同》、乙公司筹建负责人与甲公司签订的《补充协议》、乙公司筹建负责人以乙公司法定代表人身份与甲公司签订的《房屋租赁合同》、乙公司与丙公司签订的《协议书》。虽然这些合同、协议书、补充协议均涉及同一标的物即甲公司所有的3500平方米房屋，但是本质上却分属不同的法律关系，而且涉及不同的签约主体和不同的法律事实。其中，甲公司与丙公司的《房屋租赁合同》中没有约定仲裁条款，其后亦未达成有关仲裁条款的协议；甲公司与戊公司的《协议书》、丙公司与丁公司签订的《房屋租赁合同》、乙公司与丙公司签订的《协议书》均没有约定仲裁条款，其后也未达成仲裁协议。所以，仲裁庭基于上述事实，根据《仲裁法》第四条、第十六条的规定，遂认定上述各主体之间的合同争议不属于仲裁管辖范围。同时，仲裁庭基于乙公司筹建负责人以乙公司法定代表人身份与甲公司签订的《房屋租赁合同》有明确的仲裁条款约定，该合同又得到了事后注册成立的乙公司在行为上的认可，而且乙公司事实上也支付了相应数额的租金，而该筹建负责人与甲公司签订的《补充协议》又同其与甲公司的《房屋租赁合同》紧密相关，所以仲裁庭基于上述事实，根据《仲裁法》第四条、第十六条的规定，遂认定甲公司与乙公司之间的房屋租赁合同纠纷为本案的仲裁管辖范围。可见，仲裁庭只认定本案的仲裁管辖范围为甲公司与乙公司之间的房屋租赁合同纠纷。

既然甲公司与丙公司之间的《房屋租赁合同》、甲公司与戊公司的《协议书》、丙公司与丁公司签订的《房屋租赁合同》、乙公司与丙公司签订的《协议书》中没有约定仲裁条款，其后亦未达成有关仲裁条款的协议，那么根据《仲裁法》第四条、第十六条的规定，上述各对应主体之间的争议均不属于本案的仲裁管辖范围。但是，甲公司与乙公司之间的《房屋租赁合同》中则有仲裁条款的约定，即协商不成时，双方均有权提请××仲裁委员会仲裁，因此根据《仲裁法》第四条、第十六条的规定，甲公司与乙公司之间的房屋租赁合同纠纷属于本案的仲裁管辖范围。综上，仲裁庭的认定是恰当的。不过，仲裁庭在认定甲公司与乙公司之间的房屋租赁合同纠纷属于本案的仲裁管辖范围时，存在以下两个方面的缺失：其一，没有说明甲公司与乙公司之间的房屋租赁合同纠纷属于《仲裁法》第二条规定的可仲裁事项范围。正如前所述，认定某个争议事项是否属于仲裁管辖范围除了必须是双方当事人在仲裁协议中约定的提请仲裁解决的争议范围或事项外，还必须是仲裁法所允许采用仲裁方式处理的事项，对此《仲裁法》第二条规定："平等主体的公民、法人和其他组织之间发生的合同纠纷和其他财产权益纠纷，可以仲裁。"可见，仲裁法所允许采用仲裁方式处理的事项是合同纠纷和其他财产权益纠纷，所以甲公司与乙公司之间的房屋租赁合同纠纷显然属于《仲裁法》第二条规定的可仲裁事项范围，而根据认定某个争议事项是否属于仲裁管辖范围的标准，甲公司与乙公司之间的房屋租赁合同纠纷当然属于本案的仲裁管辖范围。其二，没有说明甲公司与乙公司之间的《房屋租赁合同》无效而其中的仲裁条款是否也无效。这个问题也非常重要，因为它直接决定着甲公司与乙公司之间的房屋租赁合同纠纷是否属于仲裁管辖范围。虽然认定某个争议事项是否属于仲裁管辖范围的前提是当事人之间是否存在仲裁协议，但是该仲裁协议必须是有效的仲裁协议，如果仲裁协议无效，就不能进入仲裁程序，亦即当事人之间的争议事项就不属于仲裁管辖范围，对此《仲裁法》第五条规定："当事人达成仲裁协议，一方向人民法院起诉的，人民法院不予受理，但仲裁协议无效的除外。"前已述及，仲裁庭裁定甲公司与乙公司之间的《房屋租赁合同》无效，那么该合同中的仲裁条款是否随着该合同的无效而无效呢？对此，《仲裁法》第十九条第一款规定："仲裁协议独立存在，合同的变更、解除、终止或者无效，不影响仲裁协议的效力。"可见，仲裁条款具有相对的独立性，合同的变更、解除、终止或者无效，不影响合同中仲裁条款的效力，因此尽管仲裁庭裁定甲公司与乙公司之间的《房屋租赁合同》无效，但是该合同中的仲裁条款并非因该合同无效而无效，而是有效的，加之甲公司与乙公司之间的房屋租赁合同纠纷属于可仲裁的事项范围，所以甲公司与乙公司之间的房屋租赁合同纠纷属于本案的仲裁管辖范围。故而，认定某个争议事项属于仲裁管辖范围的前提是当事人之间存在仲裁协议，而且是有效的仲裁协议。

第二节　仲裁管辖权异议

案例2：台湾富源企业有限公司与厦门维哥木制品有限公司购销柏木板合同纠纷案

【基本案情】

原告：台湾富源企业有限公司（以下简称富源公司）。

被告：厦门维哥木制品有限公司（以下简称维哥公司）。

1995年4月25日，富源公司与维哥公司在厦门签订了一份编号为95-04-25的柏木板的购销合同。合同约定了由维哥公司向富源公司出售600立方米的福建柏木（单价每立方米160美元）及对柏木的质量要求以及验货方式。合同同时还规定了合同纠纷的解决方式，即“双方进行友好协商解决或以国际商会仲裁为准”。合同签订后，富源公司依合同约定开出了总金额为96000美元的信用证，履行了买方的全部合同义务。但是，富源公司派员到厦门维哥公司要求验货时，发现维哥公司未按双方的约定履行合同，双方遂发生纠纷。富源公司于1995年8月15日向人民法院起诉，请求维哥公司返还货款31180美元并赔偿损失27520美元；判令维哥公司支付验货费用98000港元和公证费3000港元。

维哥公司在提交答辩状期间对管辖权提出异议，认为双方在所签订的合同第七条明确约定了解决合同纠纷的方式，即“双方进行友好协商解决或以国际商会仲裁为准”，请求法院依法驳回原告起诉。富源公司对维哥公司提出的管辖权异议没有提交答辩状。

一审法院经审理认为：原、被告在购销合同中，虽然就解决合同纠纷的方式作了规定，但未就具体的仲裁委员会或仲裁机构作出明确约定，双方也未就解决合同纠纷协商一致，故被告厦门维哥公司提出的管辖权异议的申请不能成立。依照《民事诉讼法》第三十八条规定于1995年10月27日裁定驳回维哥公司对管辖权提出的异议。

一审裁定后，维哥公司不服，向中级人民法院提起上诉，认为双方签订的合同对解决纠纷的方式已约定“以国际商会仲裁为准”，原审认定合同未就具体的仲裁委员会或仲裁机构作出明确约定，显然是错误的，请求依法裁定将此案提交国际仲裁。

二审法院经审理认为：上诉人维哥公司与被上诉人富源公司在其合同中约定“双方进行友好协商解决或以国际商会仲裁为准”，按照《国际商会仲裁规则》第八条规定：“双方当事人约定提交国际商会仲裁时，则应视为事实上接受本规则”。国际商会仲裁院是执行国际商会仲裁规则的唯一仲裁机构。故双方当事人合同中的仲裁条款实际约定了由国际商会仲裁院根据《国际商会仲裁规则》对本案当事人之合同纠纷进行仲裁。该仲裁条款有效，一审法院对本案没有管辖权。上诉人提出管辖权异议符合有关法律规定，理由成立，原审裁定本案由一审法院管辖不当。二审法院依照《民事诉讼法》第一百五十二条的规定，于1996年5月5日作出裁定：

⑴ 撤销一审法院的民事裁定；

⑵驳回原告富源公司的起诉。

【问题】

被告提出的管辖权异议是否正确？为什么？

【案例解析】

（一）仲裁管辖权异议

仲裁管辖权异议，是指当事人向受理案件的仲裁机构或仲裁庭提出其对案件无管辖权的主张。一般而言，仲裁管辖权异议包括对仲裁协议及其效力的异议和对仲裁机构或仲裁庭受理范围的异议。[1] 对仲裁协议及其效力的异议，是指仲裁协议不存在、无效、未生效、失效或不可能实行。对仲裁机构或仲裁庭受理范围的异议，是指受理的争议事项超出了法律强制规定的可仲裁范围或超出了当事人仲裁协议约定的范围。此案主要涉及当事人对仲裁协议效力的异议。

[1] 张斌生著：《仲裁法新论》，厦门大学出版社2002年版，第165页。

仲裁协议不仅有授予仲裁机构或仲裁庭以仲裁管辖权、使双方当事人丧失到法院诉讼的权利、排除法院管辖权等效果，而且也有指引仲裁程序的进行、赋予仲裁裁决强制执行的效力。可以说，没有仲裁协议或仲裁协议无效，就不可能进行仲裁，仲裁机构或仲裁庭对争议或纠纷就不具有管辖权，所作出的仲裁裁决会被法院撤销或得不到法院的强制执行。

（二）仲裁协议的有效要件

判断当事人仲裁愿望的唯一依据就是看当事人之间是否存在一个合格、有效的仲裁协议，即该仲裁协议的形式要件和实质要件是否符合要求。[1]

1．仲裁协议形式要件的要求

仲裁协议作为契约的一种特殊形式，是约束双方当事人的凭证，也是授予仲裁机构以仲裁权的根据。因此，一项有效的仲裁协议必须具有合法的形式，这是各国仲裁法和仲裁机构的仲裁规则对仲裁协议有效要件的共同要求。对于仲裁协议的合法形式，要求以书面方式作为形式要件，如果以口头方式订立，仲裁协议无效。因为口头形式的仲裁协议，一旦当事人之间发生了争议，使仲裁庭或者人民法院无法确认是否反映了当事人的真实意思表示，不仅纠纷难以解决，而且还会加剧当事人与仲裁机构之间的矛盾，产生相互推诿现象，不利于对当事人合法权益的保护。《民事诉讼法》第二百五十七条和《仲裁法》第十六条均要求仲裁协议采用书面形式，即“合同中的仲裁条款”和“以其他书面方式达成的仲裁协议”。

2．仲裁协议内容要件的要求

仲裁协议的基本内容是对仲裁协议完整性的要求。由于仲裁协议的内容直接反映了双方当事人的意愿，并决定着仲裁协议的效力，进而影响着仲裁权的取得与行使，因此，仲裁协议的内容是仲裁协议的核心。正是基于这一点，各国仲裁立法和有关国际条约均对仲裁协议的内容作了规定。原则上都承认双方当事人可以自由商定仲裁协议的内容，在法律允许的范围内将所作出的任何约定写入其仲裁协议中。但一般来说，仲裁协议的内容应该包括如下几方面：

⑴以仲裁方式解决纠纷的意思表示。请求仲裁的意思表示是一切仲裁协议的重要内容，也可以说是有效仲裁协议的首要内容。当事人在决定将他们之间的争议提交仲裁解决时，首先应该在仲裁协议中明确地表明愿意提交仲裁的共同意思

[1] 李井杓著：《仲裁协议与裁决法理研究》，中国政法大学出版社 2000 年版，第 45 页。

表示，即当事人双方自愿地、一致地约定将其争议提交仲裁，从而排除其他解决争议的方式。这一提交仲裁的意思表示必须真正建立在平等、自愿和协商一致的基础上，否则即使订立了仲裁协议，也会因其违背一方或双方当事人的意愿而在随后的仲裁程序中不能得到顺利执行。

⑵仲裁事项。当事人双方应当在仲裁协议中约定将什么样的争议提交仲裁，即应当约定仲裁事项。约定提交仲裁的争议事项，是有关的仲裁庭行使仲裁管辖的重要依据之一，也是有关当事人申请有关国家的法院协助承认和执行仲裁裁决时必须具备的一个重要条件。仲裁协议中的仲裁事项，意味着仲裁庭行使仲裁权的范围，即仲裁庭只能在仲裁协议确定的仲裁事项的范围内进行仲裁，超出这一范围进行的仲裁即仲裁庭超越仲裁权所作出的仲裁裁决，经一方当事人的申请，法院可以不予执行或撤销其裁决。如果一方当事人申请仲裁裁决的争议事项不属于仲裁协议所约定仲裁的争议事项范围，他方当事人就有权对有关仲裁庭的管辖权提出异议，拒绝参加仲裁。《仲裁法》第二条规定："平等主体的公民、法人和其他组织之间发生的合同纠纷和其他财产权益纠纷，可以仲裁。"第三条接着规定："下列纠纷不能仲裁：1. 婚姻、收养、监护、抚养、继承纠纷；2. 依法应当由行政机关处理的行政争议。"由此可以看出，《仲裁法》规定的可以仲裁的事项限于部分财产纠纷，对涉及当事人不能自由处分的身份关系的争议不能用仲裁方式解决，那些不平等主体之间的纠纷也不能属于可仲裁事项的范围。

⑶选定的仲裁机构。仲裁机构的确定之所以是仲裁协议中极为重要的内容，是因为：第一，仲裁机构的确定是仲裁庭得以行使仲裁权的法律依据；第二，仲裁机构以及仲裁地在很大程度上决定了仲裁裁决的国籍，从而影响到裁决的承认与执行。根据《仲裁法》的规定，我国仲裁制度实行机构仲裁，不承认临时仲裁。在机构仲裁条件下，作为仲裁协议内容之一的仲裁机构是指常设仲裁机构，它是一种固定性的仲裁组织，有自己的名称、住所和章程，有必要的财产，有自己的办事机构和仲裁规则，有聘任的仲裁员。而临时仲裁，是由双方当事人直接指定仲裁员组成临时仲裁庭，对案件的裁决终结后即自行解散。因此，在我国，有无明确选定的仲裁机构会直接影响到仲裁协议是否有效，当事人在订立仲裁协议时必须指明某个具体的仲裁机构，否则该协议不具有可执行性，也不具有法律效力。

本案中，一审和二审之所以作出了完全不同的裁定，其原因在于对是否存在有效的仲裁协议的判断不同。当事人之间的仲裁条款是否有效，应当符合仲裁条款有效要件，双方在所签订的合同第七条约定"双方进行友好协商解决或以国际商会仲裁为准"，这种约定是否可以认为双方当事人之间达成了一个有效、合格的仲裁协议呢？根据上述对仲裁协议有效要件的分析，可以认为这样的约定是有效的仲裁协议。因为：⑴双方以仲裁条款的形式约定愿意将他们之间的将来可能发生的争议提交国际商会仲裁解决，并且这种意愿是基于双方当事人真实的意思表示。⑵双方约定的仲裁事项具有可仲裁性。根据《仲裁法》第二条和第三条规定，通过仲裁方式解决纠纷的范围是有一定限制的，并不是当事人在仲裁协议中约定的仲裁事项都可以申请仲裁解决，对于仲裁范围，仲裁法已作了明确规定，即平等主体之间发生的合同纠纷和其他财产权益纠纷，可以申请仲裁解决。除此之外，当事人之间发生的其他民事、经济纠纷，都不能在仲裁协议中作出约定，只能在协议解决不成时向人民法院提起诉讼。本案当事人把合同中发生的纠纷作为仲裁事项是符合法律规定的。⑶双方约定了仲裁机构。这一点也是一审和二审作出不同裁定的分歧所在。

（三）本案的仲裁机构

只是约定“国际商会仲裁”寥寥数语可否认为约定了明确的仲裁机构？根据《仲裁法》的规定，我国仲裁制度实行机构仲裁，如前所述是否明确选定仲裁机构会直接影响到仲裁协议是否有效，当事人在订立仲裁协议时必须指明由某个具体的仲裁机构仲裁，否则该协议不具有可执行性，也不具有法律效力。除了《仲裁法》规定仲裁协议必须选定特定的仲裁机构，最高人民法院在相关司法解释也作了明确规定。《民事诉讼法适用意见》第一百四十六条规定：“当事人在仲裁协议中选择的仲裁机构不存在，或者约定裁决的事项超越仲裁机构权限的，人民法院有权依一方当事人的起诉而受理案件。”前述规定说明我国对仲裁协议选定仲裁机构的要求是严格的。换言之，协议中必须准确表述仲裁机构的名称，而不能含糊其辞。由于如此严格的文字表述在实际操作中很难要求一般当事人普遍做到，因此仲裁实践中经常出现被申请一方以选择仲裁机构不明确为由而提出管辖权异议，导致程序的拖延，影响了仲裁程序的正常进行。对此，只要仲裁协议在仲裁机构的文字表述上不会产生歧义而具有可操作性，则应该认定仲裁协议对仲裁机构的选择有效。在本案中，一审法院认为，双方当事人在合同中虽然约定了仲裁方式，但未就具体的仲裁委员会作出明确的选择，即没有明确指出是哪个国家或地区的国际商会，因为许多国家和地区都设有国际商会，如我国就设有“中国国际商会”，而且国际商会本身不是仲裁机构。所以，当事人关于“以国际商会仲裁为准”的约定，应属于对仲裁机构约定不明确，但是我国《仲裁法》允许当事人对不明确的仲裁协议予以补正，体现在第十八条的规定中，即仲裁协议对仲裁事项或者仲裁委员会没有约定或者约定不明确的，当事人可以补充协议；达不成补充协议的，仲裁协议无效。事后双方又未协商一致，故认定该仲裁协议无效。

国际商会是1919年成立的为世界商业服务的非政府间的国际组织。国际商会的宗旨是通过加强国际商业交往，促进世界经济的发展与繁荣，总部设在法国巴黎。国际商会于1923年成立了“国际商会仲裁院”，该仲裁院是世界上最有影响的商事仲裁机构。[1]如果当事人的仲裁协议中所指的“国际商会”前没有冠以任何国家或地区的名称，在后面也没有加上“×× 国家分会”或“×× 地区分会”的字样，则应是专指总部设在法国巴黎的“国际商会”。本案当事人的约定即属于这种情况，应认定是指在巴黎的“国际商会”。根据《国际商会调解与仲裁规则》的“仲裁规则”部分第一条规定，国际商会仲裁院是附属国际商会的国际仲裁机构，并且是执行该“仲裁规则”的唯一仲裁机构。该“仲裁规则”第八条的规定：“双方当事人约定提交国际商会仲裁时，则应视为事实上接受本规则。”据此，本案当事人合同仲裁条款中“以国际商会仲裁为准”的约定，实际上是约定了由国际商会仲裁院依其“仲裁规则”对合同纠纷进行仲裁，应当认定当事人的这种约定明确选定了具体的仲裁机构，符合《仲裁法》第十六条的第三项要求。同时，由于该仲裁条款又没有发生《仲裁法》第十七条、第十八条规定的四种致使仲裁协议无效的情形，故该仲裁协议应被认定为有效，当事人应向国际商会仲裁院申请仲裁其合同纠纷，法院无权受理合同一方当事人的起诉，二审法院的裁定是正确的。

案例3：广西壮族自治区第二建筑工程公司厦门公司与厦门三井实业有限公司借款纠纷案

【基本案情】

原告（上诉人）：广西壮族自治区第二建筑工程公司厦门公司。

被告（被上诉人）：厦门三井实业有限公司。

1995年6月27日，原、被告双方签订了一份协议书，协议书约定被告向原告

[1] 姜宪明、李乾贵著：《中国仲裁法学》，东南大学出版社1996年版，第247页。

借款100万元，用于缴纳共同开发的“海城花园”住宅区工程地价，借款期限20日，至同年7月17日全数归还原告，该协议经双方签章后生效，至正式施工合同签订后自行作废。1997年2月12日，原、被告双方正式签订海城花园建设工程施工合同，合同约定双方发生争议调解不成时，任何一方可向仲裁机关申请仲裁，合同附件约定被告于1995年6月27日向原告借款100万元，待本工程竣工后一次性偿还。1998年11月17日，原告向仲裁委员会申请仲裁，请求：⑴裁决被告立即支付拖欠的工程款10131963.24元及违约金364157.79元；⑵裁决被告立即返还100万元借款及利息。仲裁委员会受理后，被告亦进行答辩，仲裁委员会也已开庭进行了审理。原告于1999年11月17日向仲裁委员会申请撤回第二项仲裁请求。1999年11月25日，仲裁委员会同意原告撤回仲裁申请书中的第二项申请。

随后，原告向法院提起诉讼，请求法院判令被告偿还借款100万元。

一审法院认为：原、被告双方当事人正式签订的海城花园建设工程施工合同，当合同约定双方发生争议调解不成时，任何一方可向仲裁机关申请仲裁。由于原、被告双方对合同纠纷自愿达成书面仲裁协议并已向仲裁委员会申请仲裁，依照《民事诉讼法》第一百一十一条第二项的规定，裁定驳回原告广西壮族自治区第二建筑工程公司厦门公司的起诉。

一审裁定后，原告不服，向二审法院提出上诉，称：1995年6月27日的100万元借款是被上诉人用于缴纳地价之用，原来的借款期限为20日，由于被上诉人一时无法偿还，在1997年2月12日双方订立的建设工程施工合同中，上诉人考虑到被上诉人的困难，同意将所借的100万元待本工程竣工后一次性还清。因此，100万元是借贷款，不属于工程款，不属于仲裁范围。二审法院经审理后认为：上诉人据以向一审法院起诉的依据是其1995年6月27日与被上诉人签订的协议书，约定了被上诉人向上诉人借款100万元的事实、借款用途及借款期限，该协议书实际上是权利义务明确的借款协议。在双方于1997年2月12日所签订的海城花园建设工程施工合同附件中，对该借款约定所借的100万元人民币待工程竣工后一次性偿还。该约定虽与双方所签订的施工合同分属于两个不同的法律关系，但在原告依照该合同之约定提交仲裁委员会仲裁时，一并将该100万元的借款提交仲裁，被告亦进行了答辩，仲裁委员会也已开庭进行了审理，根据《仲裁委员会仲裁规则》，当事人在仲裁庭首次开庭或15日的答辩期内未提出异议的，视为对仲裁协议的效力及仲裁案件的管辖权无异议，因此，本案双方当事人已实际接受了仲裁管辖，原告不能再向法院提起诉讼。二审法院依照《民事诉讼法》第一百五十四条及《民事诉讼法适用意见》第一百八十八条之规定：驳回上诉，维持原裁定。

【问题】

二审法院的裁判是否正确？为什么？

【案例解析】

法院和仲裁机构是两个各自独立的解决纠纷的机构，这两种性质不同、权能各异的机构导致了纠纷解决方法的差异性。正如仲裁与诉讼代表着两种不同的纠纷解决方式一样，仲裁管辖权与法院管辖权体现着两种不同的对当事人之间的争议进行审理、裁判的权力。仲裁管辖权是指仲裁机构依据当事人的授权和法律的授权所享有的，可以对当事人之间的争议进行审理并作出有约束力裁决的权力。仲裁管辖权是一种仲裁权，即仲裁机构所享有的对当事人提交仲裁解决的争议进行审理和裁决的权力。[1] 仲裁权源于当事人之间的协议，而法院管辖权是法律直接赋予的，这是仲裁管辖权和法院管辖权的本质区别。一般而言，各国法律认可当事人协议选择管辖的法院，但是选择管辖法院受到不得违反级别管辖和专属管辖，以及所选择法院与争议要有实际联系等严格限制。仲裁管辖的范围虽然小于法院管辖的范围，但是协议仲裁管辖可以排除法院的审判管辖，甚至法院的专属管辖。根据我国现行法律及司法解释的规定，争议的事项如果属于我国法院专属管辖，当事人不得用书面协议选择其他国家的法院管辖，但是可以通过订立仲裁协议的方式排除法院的专属管辖。

世界上大多数国家的仲裁立法与仲裁实践都确立了或裁或审的原则，都认可了仲裁协议所具有的排除法院司法管辖权的效力。如果当事人已经就特定的争议订有仲裁协议，法院则不应该受理此种争议。如果法院已经受理，在对方当事人提出异议时，法院应当中止诉讼程序。由于仲裁管辖权与法院管辖权对同一案件的不可兼得性，因此，双方当事人订有仲裁的争议就不能再提交法院通过诉讼的渠道解决，或者说，法院不具有对当事人之间订有仲裁协议的纠纷的管辖权。1958年《纽约公约》第二条第三款规定："如果缔约国的法院受理一个案件，而就这个案件所涉及的事项，当事人已经达成本条意义内的协议时，除非该法院查明协议是无效的、未生效或不可能实行的，应该依一方当事人的请求，命令当事人将案件提请仲裁。"《联合国国际商事仲裁示范法》第八条第一款也作了与上述类似的

[1] 乔欣著：《仲裁权研究：仲裁程序公正与权利保障》，法律出版社2001年版，第143页。

规定。在国内立法中，大陆法系国家（如瑞典、印度、瑞士等）和普通法系国家（如英国、美国等）的仲裁法中都规定，法院在受理当事人的仲裁协议中确定的争议事项时，一般应作出令当事人通过仲裁裁决或中止诉讼程序的判决。

（一）确定仲裁管辖权的依据

协议管辖权原则是仲裁管辖权取得的基础。仲裁管辖权的确定必须以有效的仲裁协议为依据。当事人通过订立仲裁协议对已经发生或将要发生的争议的管辖权授予双方所选择的仲裁机构，从而排除法院的司法管辖权。有效仲裁协议可以排除法院管辖权实际上就是对当事人自由处分其民事权利的确认。[1] 如果当事人之间不存在有效的仲裁协议，则仲裁机构无权受理当事人之间所发生的争议，对该争议就不具有管辖权。“无协议，就无仲裁”，仲裁协议是确定仲裁管辖权的唯一依据。这就是世界各国仲裁立法与实践中普遍承认的仲裁协议管辖原则。目前，仲裁协议管辖原则已经得到国际仲裁立法的一致肯定。仲裁协议管辖原则在我国的立法中也得到体现，我国《仲裁法》第五条规定，当事人达成仲裁协议，一方向人民法院起诉的，人民法院不予受理。《民事诉讼法适用意见》第一百四十五条规定：“当事人在书面合同中订有仲裁条款，或者在纠纷发生后达成书面仲裁协议，一方向人民法院起诉的，人民法院裁定不予受理，告知原告向仲裁机构申请仲裁。”由以上法律规定可知，在我国，仲裁管辖权的确定也必须以有效的仲裁协议为依据。

（二）仲裁管辖权的取得

当事人通过订立仲裁协议（包括条款）把已经发生或将要发生的争议的管辖权授予双方所选择的仲裁机构（或仲裁庭），从而排除法院的司法管辖权。如果当事人之间不存在有效的仲裁协议，则仲裁机构无权受理当事人之间所发生的争议，对该争议就不具有管辖权。就特定仲裁机构而言，对某一争议享有管辖权必须满足三个条件：⑴当事人之间订立有效的仲裁协议；⑵该争议属于法律允许的可仲裁范围；⑶至少一方当事人申请就该争议向仲裁机构提交仲裁。仲裁最基本的原则是当事人意思自治原则。当事人可以通过自愿达成仲裁协议表明其仲裁的意愿，

---

[1] 王生长：《仲裁协议及其效力确定》，载《仲裁与法律》2001 年第 5 期。

确定仲裁的事项，选择仲裁的地点、机构、程序、所适用的法律，确定仲裁裁决的效力等。仲裁庭的仲裁管辖权源于当事人的授权而非法律的直接授权。因此，当事人订立有效的仲裁协议是仲裁庭取得管辖权的前提。那么如何判断仲裁协议的有效性？从各国的立法来看，首先要考察仲裁协议本身必须具备法定的实质要件和形式要件，这些要件包括当事人具有行为能力、意思表示真实、形式合法、内容不违反法律与社会公共利益。具体体现在我国《仲裁法》第十六条规定：“仲裁协议应当具有下列内容：⑴请求仲裁的意思表示；⑵仲裁事项；⑶选定的仲裁委员会。”除此之外，还要考察签订仲裁协议的主体资格及仲裁协议适用的载体问题。需要提及的是，依据仲裁条款自治理论，合同中的仲裁条款是独立于合同的其他条款而存在的，合同无效并不导致合同中仲裁条款无效，仲裁庭仍享有案件的管辖权以及确定当事人双方权利和义务的权力。因此，只要仲裁庭认为仲裁协议或仲裁条款是有效的，无论基础合同有效与否，都不能影响或排除仲裁庭的管辖权。

在本案中，双方当事人在合同中约定双方发生争议调解不成时，任何一方可向厦门市仲裁机关申请仲裁。虽然借款合同与双方所签订的施工合同分属于两个不同的法律关系，而且借款事项约定在合同附件中，但仍是合同的组成部分，仍受主合同中仲裁条款的约束，并且此约定符合仲裁法第十六条仲裁协议的有效要件的规定，也没有出现仲裁法第十七条规定的导致仲裁协议无效的事由，因此可以认定双方的仲裁条款有效，当事人通过订立仲裁条款将要发生的争议的管辖权授予了双方选择的仲裁机构，仲裁委员会有权对争议进行审理，从而排除法院的司法管辖权。

（三）放弃管辖权异议——接受仲裁

仲裁案件受理后，当事人有权提出管辖权异议。仲裁管辖权异议是指当事人向受理案件的仲裁机构或仲裁庭提出其对案件无管辖权的主张。仲裁管辖权异议包括对仲裁协议及其效力的异议和对仲裁机构或仲裁庭受理范围的异议。对仲裁协议及其效力的异议，是指仲裁协议不存在、无效、未生效、失效或不可能实行。对仲裁机构或仲裁庭受理范围的异议，是指受理的争议事项超出了法律强制规定的可仲裁范围或超出了当事人仲裁约定的范围。原告认为借款合同是工程建设施工合同的附件，双方约定的提交仲裁解决的范围是工程建设施工合同中所产生的争议，而借款合同则不是双方约定的属于仲裁解决的事项，所以被告有权就此提出管辖权异议。但是在原告依照该合同之约定提交厦门仲裁委员会仲裁，一并将100万元的借款提交仲裁，表明原告主动申请仲裁时，启动仲裁委员会的仲裁管辖权。随后，被告亦进行了答辩，这说明被告放弃对仲裁管辖权的异议权。当事人放弃仲裁管辖权的基本情形可分为对仲裁管辖权异议的积极放弃和对仲裁管辖权异议的消极放弃。对仲裁管辖权异议的积极放弃即在一方当事人申请仲裁之后，对方当事人未对仲裁管辖权提出异议，而是以作实质答辩的方式表示其放弃了对仲裁管辖权提出异议的权利。对仲裁管辖权异议的消极放弃即在一方当事人申请仲裁之后，对方当事人及未作实质答辩，也未在法定时间内以合乎法律规定的任何方式，对仲裁管辖权提出异议，从而在法律上推定其放弃了对仲裁管辖权提出异议的权利。[1] 本案被告不仅对原告的仲裁申请进行了答辩，而且在仲裁庭首次开庭或15日答辩期内未提出异议，可见其明确放弃对仲裁管辖权的异议权。双方都对仲裁委员会的仲裁管辖权无异议，因此，本案双方当事人都已实际接受了仲裁管辖。

仲裁委员会开庭进行了审理，使得仲裁程序得以启动。于是客观上就产生了一个重要的法律后果：申请人和被申请人成为特定案件的仲裁当事人，并各自依法享有和承担仲裁法及仲裁规则所规定的权利和义务。在仲裁过程中，原告申请撤回仲裁申请书中的第二项，为了保证当事人的程序选择权和程序参与权，应当支持这种申请权。如果双方当事人是通过达成和解协议而撤回申请，根据《仲裁法》第五十条的规定：当事人撤回仲裁申请后反悔的，可以根据仲裁协议申请仲裁。这表明即使原告撤回了申请，也不能据此向法院起诉，而只能请求再次提起仲裁。因此，法院不应该受理原告的起诉。

综上所述，一、二审的裁定是正确的。

---

[1] 乔欣著：《仲裁权研究：仲裁程序公正与权利保障》，法律出版社2001年版，第176页。

第三节 仲裁法之公平合理原则

案例4：某糖酒副食品有限公司与某美食有限责任公司销售合同纠纷案

【基本案情】

2004年3月31日，申请人某糖酒副食品有限公司与被申请人某美食有限责任公司（以下称“美食分店”）签订了一份红酒专场销售合同。约定在2004年5月1日至2005年5月1日期间，美食分店销售申请人提供的红酒数量不低于500件，申请人向其支付销售奖励人民币30000元；若美食分店到期没有完成任务，则按比例退还奖励款。合同签订后，申请人一次性向美食分店支付了奖励款人民币30000元。合同到期后，美食分店实际完成红酒销售118件，按约定应退还人民币22920元。

2004年4月30日，申请人又与美食分店签订了奶制品专场销售合同。双方约定在2004年5月1日至2005年5月1日期间，美食分店销售申请人提供的奶制品数量1500件，申请人向其支付人民币110000元；若美食分店到期没有完成任务，则按比例退还奖励款。合同签订后，申请人一次性向美食分店支付了奖励款110000元。合同到期后，美食分店实际完成销售奶制品640件，按约定应退还申请人人民币63066.67元。另外，美食分店尚差申请人货款人民币19288元。

为此，申请人要求被申请人：(1)退还奖励折扣及专场专销费人民币85986.67元；(2)支付拖欠申请人的货款人民币19288元及逾期利息。

被申请人辩称：(1)申请人账务不清是导致双方争议的原因，此前申请人给被申请人的两次律师函和此次仲裁请求的欠款数均不一致，说明申请人自身账务不清混乱，不能证明被申请人欠其货款；(2)双方业务往来采取即时结算的方式，只要有单据证明款未付可以随时支付；(3)申请人未及时送货导致被申请人相应的损失，申请人存在违约行为；(4)被申请人开具的收款收据是收到赞助费，赞助费不存在退还问题，申请人对收据款项没有提出异议，要求退还相应比例的赞助费是不合理的，也不符合合同约定。为此，被申请人请求依法驳回申请人的仲裁请求。

被申请人向仲裁庭出具《情况说明》称："美食分店是某美食有限责任公司下设的非独立核算的分支机构。未领取营业执照，不具备法人资格，不具备独立的民事主体资格，不能参与仲裁活动。"

仲裁庭就双方销售红酒及奶制品的件数问题组织双方进行了多次对账。申请人提供的销售明细表反映2004年5月至2005年5月卖给被申请人妙士奶制品118件，2004年4月1日至2005年1月2日售给美食分店红酒640件。被申请人向仲裁庭提供了一份2004年4月至2005年11月购买申请人商品的月综合表，用以证明所购红酒和奶制品的数量与申请人讲述的不一致。该表反映2004年4月至2005年5月共计购买申请人红酒173件，妙士奶制品764件，退红酒53瓶。申请人认为该表与其提供的数据基本相符，但销售中有部分是合同外的品种和数量，应予以剔除。

仲裁庭经审理查明：2004年3月31日申请人与美食分店签订了一份《销售合同》约定，申请人向美食分店提供烟台长城干红系列产品，被申请人将申请人提供的产品在被申请人所辖企业及营业场所内竭尽全力首推销售；结算方式为月结；合同还约定，申请人一次性提供人民币30000元作为美食分店经营场所长城系列干红专场销售的奖励折扣，在此合同期内，除申请人专场促销外，其他红酒不得上促销，同时申请人为唯一长城系列红酒供应商。被申请人自行承诺合同期内销售申请人提供产品不低于500件（以赤霞珠为标准核算每件人民币288元），若未完成，则按比例退还申请人所提供奖励折扣。合同期为2004年5月1日至2005年5月1日。当日，申请人向美食分店支付长城系列产品专场促销费人民币30000元。

2004年4月30日，双方当事人又签订一份《销售合同》，约定：申请人向美食分店提供妙士系列产品，被申请人将申请人的产品在被申请人所辖企业及营业场所内竭尽全力首推销售；结算方式为月结。合同还约定：申请人一次性提供赞助折扣人民币110000元，作为被申请人经营场所销售申请人奶制品的专场专销费用，其中被申请人自行承诺销售申请人奶制品1500件（妙初乳500件，妙士新鲜屋1000件），且申请人在合作期间是奶制品的唯一供应商。在此合同期内，如未完成承诺销量，被申请人应按照销售比例退还给申请人赞助折扣费用。合同执行期为2004年5月1日至2005年5月1日，2004年5月10日申请人向被申请人支付妙士产品促销费人民币110000元。

申请人在合同履行期内，向被申请人所属美食分店、钟家村店和腰路堤店销售了一批红酒和妙士奶制品。双方交易方式为，申请人接被申请人通知后派业务人员送货，被申请人在申请人的调拨单（结算联）上签字，并给申请人出具一份入库单，申请人持本公司调拨单和被申请人的入库单即可到被申请人处结账。根据申请人向仲裁庭提供的未结算的调拨单和入库单显示的金额，被申请人尚有人民币 8288 元货款未支付给申请人。

另查明，被申请人甲向仲裁庭声明，被申请人乙是被申请人甲下属的非独立核算的分支机构，不具备独立的民事主体资格，不能参与民事仲裁活动，且该美食分店已被拆除。根据我国《民法通则》的有关规定，美食分店的民事行为应由其开办单位即本案被申请人承担责任。

仲裁庭经过审理，认为：⑴被申请人应当按照合同约定向申请人返还奖励折扣款，且根据《合同法》的公平原则，对双方所提产品销量的相差部分由双方各自承担二分之一的责任。被申请人应按照完成红酒销量 145.5 件，完成奶制品销量 702 件及合同约定的比例计算返还奖励折扣款。⑵被申请人应当将货款人民币 8288 元，利息人民币 1230.31 元支付给申请人，至于申请人要求被申请人支付人民币 11000 元欠款不属于本案合同争议内容，申请人应当另案解决。据此，仲裁庭作出如下裁决：

⑴被申请人向申请人返还销售红酒的奖励折扣人民币 21270 元；返还销售奶制品的奖励折扣人民币 58493.4 元；

⑵被申请人向申请人支付货款人民币 8288 元，利息人民币 1230.31 元；

⑶驳回申请人的其他仲裁请求；

⑷本案仲裁费人民币 ×× 元，由申请人承担人民币 ×× 元，第二被申请人承担人民币 ×× 元。

因仲裁费用已由申请人预缴，故第二被申请人应于本裁决书送达次日起 10 日内，将第⑴、⑵、⑷项裁决所列金额共计人民币 ×× 元一并支付给申请人。本裁决为终局裁决，自作出之日起生效。

【问题】

1. 从实体上看，被申请人是否应当按照合同约定向申请人返还奖励折扣款以及返还多少？被申请人是否应向申请人支付货款以及支付多少？

2. 从程序上讲，本案体现了仲裁法的哪一项基本原则？

【案例解析】

本案是一起销售合同纠纷案。从本案仲裁庭的组成、审理和裁决各方面来看，完全体现了《仲裁法》的公平合理原则。具体表现在以下方面：

（一）本案仲裁员能保证案件的公正裁决

本案仲裁员是仲裁委员会按照《仲裁法》第十三条规定的聘任仲裁员的条件之品行条件和业务条件所聘任的，而且本案当事人没有根据《仲裁法》第三十四条规定提出仲裁员回避申请，这表明本案仲裁员不存在《仲裁法》第三十四条规定的必须回避的情形，从而具有了保证案件公正裁决的基础条件。

（二）本案仲裁庭对申请人和被申请人平等对待

本案仲裁庭完全按照《仲裁法》的规定，在对案件事实的陈述、提供证据、开庭辩论等方面，对申请人和被申请人都给予均等机会和条件，根本不存在任何偏向的问题，诸如在对案件事实的陈述方面，先是申请人陈述，后是被申请人陈述；在提供证据方面，先是申请人举证被申请人质证，后是被申请人举证申请人质证；在开庭辩论方面，先是申请人发表辩论意见，后是被申请人发表辩论意见，等等不一而足。不仅如此，本案仲裁庭在面临着申请人难以提供切实有效的原始证据证实其主张的销量，被申请人却声称账目凭证遗失，导致销量无法核查清楚，双方互不认可对方提供证据，各自所主张的销量数额又存在明显差距的难题的情况下，并没有采取有的仲裁庭可能会采取的最简单的办法，即认定被申请人自认的销量，虽然这种做法有其依据：既然申请人要求返还多给的返利，根据“谁主张谁举证”的原则，它就要承担举证责任；既然申请人所举证据无法被采信，就要承担举证不能的不利后果；而被申请人作出的明显对自己不利的自认，当然就成了解决难题，即认定销量最便利的证据了。这是因为这种简单的做法没有体现对申请人和被申请人的平等对待，所以本案仲裁庭采取了一种创新的做法，即在申请人和被申请人主张的差额部分取其中间值，最终认定了销量，解决了难题。这更是从实体上体现了本案仲裁庭对申请人和被申请人平等对待，更是体现了公平合理原则。

（三）本案仲裁庭在查明全部案件事实的基础上，正确地适用法律，公平合理地作出裁决

在查明案件事实方面：首先，关于“奖励折扣费”和“赞助折扣费”的返还问题，本案仲裁庭查明的案件事实是：根据2004年3月31日签订的《销售合同》约定，申请人向被申请人一次性提供人民币30000元，作为经营场所长城系列红酒专场销售的奖励折扣，被申请人自行承诺合同期内销售申请人产品不低于500件，若未完成，则按比例退还申请人所提供奖励折扣，合同期为2004年5月1日至2005年5月1日。双方在2004年4月30日签订的《销售合同》约定，申请人一次性提供赞助折扣人民币110000元，作为被申请人经营场所销售申请人奶制品的专场销售费用，被申请人自行承诺销售申请人奶制品1500件，在合同期内，如未完成承诺销量，被申请人按照比例退还给申请人赞助折扣费，合同期为2004年5月1日至2005年5月1日。从两份合同的约定来看，无论是叫奖励折扣还是赞助折扣或专场专销，都有被申请人承诺的销量和未完成销量按折扣比例返还的约定，双方当事人均应服从合同的约定。被申请人开具的收款收据虽然写的是赞助费，但书写收款收据是被申请人的单方行为，双方当事人对是否返还折扣款没有作出新的变更约定。并在此基础上认定：被申请人声称该款项属于赞助费、促销费，已用于劳动补贴，不应当返还的理由不成立；被申请人应当按照合同约定向申请人返还奖励折扣款。而对于双方在合同期内销售红酒和奶制品数量，仲裁庭认为，当事人对自己的仲裁请求及答辩理由所依据的事实有责任提供证据加以证明，双方当事人在仲裁庭规定的期限内均没有向仲裁庭提供原始销售凭证。申请人提供的业务员工作记录本反映了业务员的工作量，但其记载的内容表述不明确，其性质不属于销售凭证。鉴于双方当事人均不否认交易事实的存在，被申请人收到申请人的奖励折扣款的事实亦存在，双方的主要分歧是销售数量不一致。双方当事人在管理上的失误是造成不能查明产品销售量的主要原因。其次，关于被申请人拖欠货款问题，本案仲裁庭查明的案件事实是：经质证，被申请人承认有人民币8288元货款未支付给申请人；关于申请人要求被申请人支付人民币11000元欠款问题，证人张某书面证明材料称，该笔货款是2003年送给腰路堤店50件妙士奶，价款人民币11000元，送货单已交给负责人，款一直未付，但不属于本案合同争议内容。

在适用法律方面：首先，关于被申请人应当向申请人返还奖励折扣款多少的问题，本案仲裁庭根据《合同法》的公平原则，对双方所提产品销量的相差部分

由双方各自承担二分之一的责任。被申请人应按照完成红酒销量145.5件，完成奶制品销量702件及合同约定的比例计算返还奖励折扣款，即被申请人向申请人返还销售红酒的奖励折扣人民币21270元；返还销售奶制品的奖励折扣人民币58493.4元。必须指出的是，公平原则作为一项法律原则，与其他所有的法律原则不一样，具有高度抽象的内涵及宽泛的外延，在被直接用作判案标准发挥作用的时候，往往会赋予裁判机构较大的自由裁量权，从而导致案件的审理结果具有不确定性和不可预测性。因此，不宜滥用，应当予以必要的限制，具体限制为：⑴目的限制，即除非是为了实现个案正义，否则不得舍弃法律规则而直接适用法律原则。⑵顺序限制，即只有在穷尽法律规则后才可以适用法律原则。⑶说理限制，即没有更强的理由，不得径直适用法律原则。本案中，仲裁庭适用公平原则严格遵循了上述限制：⑴零售商与供应商之间的现实关系，决定了实现公平交易的重要性，而适用公平原则体现了仲裁庭对公平交易的关注，实现了个案正义。⑵在认定销量方面，本案并无直接可适用的法律规则，才适用法律原则。⑶销量无法查明是双方的过错所致，双方均应对销量无法查明承担责任，完全按被申请人的自认来认定销量，将对申请人明显不公，这就构成了仲裁庭适用公平原则的充足理由。其次，关于被申请人是否应向申请人支付货款以及支付多少的问题，本案仲裁庭根据《合同法》第一百五十九条的规定，认定被申请人应当将该款支付给申请人。显然，本案仲裁庭正确地适用了法律。

所以，本案仲裁庭在查明全部案件事实的基础上，正确地适用法律，公平合理地作出了上述裁决。

综上，本案无论是仲裁庭的组成，还是仲裁庭的审理，抑或是仲裁庭的裁决，都完全体现了《仲裁法》的公平合理原则。一方面，既充分发挥了仲裁的灵活性，又体现了仲裁对公平交易和实现个案正义的关注，也为审理同类案件提供了指引和借鉴；另一方面，这表明，公平合理原则既是一个理论问题，又是一个实际问题。

第二章 仲 裁 员

第一节 仲裁员的回避

案例5：申请人诉被申请人房屋租赁合同纠纷案

【基本案情】

申请人称：2001年元月18日，申请人与被申请人签订了一份新的《房屋租赁合同》，申请人将位于某市某路某号二楼830平方米及一楼112平方米的房屋租赁给被申请人使用，月租金26800元；被申请人应自2001年2月16日起交纳房租，但一直未交分文。申请人找被申请人交涉，要求其交纳房租，被申请人拿出申请人出具的《承诺书》，声称要一、二楼房屋全部交付之后才交房租，双方因此形成纠纷。庭审中，申请人又以被申请人在装修中擅自改变房屋结构，以及损坏了中央空调为由，增加仲裁请求。为此提出如下仲裁请求：(1)撤销申请人2001年元月18日出具给被申请人的承诺书；(2)裁决被申请人立即支付所承租二楼830平方米、一楼112平方米房屋的租金，每月19800元，自2001年2月16日起到承租房屋交还给申请人之日止，并交纳承租期间的水电费；(3)裁决被申请人将改变结构的房屋恢复原状；(4)裁决解除申请人与被申请人订立的房屋租赁合约，将房屋归还出租人；(5)裁决被申请人将中央空调修复到正常运转后交付给申请人；(6)裁决由被申请人承担本案全部仲裁费用。

被申请人辩称：承诺书是申请人自愿所书，承诺书中的三项内容只有第一项是无效条款，同意撤销。第二项、第三项均不构成显失公平，不同意撤销。按照双方订立的《房屋租赁合同》，申请人应将约定的租赁房屋全部交给被申请人使用。一楼前间112平方米店面至今不交付，是申请人违约。申请人出具的承诺书中写明，租金从所租房屋全部交付实际使用时起算，但一楼前间店面至今未交付，因此被申请人不欠申请人一分钱租金。申请人未能全部交付出租的房屋给承租方使用，使被申请人无法经营；被申请人投资对二楼进行装修，并购置了相关设备和用具，由于申请人的违约给被申请人造成了巨大的损失，为此提出如下仲裁反请求：(1)裁决解除双方签订的非住宅租赁合同；(2)裁决申请人赔偿装修费用及设备用具费用 72 万元；(3)裁决申请人赔偿经营利润损失 96 万元；(4)裁决申请人赔偿被申请人装修费用及设备用具的借款利息 49000 元；(5)裁决申请人赔偿被申请人为装修所请工程师及看守房屋的两名工人工资支出 11600 元；(6)退回租房押金 66000 元；(7)本案仲裁费用全部由申请人承担。

申请人针对被申请人的反请求辩称：由于被申请人违反双方订立的《房屋租赁合同》第八条之规定，在装修房屋时未事先报经申请人同意而擅自施工装修，且在装修施工时破坏房屋结构，属于被申请人自己违约，其损失应自行承担。被申请人从 1997 年起就开始承租申请人的房屋经营酒店，只是从 2001 年元月 18 日起才新增加一楼 112 平方米，被申请人明知新增加租赁的房屋被别人使用，却一味等待而不正常开业，其损失应自行承担，故请求仲裁庭对被申请人的反请求不予支持。

本案由仲裁委员会所在地市中级人民法院发回重新仲裁后，申请人又向仲裁庭举证证明被申请人在承租期间存在擅自转租的违约事实，因而认为被申请人违反合同约定和法律规定，擅自装修，改变房屋结构造成安全隐患，非法转租等严重违约行为，构成本案的根本性违约，因此，除重申原全部仲裁请求外，更重申裁决被申请人赔偿 348400 元租金损失的仲裁请求。

被申请人针对申请人主张的“擅自转租”辩称：被申请人在 2000 年 4 月 18 日授权郑某转让 ×× 大酒店的旧设备和用具，根本没有授权其转租房屋；退一万步说，根据代理的法律规定，即使郑某有转租行为，其越权代理的行为也是无效的。因而，被申请人重申其原答辩及仲裁反请求。2001 年 12 月 18 日，被申请人以原首席仲裁员王 ×× 在庭审中未出示评估报告，亦未质证为由，向仲裁委员会提出请求首席仲裁员回避的申请。

仲裁庭经审理查明：申请人曾于 1997 年将位于某市某路某号二楼 830 平方米、一楼 114 平方米的房屋租赁给被申请人经营酒店。因被申请人欠租金，申请人曾于 2000 年 9 月 20 日提请本会仲裁。在仲裁庭主持下，双方于 2001 年元月 18 日达成调解协议，仲裁庭据此制作并送达了调解书。该调解书与本案相关联的内容如下：(1)申请人将位于某市某路某号的店面和二楼的经营场所全部租赁给被申请人使用，租赁期自2000年1月1日至2004年12月31日；⑵每月租金26800元；⑶该调解书送达时，被申请人向申请人预交租赁押金66000元；⑷该调解书送达时，被申请人应将所欠租金（2000年5月至12月）124000元支付给申请人，原合同约定由申请人预交的押金、垫付的一楼水费及申请人所欠的餐费在此一并冲抵结算；申请人给被申请人一个半月的装修时间，租金不计。

为履行该调解书，同日，双方签订一份《城镇私有非住宅用房租赁合约》，合约中与本案争议相关的约定如下：甲方（申请人）将位于某市某路某号的房屋出租给乙方（被申请人），面积为一楼前间112平方米，一楼后间114平方米，二楼830平方米；用途：经营酒店；月租金26800元；租期：自2001年元月1日起，至2004年12月31日止。乙方应向甲方交纳租赁保证金66000元。若乙方需对租赁房屋进行装修，须事先报经甲方同意后才能施工，竣工后要经甲方验收；施工中不得影响房屋结构，如对房屋结构有损坏，甲方可视损坏程度要求乙方赔偿房屋加固维修费；房租的交纳时间为每月的5号前，月租月清；水电的使用按自来水公司、供电局的有关规定执行，水电费由乙方自行缴纳。

同日，申请人出具给被申请人一份承诺书，其内容有三：⑴我方同意黄某出任大酒店法人代表，并有义务帮助办理工商变更登记手续；⑵双方1997年9月21日所交的押金66000元转为新房屋租赁合同的押金；⑶房屋租金从全部租赁房屋交付实际使用时起算。

上述调解协议、房屋租赁合同及承诺书生效后，被申请人为履行调解协议，将124000元交给了申请人（其中冲抵了为申请人垫付的一楼水费及申请人所欠餐费）。尔后，被申请人在未事先报请消防部门批准，亦未事先报经出租人同意的情况下，擅自对承租的二楼房屋进行重新装修。

申请人为履行与被申请人签订的房屋租赁协议，对租用一楼前间112平方米的原承租户进行清房，清房未果后，即向本会申请仲裁，经裁决后申请执行，方于2001年4月3日将该出租房收回，通知被申请人来办理一楼前间112平方米房屋的交接手续，并口头通知被申请人要求撤销2001年元月18日出具的显失公平的承诺书。因被申请人拒绝撤销该承诺书，申请人则不同意将一楼前间112平方米的租赁房屋交付给被申请人。为此，双方多次交涉，终因各持己见，争议未果而提请仲裁。

仲裁期间，应被申请人的请求，对被申请人1998年的装修残值，2001年新装修的价值及被申请人用于经营餐厅的设备、用具等物品的价值，委托中介机构进行了评估。对上列装修及物品进行评估的鉴定结论为：总的原始成本为863505.03

元；扣除已拆除的装修部分及进行折旧摊销后的剩余成本为348450.38元。同时，申请人亦因被申请人擅自改变房屋结构造成安全隐患而请求进行鉴定，仲裁庭委托市房管局对此进行鉴定的结论为：(1)房屋使用单位私自拆除，将原雨篷作为使用空间，加重了雨篷的负荷，产生了安全隐患；(2)原雨篷与室内楼面差6.5厘米，已有部分房间被填平，使雨篷超荷载使用。此填平层必须铲去，恢复原状；(3)外移至雨篷边的玻璃墙，使用单位采用了钢支架架空，不直接放在雨篷上的方法是可行的，但施工图仅由装修单位（人）提供是不行的，必须通过有资质的设计单位提供有效的施工图。另即使将外墙架空了，雨篷也不可以作为人活动和堆放重物的场所。

另查明：2000年4月18日，被申请人出具一份《授权书》，其内容为："今特授权郑某就大酒店资产出让、转卖以及相关事宜，都有一切决定权。"郑某于2000年7月18日向南昌市个体户王××出具一张收条，其内容为："今收到酒店转让费贰万元整。"2000年7月29日，郑某又出具一张收条，其内容为："今收到王××购买酒店转让金拾万元整。余款壹星期内付清。"2001年5月13日，王××以郑某为被告，向某区人民法院提起民事诉讼。诉称：2000年7月18日，其与郑某经过协商，达成口头协议，协议内容为：(1)郑某将其经营的大酒店转让给王××；(2)转让费二十万元整，包括店内所有设备、设施和店面承租权；(3)王××预付定金二万，以确立此转让关系，王××付款过半数即可进店进行装修；付款过半一周后，付清全部转让费。后因郑某一直未将转租房屋交付给王××装修而产生纠纷，诉诸法院。

本案仲裁期间，申请人为证明被申请人存在擅自转租的事实，除向仲裁庭提交相关书证外，另申请证人王××到庭作证。王××当庭陈述了与上述相同的事实。

以上事实，有申请人提交的仲裁申请书、本仲裁委员会〔2000〕×仲调字第××号调解书、双方签订的《房屋租赁合约》、申请人出具的承诺书、被申请人提交的仲裁反请求书、中介机构的评估书、仲裁委员会所在地市房管局的鉴定书及申请人提交的其他相关证据等证据材料为证。

仲裁庭经过审理，认为：(1)申请人出具的承诺书合法有效，不应予以撤销；(2)申请人应将66000元押金退还给被申请人；(3)被申请人会自行向有关部门缴纳租赁期间的水电费；(4)被申请人擅自转租的违约行为成立；(5)被申请人"擅自改变房屋结构"，并承担相应法律后果；(6)被申请人未事先报经申请人同意，属"擅自装修"。同时，仲裁庭对××大酒店装修价值的评估报告作出了最终认定。仲裁委员会主任于2001年12月20日作出〔2001〕×仲决字第××号决定书，决定驳回被申请人对首席仲裁员王××的回避申请。据此，根据《中华人民共和国民法通则》第六十条、《中华人民共和国合同法》第九十四条第五款、第一百一十九条、第一百二十条、第二百一十六条、第二百二十三条以及《中华人民共和国仲裁法》第七条之规定，仲裁庭作出如下裁决：

⑴申请人与被申请人均要求解除2001年元月18日所签订的《城镇私有非住宅用房租赁合约》，仲裁庭予以准许。

⑵本裁决书送达后十日内，被申请人应将改变了的房屋结构恢复原状，并将其实际占有的租赁房屋退还给申请人。若被申请人未在本裁决书送达后十日内将改变了的房屋结构恢复原状，申请人可先行收回出租房屋后，自行将房屋恢复原状，为此所发生的合理费用，由被申请人承担。

⑶被申请人在租赁期间所生的水、电费，由被申请人承担并自行缴纳给有关部门。

⑷由申请人退回被申请人所交的押金66000元。

⑸由被申请人补偿申请人的房租损失40000元。

⑹由申请人补偿被申请人的装修损失150160.6元。原始成本为175572.8元的酒店内可移动用具物品归被申请人所有。

⑺本案仲裁费5000元（已由申请人预交），反请求仲裁费23393元（已由被申请人预交），合计28393元，由申请人和被申请人各承担14196.5元。两相抵消后，申请人应向被申请人支付由被申请人多预交的仲裁费9196.5元。

⑻本案所涉装修及设备用具的评估费31000元（已由被申请人预交），由申请人与被申请人各承担15500元。

⑼本案房屋改变结构鉴定费150元，由被申请人承担。

⑽驳回申请人与被申请人的其他仲裁请求。

上述第⑷、⑸、⑹、⑺、⑻项相抵后，申请人应向被申请人支付人民币合计200857.1元，申请人应于收到本裁决书之日起十日内一次性支付给被申请人。

本裁决书自送达之日起发生法律效力。

【问题】

1. 从实体上看，申请人出具的承诺书应否撤销？申请人是否应将66000元押金退还给被申请人？被申请人是否应缴纳租赁期间的水电费？被申请人是否存在“擅自转租”的事实？被申请人是否“改变房屋结构”，并是否应承担相应的法律后果？

2. 从程序上讲，本案涉及仲裁员回避的哪些方面的问题？

【案例解析】

本案是一起房屋租赁合同纠纷案。本案除了涉及实体问题之外，还涉及程序问题，其中包括仲裁员的回避问题，即 2001 年 12 月 18 日，被申请人以原首席仲裁员王 ×× 在庭审中未出示评估报告，亦未质证为由，向仲裁委员会提出请求首席仲裁员回避的申请。本会主任核实情况后，认为被申请人申请首席仲裁员回避的理由不成立，并于 2001 年 12 月 20 日作出〔2001〕× 仲决字第 ×× 号决定书，决定驳回被申请人对首席仲裁员王 ×× 的回避申请。那么，本案涉及仲裁员回避的哪些方面的问题呢？

（一）本案仲裁员回避的方式是申请回避

《仲裁法》第三十四条规定了仲裁员回避的两种方式，即自行回避和申请回避。本案中的仲裁员回避方式是申请回避，即被申请人向仲裁委员会提出首席仲裁员王 ×× 回避的申请，亦即是当事人一方向仲裁委员会提出首席仲裁员王 ×× 回避的申请而非是首席仲裁员王 ×× 自行向仲裁委员会请求回避。不过，应当注意的是，被申请人申请回避的理由并不是《仲裁法》第三十四条所列举的四个方面的事由，而是原首席仲裁员王 ×× 在庭审中未出示评估报告，亦未质证，显然这个事由与《仲裁法》第三十四条规定的法定回避事由不符。由此可见，本案被申请人存在滥用申请回避的权利，因为《仲裁法》第三十四条赋予当事人申请回避的权利是有限制的而并非绝对的，这种限制就是当事人申请回避是在仲裁员有《仲裁法》第三十四条规定的法定回避事由，但是本案被申请人在申请原首席仲裁员王 ×× 回避的理由却是原首席仲裁员王 ×× 在庭审中未出示评估报告，亦未质证。所以，对当事人的申请回避的权利加以限制是必要的。

（二）本案仲裁员回避的事由不符合《仲裁法》规定的回避法定事由

本案中，被申请人申请原首席仲裁员王 ×× 回避的理由是原首席仲裁员王 ×× 在庭审中未出示评估报告，亦未质证，而不是《仲裁法》第三十四条规定的仲裁员是本案当事人或者当事人、代理人的近亲属；仲裁员与本案有利害关系；仲裁员与本案当事人、代理人有其他关系，可能影响公正仲裁的；仲裁员私自会见当事人、代理人，或者接受当事人、代理人的请客送礼的四种情形，亦即本案仲裁员回避的事由不符合《仲裁法》规定的回避法定事由。正是因为如此，所以仲裁委员会主任核实情况后，认为被申请人申请首席仲裁员回避的理由不成立，并决定驳回被申请人对首席仲裁员王 ×× 的回避申请。因为，只有在《仲裁法》第三十四条所列举的这四种情形下，才会影响公正仲裁，在其他情形下不一定会影响公正仲裁，这实际上是为了限制当事人滥用回避申请的权利。综上，本案仲裁委员会主任的决定是正确的。

（三）本案仲裁员回避申请提出的时间是首次开庭前

本案中，仲裁委员会根据申请人（被反请求人）与被申请人（反请求人）于 2001 年元月 18 日签订的《房屋租赁合同》中的仲裁条款，以及申请人于 2001 年 4 月 26 日向本会提交的仲裁申请书，受理了申请人与被申请人因履行上述房屋租赁合同而产生的本争议仲裁案。被申请人于同年 5 月 28 日向本会提交答辩状后，又于同年 6 月 22 日向本会提交了反请求申请书。本会于 6 月 22 日受理了该反请求申请，并决定仲裁申请与反请求申请合并审理。

申请人选定熊某担任本案仲裁员，被申请人选定王某担任本案仲裁员，本会主任根据仲裁规则的规定，指定王 ×× 担任本案首席仲裁员。上述三位仲裁员组成仲裁庭，共同审理了本案。仲裁庭先后四次开庭审理本案后，于 2001 年 10 月 10 日作出仲裁裁决，并将裁决书送达双方当事人。

被申请人对原裁决书的裁决内容不服，于 2001 年 11 月 1 日向本市中级人民法院提出撤销仲裁裁决的申请。本市中级人民法院经审查认为，仲裁裁决所依据的《×× 大酒店评估报告》未在庭审中出示、质证，程序违法，因而于 2001 年 12 月 10 日裁定中止撤销仲裁委员会〔2001〕× 仲裁字第 ×× 号裁决书的程序，发回仲裁委员会重新仲裁。

2001 年 12 月 18 日，被申请人以原首席仲裁员王 ×× 在庭审中未出示评估报告，亦未质证为由，向仲裁委员会提出请求首席仲裁员回避的申请。原首席仲裁员亦因健康原因，向本会请求不再担任本案首席仲裁员，本会主任核实情况后，认为被申请人申请首席仲裁员回避的理由不成立，并于 2001 年 12 月 20 日作出〔2001〕× 仲决字第 ×× 号决定书，决定驳回被申请人对首席仲裁员王 ×× 的回避申请；鉴于首席仲裁员王××的健康状况，同意其不再担任本案首席仲裁员。同时，本会主任根据《仲裁法》及本会《仲裁暂行规则》的有关规定，指定刘××担任本案首席仲裁员。同时，为了充分尊重双方当事人的意愿，首席仲裁员分别征求双方当事人是否需重新选定仲裁员，申请人、被申请人均表示不需重新选定，因而，新仲裁庭由首席仲裁员刘××、仲裁员熊××、王某某三人组成。

仲裁庭于2001年12月26日、2002年元月8日、元月20日、3月6日先后四次对本案进行了开庭审理。申请人及其委托的仲裁代理人，被申请人委托的仲裁代理人均到庭。庭审中，双方分别向仲裁庭陈述了案情、进行了答辩；出示了相关证据并进行了质证，尤其是对《××大酒店评估报告》及相关评估文件进行了反复质证，鉴定人亦派员到庭对评估报告作出说明，回答了双方在质证中所提出的问题，充分听取了双方对评估报告的质证意见。同时，双方当事人回答了仲裁庭的提问，互相进行了辩论，庭审结束时，各方均向仲裁庭作出了最后陈述。

可见，本案仲裁员回避申请提出的时间是首次开庭前，符合《仲裁法》第三十五条的规定。

（四）本案仲裁员回避的决定是由仲裁委员会主任作出

本案中，被申请人于2001年12月18日以原首席仲裁员王××在庭审中未出示评估报告，亦未质证为由，向仲裁委员会提出请求首席仲裁员回避的申请。本会主任核实情况后，认为被申请人申请首席仲裁员回避的理由不成立，并于2001年12月20日作出〔2001〕×仲决字第××号决定书，决定驳回被申请人对首席仲裁员王××的回避申请。显然，本案仲裁员回避的决定由仲裁委员会主任作出，完全符合《仲裁法》第三十六条的规定，因为仲裁委员会主任不是本案仲裁员，而按照《仲裁法》第三十六条的规定这种情况下仲裁员是否回避，由仲裁委员会主任决定。

综上，仲裁委员会主任的决定符合《仲裁法》有关回避的规定，是正确的。

必须指出的是，我国《仲裁法》有关仲裁员回避的规定虽然较为全面和规范，但是并非完美无缺，仍然有一些需要改进的方面，具体言之，包括：⑴仲裁员回避的事由范围较小，而且现行规定缺乏灵活性，过多地模仿民事诉讼法，而没有体现仲裁自身的特性。例如，对仲裁员不勤勉履职甚至故意拖延程序未作规定、当事人对自己选定的仲裁员可否要求回避也未作规定。再如，一个仲裁员即使存在必须回避的事由，如果全体当事人仍然同意他担任仲裁员，法律不必强求该仲裁员必须自行回避。⑵关于当事人可提出回避的时间值得商榷。例如，一方当事人知悉某仲裁员有必须予以回避的事由而不及时提出，直到最后一次开庭终结前才提出，根据《仲裁法》的规定，仲裁庭似乎可以继续仲裁直至作出裁决，但是仲裁庭通常不会这样冒险，只好等待对回避的决定；如果某仲裁员因此回避了，已进行的仲裁程序可能会重新进行，因为让新的仲裁员在对案件不甚了解的情况下作出裁决，也是不公平的。总之，无论什么结果，当事人事实上达到了拖延时间的目的。⑶没有规定相应的仲裁员披露制度，使得当事人申请回避的权利可能流于形式。⑷当事人一旦申请回避，仲裁员若自行回避，《仲裁法》没有明确规定，这种情况并不意味着仲裁员或仲裁机构承认存在当事人所提出的回避事由。作出这样的规定，即是提倡仲裁员在当事人对其独立性、公正性存在怀疑时自行退出，有利于减少仲裁员纠缠于回避理由成立与否，尤其在对某些事项是否是法定的回避理由存在争议时，有利于回避问题得到快速解决。

第二节　仲裁员的法律责任

案例 6：刘国后、张平枉法仲裁案

【基本案情】

2001 年 5 月，开发商刘某以 90 万元的价格从别处购得金滔大厦的开发权。因前期开发，刘某就拆迁赔偿问题与凌某兄妹达成补偿协议书，明确通过原地安置 12 平方米，卖 108.7 平方米，再以 36.27 平方米抵偿安置费的方式将中山北路 45 号金滔大厦 103 号门面（合计 158.77 平方米）转让给凌某兄妹。后在开发中，由于资金紧缺，刘某陆续找大学同学王某借款 100 余万元，并出具了一张借期一年、金额 139 万元的借条，明确以中山北路 45 号金滔大厦 103 号门面作抵押，将产权办理到王某母亲名下，待借款还清后，再将产权转回。然而，借款期满后，刘某只还了少量借款。2007 年 5 月，刘某再次给王某出具了一张为期两年、金额 102.7 万元的借条，并在该借条中明确以“抵押门面”作“抵债”，将产权办理到王某名下。然而，因刘某开发的金滔大厦项目拖欠国土使用费，未取得国土使用权证，且未通过竣工验收，该项目通过正规途径根本无法办理产权证。此时，刘父的好友、衡阳仲裁委员会仲裁员刘国后告诉他："通过仲裁可以办理产权证。"身为仲裁员的刘国后让开发商刘某以购房户或他人的名义伪造相关资料申请仲裁。2007年9月18日左右，刘某伪造了仲裁申请书、购房合同等相关资料，申请人是王某，被申请人是刘某。2007年9月28日，未经任何形式的审理，张平（秘书）就将仲裁调解书发给了刘某。之后，购房者通过申请法院强制执行，再凭法院的强制执行裁定书到房产局办理产权。次年3月，金滔大厦103号门面产权就正式登记到了王某的名下。然而，根据拆迁补偿协议书，凌某兄妹获得了金滔大厦103号门面，其中的108.7平方米还是其用33万元购买所得。但由于无法办理产权证，他们却成了房产的"黑户"。衡阳市石鼓区人民检察院在获悉该案线索后，果断介入调查并于2008年11月17日对仲裁员刘国后、秘书张平以涉嫌枉法仲裁罪正式立案侦查。2011年8月30日，该二人因枉法仲裁被衡阳市石鼓区人民法院作出了有罪判决。

【问题】

衡阳市石鼓区人民法院的判决是否正确？

【案例解析】

这是自2006年《刑法修正案六》实施以来，湖南省首例枉法仲裁案件。衡阳仲裁委员会仲裁员刘国后及秘书处秘书张平二人也因此而成为湖南省因枉法仲裁而获刑的首个案例。前已述及，《刑法修正案六》确立了枉法仲裁罪，本案中，衡阳市石鼓区人民检察院对仲裁员刘国后、秘书张平正是以涉嫌枉法仲裁罪向衡阳市石鼓区人民法院提起公诉的。衡阳市石鼓区人民法院受理了该案，并经过审理，于2011年8月30日对仲裁员刘国后、秘书张平作出了有罪判决。那么，衡阳市石鼓区人民法院的判决是否正确呢？下面结合《刑法》第三百三十九条对"枉法仲裁罪"的规定及有关枉法仲裁罪的犯罪构成要件作一分析，并对我国《刑法》有关枉法仲裁罪的规定以及《仲裁法》有关仲裁员法律责任的规定作出评析。

（一）衡阳市石鼓区人民法院的判决是正确的

衡阳市石鼓区人民法院对本案的判决是正确的，因为仲裁员刘国后、秘书张平二人符合枉法仲裁罪的犯罪构成要件。具体分析如下：

首先，从犯罪主体来看，枉法仲裁罪的主体是依法承担仲裁职责的人员，根据《仲裁法》的相关规定包括仲裁员和秘书等自然人主体。本案中的仲裁员刘国后和秘书张平就是这样的主体。因此，他们具备了枉法仲裁罪的犯罪主体方面的要件。

其次，从犯罪主观方面来看，只有故意才构成枉法仲裁罪。本案中，身为仲裁员的刘国后让开发商刘某以购房户或他人的名义伪造相关资料申请仲裁。刘国后、张平则根据刘某需要而不是根据事实和法律制作仲裁调解书。之后，购房者亲自或委托刘某申请法院强制执行，再凭法院的强制执行裁定书到房产局办理产权证。显然，仲裁员刘国后和秘书张平在仲裁活动中故意违背事实和法律作枉法裁决，因此具备了枉法仲裁罪的犯罪主观方面的要件。

再次，从犯罪的客观方面来看，仲裁员刘国后和秘书张平在仲裁活动中故意违背事实和法律作枉法裁决，具体表现为：根据张平的要求，2007 年 9 月 18 日左右，刘某伪造了仲裁申请书、购房合同等相关资料，申请人是王某（系上文债权人），刘某以金滔大厦 103 号门面作抵押，并约定将该门面过户到王某名下，待债务清偿后再将产权转回。伪造申请仲裁的全部证据材料，由被申请人代替申请人“一手操办”仲裁的相关事项。但是，就是在这种情况下，仲裁员刘国后和秘书张平还是进行了仲裁。2007 年 9 月 28 日，未经任何形式的审理，张平就将仲裁调解书发给了刘某。这是典型的串通当事人制造伪证而枉法裁判，而这种枉法裁判，严重侵害了利害关系人凌某兄妹的合法权益。所以，仲裁员刘国后和秘书张平在仲裁活动中存在故意违背事实和法律作枉法裁决，具备了枉法仲裁罪的犯罪客观方面的要件。

最后，从犯罪的客体来看，枉法仲裁罪的客体是正常的仲裁活动和仲裁当事人的合法权益。本案中，身为仲裁员的刘国后让开发商刘某以购房户或他人的名义伪造相关资料申请仲裁，刘国后、张平则根据刘某需要而不是根据事实和法律制作仲裁调解书。可见，仲裁员刘国后和秘书张平的仲裁活动在程序上严重违反《仲裁法》的相关规定，侵犯了正常的仲裁活动与仲裁秩序，同时也侵害了利害关系人凌某兄妹的合法权益，因此具备了枉法仲裁罪的犯罪客体方面的要件。

综上，本案两被告刘国后和张平的行为完全符合枉法仲裁罪的构成要件，遂构成枉法仲裁罪，故衡阳市石鼓区人民法院的判决是正确的。

（二）对我国《刑法》有关枉法仲裁罪规定之评析

我国《刑法》规定枉法仲裁罪之后，仲裁界、法律界赞成者有之，反对者亦有之。其中，反对的意见具有一定的合理性。这种反对的合理性表现在以下方面：⑴枉法仲裁罪的设立不符合仲裁的本质。仲裁本质上是契约性的，仲裁机构的性质也不同于司法机构，事实上，按照《仲裁法》及仲裁实践，不少于三分之一的仲裁员是经济、技术、贸易等领域的专才，没有受过严谨的法律训练，甚至也没有接受过系统的法律教育，由他们仲裁纠纷，既不能与接受了系统的法律教育的仲裁员等量齐观，也不能与法官相比。如果他们公正行事，但是法律意识欠缺，所作所为是否构成“故意违背事实和法律”，值得探讨。总之，枉法仲裁罪的规定没有考虑仲裁员和法官的区别，可能会抹杀仲裁的特色，从而不符合仲裁的本质。⑵枉法仲裁罪的设立不符合仲裁的特点。仲裁的特点之一是重视交易习惯，重视商人的惯常做法，而枉法仲裁罪的规定似与此相悖。⑶内涵不明确容易导致刑罚的滥用。《刑法》有关枉法仲裁罪的规定，如何理解首先是一个大问题。何谓“故意违背事实和法律”，如何证明；何谓“情节严重”与“情节特别严重”，看来也只能依赖最高人民法院进一步的司法解释了。这样，法官的自由裁量权较大，就可能导致刑罚的滥用。⑷枉法仲裁罪的设立会阻碍仲裁和经济贸易的发展。仲裁员参与仲裁虽然也获得报酬，但是仲裁员的劳动仍然主要是公益性的。通常仲裁员都是各个行业的精英，枉法仲裁罪的规定，使得他们在接受仲裁员委任时会顾虑当事人滥用刑事控告权，以致损害其名誉及事业发展。一些谨慎的精英可能因此就尽量不接受委任。这样一来，枉法仲裁罪的规定显然对仲裁人才有潜在的不利影响，而失去优质的仲裁员，仲裁的前途堪忧，从而也会阻碍经济贸易的发展。⑸枉法仲裁罪的规定可能使法院干预仲裁多了一种方式，也前所未有地使检察院有了强制干预仲裁的可能。仲裁裁决作出之后，如有当事人提出刑事控告，仲裁裁决的执行程序必然被中断。[1]

（三）对《仲裁法》有关仲裁员法律责任规定之评析

《仲裁法》第三十八条规定了仲裁员在两种情形下应当承担法律责任（私自会见当事人、代理人，或者接受当事人、代理人的请客送礼的；仲裁员在仲裁该案

[1] 黄进等著：《仲裁法学》，中国政法大学出版社 2008 年版，第 70 页。

时有索贿受贿、徇私舞弊、枉法裁决行为的）有其积极意义，并有值得肯定的方面，但是《仲裁法》有关仲裁员法律责任的规定还存在着一些不足之处，主要表现为：⑴《仲裁法》仅仅把仲裁员的法律责任限制在两种情形下是不够的。因为，除了《仲裁法》规定仲裁员应当承担其法律责任的两种情形之外，仲裁员应当承担其法律责任的情形还有其他一些重大的故意行为，如仲裁员（包括仲裁机构及相关人员）故意泄露当事人的商业秘密的、仲裁员故意不披露应予回避的其他情形从而未回避的、无故拖延仲裁程序等，以及仲裁员的重大疏忽行为，而对这些情形下仲裁员应当承担法律责任，而《仲裁法》中均未作出规定，这显然没有充分理由。这些都有待于《仲裁法》在修订中加以补充及完善。⑵《仲裁法》第三十八条的规定未必十分合适，全面采纳有限豁免论更为有利。因为，有限豁免论意味着，仲裁员认定事实不清、适用法律不当以及裁决被撤销或拒绝执行并不必然导致承担仲裁责任，仲裁员、仲裁机构只对其故意的不当行为或重大疏忽造成的后果负责。这种主张，适当地平衡了仲裁员、仲裁机构和当事人之间的利益，前者不得恣意武断，后者不能随意发难，既吸收了豁免论支持仲裁员、仲裁机构履职的司法性优点，也与普通商事合同的契约性相区别。在仲裁日益普及的今天，不确立仲裁责任机制，可能会纵容仲裁员或仲裁机构不勤勉、不公正，不利于人们对仲裁树立信心，少数害群之马可能损害那些爱惜羽毛、德艺双馨的仲裁员的名声，使后者视仲裁为畏途，陷仲裁质量于恶性循环之中。[1] 因此，《仲裁法》所确立的仲裁员法律责任应为仲裁员有限责任豁免论。

---

[1] 黄进等著：《仲裁法学》，中国政法大学出版社 2008 年版，第 66 ～ 68 页。

第三章 仲裁协议

第一节 仲裁协议的效力

案例7：申请人与被申请人施工承发包合同纠纷案

【基本案情】

申请人与被申请人于1996年7月17日签订《合同书》。在履行过程中双方因工程造价及工期等引起争议，双方协商未能达成一致意见，申请人遂以《合同书》的仲裁约定向仲裁委员会申请仲裁。

申请人在仲裁申请书中称："1996年7月17日，被申请人作为建设方，与申请人签订了《某市"×× 开发案第一期工程"施工承发包合同书》，随后申请人进场施工，工程于1996年9月16日破土动工，其中塔楼部分于1997年12月29日竣工，裙楼部分于1998年8月6日全部竣工，以上工程被市建筑工程质量监督管理站评定为'暂定优良工程'。经双方于1999年8月27日办理最终工程决算手续，共同确认工程总造价为人民币195322659.62元，目前被申请人仅支付了人民币164574427.3元，尚欠人民币30748232.32元未付，经申请人多次催索，被申请人以种种理由拖欠支付，从而给申请人造成了巨大的经济损失。此外被申请人于1999年6月16日又将 ×× 广场二次装修工程发包给申请人施工，工程顺利完工并经验收合格，申请人向被申请人报送了人民币5619198元的工程决算书，而被申请人签收后至今未予审定，也未偿付。"

据此，要求被申请人返还拖欠的工程款人民币30748232.32元并赔偿延迟支付滞纳金，要求确认二次装修的工程造价人民币5619198元，并裁定被申请人支付。此后，申请人于2002年12月18日补充仲裁请求，请求按《中华人民共和国合同法》第二百八十六条规定将所承建的 ×× 广场商铺予以拍卖，拍卖所得优先用于支付被拖欠的工程款共计人民币 36367430.32 元及相应的滞纳金。

在仲裁庭第一次开庭时，申请人的仲裁请求变更为要求确认支付所欠一期工程款为人民币 34062538.61 元，赔偿逾期付款违约金为人民币 12109232.41 元（违约金一直计算到裁决之日），要求支付二次装修工程款人民币 2304891.71 元，及逾期付款违约金人民币 610723.48 元（违约金应一直计算到裁决之日），并称以开庭时变更的请求为准。

申请人为证明自己的主张，共向仲裁庭提供了六组证据及补充证据共计 78 份。

被申请人在答辩期内未作书面答辩。在第一次开庭时口头答辩称：申请人关于拍卖工程的请求不属于仲裁的范围，不符合法律规定，拍卖应该由法院进行。确认优先受偿权是法定的，但必须有一个前提是在工程价款没有纠纷的前提下才存在。对于申请人提出的三条仲裁请求，仲裁庭应该根据合同签订自由的原则处理，申请人的请求没有法律和事实依据，不符合合同的规定，请仲裁庭驳回申请人的仲裁请求。

被申请人对本案提出的反请求申请书中称：被申请人于 1996 年 6 月将 ×× 广场二次装修工程发包给申请人并签订施工合同，且约定二次装修施工合同与一期工程施工合同使用同一合同文本。申请人在履行前述二份施工合同时，严重违约，故未能按合同约定申请到移交证书及缺陷责任证书，因而也不能按合同第六十条的约定履行义务。然而，申请人却于 2002 年 1 月 1 日又一次违背合同约定，径行向仲裁委就所谓拖欠工程款等事宜申请仲裁。故，被申请人为维护自身的合法权益，依法提出反请求，要求申请人承担本应在竣工决算阶段予以扣除的误期损害赔偿费及工程质量缺陷修补费用。被申请人据此提出的反请求为：(1)裁定申请人承担 ×× 广场民权开发案一期工程误期损害赔偿费人民币 11386000 元，承担利大广场二次装修损害赔偿费人民币 450000 元，二项共计支付人民币 11836000 元；(2)裁定申请人承担 ×× 广场民权开发案一期工程质量和缺陷修补费共计人民币 715675 元；(3)仲裁费由申请人承担。

被申请人为反驳申请人的证据，向仲裁庭提供了 4 组证据。

仲裁庭查明的本案事实如下：

系争工程由某市城乡建设管理委员会颁发的“施工许可证”载明：工程建筑面积 16.08 万平方米，为地下 1 层、地上 18 层的框架结构，合同投资额为人民币 167537000 元。

1996 年 7 月 17 日，申请人与被申请人经过招投标程序签订《某市“民权开发案第一期工程”施工承发包合同书》，合同采用协议书、通用条件、专用条件三部分另加附件方式组成。通用条件部分全文采用 1987 年版的国际咨询工程师联合会（PIDIC）所编的土木工程施工合同条件。

该合同的专用条款对不适用通用条件中的相应条款以及对通用条件另作特定解释，或修改或增加的内容作了特别约定。上述合同文件约定工程中标价为除电梯工程以外的总价为人民币 165937484 元（以下涉及金额均为人民币）。合同的专用条件第 1.1 款由被申请人指定某省建设监理公司作为“工程师”，全权负责工程建设，缺陷责任期为全部工程移交证书签发后 364 天。

签订合同后申请人根据被申请人指令于 1996 年 9 月 16 日破土动工，按双方合同约定的工期，工期应在 1997 年 9 月 16 日竣工。因测量房型面积及设计变更等原因，经双方洽商一致同意塔楼工期延至 1997 年 10 月 31 日，裙楼工期延至 1998 年 3 月 10 日。但申请人实际竣工的时间仍发生延误，其中塔楼部分于 1997 年 12 月 29 日竣工，延误了 59 天，裙楼部分于 1998 年 8 月 6 日竣工，延误了 149 天。对于工期延误，合同附件依据通用条款第 47.1 款约定：误期损害赔偿为每天 5 万元，最高赔偿额为 1000 万元。

上述工程竣工后，某市质监站经验收出具单位工程竣工验收报告，工程质量评定为“暂定优良”。

在合同履行过程中，双方按合同通用条款第 60.1 款约定由申请人每月末向工程师报送月报表，工程师据此核定当月应付款数额。在一期工程施工过程中自 1996 年 9 月 25 日起至 2002 年 5 月，被申请人按此程序约定，共向申请人支付工程款 161260121.01 元，尚欠 34062538.61 元。其中被申请人按合同附件条款第 60.3 款约定，该部分保留金在被申请人颁发移交证书后支付一半计 8000000 元，缺陷责任期满支付另一半共计 8000000 元。合同附件依据通用条款第 60.1 款约定被申请人未付款的利率为每日 0.03%。

根据合同通用条件第 51.1 款的约定，经双方洽商将电梯工程纳入一期工程合同范围，并约定其金额为 19237950 元，电梯的交付使用日期为合同工期增一个月。按双方对合同工期顺延至 1997 年 10 月 31 日的约定，申请人实际通过验收的时间为 1998 年 10 月 30 日，延误日期为 334 天。

在系争一期工程交付后，1999 年 6 月 16 日被申请人与申请人签订协议书，将系争工程的二次装修工程再次发包给申请人承建。该协议书第 4 条约定：“图纸、工程量清单及造价详见附件；施工时间：1999 年 6 月 16 日至 1999 年 7 月 15 日，延期一天罚款 4000 元；付款方式：签约 30%，月中 40%，竣工验收完成并取得书面证明（最迟不得超过1999年7月25日）付款25%，另5%保证金12个月维保到期支付。”申请人对二次装修施工仍未依约完成，实际竣工时间为1999年11月12日，延误了45天。

申请人承建的系争工程塔楼部分于1997年12月30日竣工并于1998年7月15日办理了移交手续，裙楼部分于1998年8月6日竣工，至1999年4月分段移交完毕。同时系争工程移交后的房屋由某市××物业管理有限公司实施物业管理。系争工程在交付使用一年后，于1999年9月22日，双方办理了对缺陷责任期内的工程质量认可的回访单，该回访单载明有缺陷的质量问题申请人能够及时回访维修，被申请人和受托进行的物业管理公司均已确认。

另查明，系争工程交付后，申请人与被申请人未按照合同约定由工程师确认最终结算而是以直接洽商方式进行了一期工程最终结算，双方确认工程总造价为195322659.62元。2002年5月14日，被申请人直接向申请人发出联系函，确认工程完成款为上述总造价，并主张在工程款中扣除误期损失10000000元，同时提出了首先用商场销售款支付余款或以部分塔楼住房折价归还工程欠款的意见。此后，被申请人对已确认的工程余款未清偿至今。

仲裁庭还查明，被申请人于1999年6月16日将系争工程二次装修工程发包给申请人继续承建，该部分工程于1999年5月17日至12月17日分8次支付的价款为3314306.29元。申请人于2000年2月29日向被申请人申报的工程结算款为5619198元，被申请人未予确认。由于在本案仲裁过程中双方对二次装修价款不能达成一致意见，仲裁庭决定通过鉴定确认价款，并通过某市仲裁证据鉴定中心委托某市云天会计师事务所有限责任公司对本案二次装修部分工程价款进行鉴定，经鉴定造价为4294820元。仲裁庭于2003年10月17日第二次开庭时组织双方当事人对鉴定结论进行质证，鉴定单位派鉴定负责人章××等三人出庭接受质询和双方当事人及仲裁庭的提问。鉴定单位在回答了所有提问并作相应解释后仍坚持已出具的鉴定结论。根据此鉴定结论，二次装修价款为4294820元，被申请人已支付3314306.29元，尚欠980513.71元。

被申请人在一期工程中拖欠工程款34062538.01元，二次装修工程中拖欠工程款980513.71元，合计拖欠35043051.71元。

以上事实有某市城乡建设管理委员会1996年9月5日颁发的施字〔1996〕10号施工许可证，双方当事人于1996年7月17日签订的《某市“××开发案第一期工程”施工承发包合同书》（包括全部合同文件）、《××开发案第一期工程验收纪要》、《竣工验收报告单》、监理公司的例会纪要、某市建设工程质量监督站的竣工验收报告、被申请人工程款支付汇总表、二次装修协议书、工程分段移交证明、物业移交协议书及申请人的承诺书、缺陷责任期质量回访单、2002年5月14日申请人确认一期工程总造价及承诺支付的联系函、某市云天会计师事务所有限责任公司的二次装修工程造价鉴定结论以及仲裁庭两次开庭记录等证据证实。

对于本案申请人的仲裁请求和被申请人的反请求，仲裁庭经评议后认为，申请人以工程已经通过竣工验收并已交付使用，双方对一期工程已经结算为由，提出要求被申请人支付价款并承担逾期付款违约责任的请求应予支持，对二次装修部分的工程价款应以鉴定结论为依据，被申请人也应支付余款并承担违约金；上述两项款项中，唯有工程价款享有优先受偿权，违约金部分并无优先受偿权。被申请人以申请人工期误期为由提出的反请求中，一期工程应以1000万元为限，二次装修部分的违约金逾期应以双方所签的协议书约定为准。申请人和被申请人各自获得仲裁支持的违约金部分可互相抵消。申请人和被申请人的其他请求，仲裁庭不予支持。同时，仲裁委员会和仲裁庭均作出了驳回被申请人的仲裁协议效力异议的决定。

在庭审过程中，仲裁庭力主双方本着友好合作的精神通过调解解决争端，也多次主持调解，但终因申请人书面通知调解无法进一步深入，不再同意参与调解而终止。据此，根据《中华人民共和国仲裁法》第七条、第五十一条第一款以及《中华人民共和国合同法》第二百七十九条之规定裁决如下：

⑴被申请人给付申请人系争一期工程的工程款34062538.01元，给付系争工程二次装修的工程款980513.71元，两者相加共计35043051.72元。

⑵被申请人应偿付申请人逾期付款违约金15031795.96元，二次装修工程逾期付款违约金326800.65元，两者相加共计15358596.61元。

⑶申请人应偿付被申请人工期误期损害赔偿10180000元。

上述第⑵、⑶项裁决相抵，被申请人应偿付申请人违约金5178596.61元。

⑷申请人对第⑴项裁决所得工程价款享有优先受偿权。

上述第⑴、⑵、⑶项裁决被申请人应付之款项，应在收到本裁决次日起10日内一次性支付给申请人。

本案仲裁费××元（已由申请人预交），由申请人承担××元，被申请人承担××元；鉴定费××元（已由申请人预交），全部由被申请人承担；反请求仲裁费××元（已由被申请人预交），由申请人承担××元，被申请人承担××元。三项仲裁费用，申请人合计承担××元，被申请人合计承担××元。双方当事人承担的仲裁费用相抵，被申请人应在收到本裁决书次日起10日内一次性将其所承担的仲裁费用

××元支付给申请人。

本裁决为终局裁决。本裁决书自作出之日起发生法律效力。

【问题】

1. 从实体上看，本案一期工程价款是否已经完成结算？价款是否已经确定？被申请人是否应支付价款并承担逾期付款的违约责任？二次装修部分的工程价款如何确认？申请人的工程价款是否享有优先受偿权？申请人的逾期竣工违约责任以及被申请人的反请求是否应予支持？

2. 从程序上讲，仲裁委员会和仲裁庭会对被申请人的仲裁协议效力异议作何决定？

【案例解析】

本案是一起施工承包合同纠纷案，涉及许多实体和程序问题，其中涉及程序上的一个主要问题是仲裁协议效力的异议问题。这个问题至关重要，因为它直接决定着仲裁委员会能否受理该案。这是由于有效的仲裁协议是仲裁委员会受理案件的前提，对此《仲裁法》第四条规定："当事人采用仲裁方式解决纠纷，应当双方自愿，达成仲裁协议。没有仲裁协议，一方申请仲裁的，仲裁委员会不予受理。"所以，仲裁委员会首先对被申请人的仲裁协议效力异议作出了决定，驳回被申请人对仲裁协议效力的异议，决定本案仲裁程序继续进行，并根据《仲裁法》和《仲裁规则》的规定，申请人选定李某为仲裁员，被申请人选定王某为仲裁员，因双方未能共同指定首席仲裁员。根据《仲裁规则》第二十五条、第二十六条之规定，仲裁委主任指定朱某为首席仲裁员。2002 年 10 月 22 日，由仲裁员李某、王某和首席仲裁员朱某组成仲裁庭审理本案。同时，仲裁委员会在《仲裁协议效力决定书》中还指出，合同中所约定的提请仲裁条款的前置程序是否还能实现，需待仲裁庭组成后，对案件进行实体审查才能作出决定。因此，根据仲裁委员会的授权，仲裁庭在本案的裁决书中发表了对被申请人的仲裁协议效力异议的决定的意见。

（一）仲裁委员会对被申请人的仲裁协议效力异议的决定

2002 年 7 月 29 日被申请人向仲裁委员会提交了《仲裁协议效力异议书》，以双方所签合同第 67.1 及第 67.2 款约定的附条件条款以及申请人未按合同约定的条款径行启动仲裁条款为由，认为申请人违背合同的约定，其提请仲裁之仲裁协议系尚未发生效力的仲裁条款，仲裁委员会不应受理，并以此提出异议，要求仲裁委员会依法作出公正的决定。

仲裁委员会经审查认为：⑴根据《中华人民共和国仲裁法》第十六条第二款的规定，一个有效的仲裁协议应具备 3 项法定内容。从本案双方当事人所签订的仲裁协议来看，完全符合仲裁法对仲裁协议生效要件的规定，是一个有效的仲裁协议，因此仲裁委员会对本案具有管辖权。⑵异议申请人的仲裁协议效力异议理由是对申请人能否现在提请仲裁，也就是提请仲裁的前提条件是否成立的问题而提出的，这个问题不仅涉及程序方面的问题，更涉及实体方面的问题。⑶本案合同中对于仲裁协议附条件生效是指在合同履行过程中的相关事项发生争议要提交仲裁时，需按第 67.1 及 67.2 款的规定进行。从实际情况来看，本案合同所指向的标的，即建设工项目已经履行完毕，工程早已实际交付使用，因此合同中所约定的提请仲裁条款的前置程序是否还能实现，需待仲裁庭组成对案件进行实体审查后，才能作出决定。

根据《仲裁规则》第十一条之规定，仲裁委员会于 2002 年 7 月 31 日作出〔20××〕×仲效字第×号《仲裁协议效力决定书》，驳回被申请人的仲裁协议效力异议，决定本案仲裁程序继续进行。

可见，本案仲裁委员会对被申请人的仲裁协议效力异议的决定实际上涉及的是前述仲裁协议效力的确认问题。其中，请求确认仲裁协议效力的主体是当事人一方的被申请人，请求确认仲裁协议效力的时间是仲裁庭首次开庭前，因为被申请人请求确认仲裁协议效力的时间是 2002 年 7 月 29 日，而仲裁庭首次开庭的时间是 2002 年 10 月 22 日；请求确认仲裁协议效力的理由是提请仲裁之仲裁协议系尚未发生效力的仲裁条款；本案仲裁协议效力的确认机构是仲裁委员会。这些方面完全符合《仲裁法》第二十条关于仲裁协议效力异议的规定，并且仲裁委员会经过审查认为，本案双方当事人所签订的仲裁协议完全符合《仲裁法》第十六条第二款对仲裁协议生效要件的规定，并且该仲裁协议符合仲裁协议的有效要件，即：⑴主体合格，申请人和被申请人具备完全民事行为能力，且是与该项争议相关联的仲裁协议的当事人；⑵意思表示真实，即本案仲裁协议是建立在申请人和被申请人意思表示自愿真实的基础上的；⑶内容合法，即仲裁协议的内容符合我国《仲裁法》第二条所允许采用仲裁方式来处理的事项，亦即平等主体之间的合同纠纷；⑷形式合法，即仲裁协议的形式符合我国《仲裁法》第十六条对仲裁协议所规定的形式上的要求，亦即书面形式。可见，本案双方当事人所签订的仲裁协议是一个有效的仲裁协议，因此根据《仲裁法》第四条的规定，仲裁委员会对本案具有管辖权，即被申请人对仲裁协议异议的理由不成立。据此，仲裁委员会遂作出了驳回被申请人的仲裁协议效力异议的决定。这是一个完全符合《仲裁法》有关规定的“决定”，因而本案仲裁委员会对被申请人的仲裁协议效力异议的决定是正确的。

（二）仲裁庭对被申请人的仲裁协议效力异议的决定

被申请人不仅在本案受理之后即向仲裁委员会提出异议，该异议被本会裁定驳回后，在案件审理过程之初被申请人继续就案件审理的前置程序问题和申请人径行提出仲裁，对本会受理案件的合法性提出质疑。此后，虽然由于被申请人依《仲裁规则》之规定提出了反请求，此异议已为被申请人的反请求行为而事实上放弃，但仲裁庭认为仍应按本会〔20××〕×仲效字第×号《仲裁协议效力决定书》关于仲裁庭“在本案的实体审理过程中进行审查后，才能作出决定”的要求，对被申请人的仲裁协议的效力异议，作出仲裁庭的决定和说明。

仲裁庭注意到：双方所签合同通用条件对合同仲裁有具体约定。

通用条件第67.1款约定：“如果在雇主和承包商之间由于或起因于合同或工程施工而产生任何争端，包括对工程师的任何意见、指示、决定、证书或评估方面的任何争端，无论是在工程施工中还是竣工后，也不论是在否认合同有效或合同在其他情况下终止之前还是之后，此类争端事宜应首先以书面形式提交工程师，并将一份副本提交另一方，并应说明向工程师提交这种文件是根据本条款采取的行动。工程师应在收到上述文件后的84天之内将其决定通知雇主和承包商。该决定亦应说明是根据本款作出的。除非合同已被撤销或被终止，在任何情况下，承包商都应以应有的精心继续进行工程施工，而且承包商和雇主应立即执行工程师作出的每一项此类决定，除非并直到该决定按下述规定变为友好解决或仲裁判决。如果雇主或承包商双方中的任何一方对工程师的任何决定不满意，或者如果工程师未能在他接到该文件后的第84天或在此之前将他所决定的通知发出，那么，无论雇主或承包商都可以在收到此决定的通知后的第70天或在此之前，或在上述84天期满之后的第70天或在此之前，视情况而定，按下述规定将其把有关争端提交仲裁的意向通知另一方，并将一份副本呈交工程师供其参考。这一通知就确定了发出通知这一方就这一争端按以下规定开始仲裁的权利，按照第67.4款的规定，如果没有发出此类通知上述仲裁则不能开始。如果工程师已将他对争端所作的决定通知了雇主和承包商，而雇主和承包商双方收到工程师有关此决定的通知后第70天或在此之前均未发出要将该争端提交仲裁的通知，则上述决定则被视为最后决定并对雇主和承包商双方均有效力。”

第67.2款约定：“按第67.1款规定已经发出将把一件争端提交仲裁的通知后，争执双方应首先设法友好解决争端，否则不应对这一争端开始仲裁。如果争执双方没有另外的协议，仲裁可在将此争端提交仲裁的意向通知发出后第56天或在此之后开始，而不管是否已作过友好解决的尝试。”

第67.3款约定：“有关以下方面的任何争端：(a)工程师的决定（如果有的话），未能根据第67.1款规定成为最终决定并具有约束力；(b)在第67.2款规定的期限内尚未达成友好解决。除非合同中另有规定，均应按国际商会的调解与仲裁章程，由据此章程指定的一名或数名仲裁人予以最终裁决。上述仲裁人（们）有全权解释、复查或修改工程师对争端所作之任何决定、意见、指示、确定、证书或估价。双方中任何一方在仲裁人（们）的仲裁程序中均不受根据第67.1款为取得工程师的上述决定而向工程师提供证据或论据的限制。上述工程师的决定，就应使他失去被传为证人以及向仲裁人（们）提供任何与争端有关的证据的资格。在工程竣工之前或之后均可诉诸仲裁，但在工程进行过程中，雇主、工程师及承包商各自的义务不得以仲裁正在进行为理由而加以改变。”

合同专用条件第67.3款中的仲裁(b)以下第一段改为：“按中华人民共和国经济合同仲裁条例，由本工程所在地的仲裁机关予以最终裁决。”

双方当事人所签的合同的上述关于仲裁的诸项约定，就是FIDIC特定的争端解决机制，也即当事人提起仲裁的前置程序或对仲裁提出的合同限制。根据这一约定，当事人只有在约定期限内明确通知对方表示不满，或工程师的决定产生终审约束力后一方当事人未履行该决定方能提出仲裁。

但是，当事人未经以上程序，是否就不可以提出仲裁，仲裁庭的答案是否定的。理由是：

首先，此前置程序只是约定提出仲裁之前的一个使仲裁取得较好效果的措施，但此前置程序并不取代仲裁，更不能取代法治；况且，工程师的公正性远无法与仲裁方式所产生的公正性相比，选择仲裁本身就是本案约定的解决争端的方法。应当认为，当事人对工程师的不满表示，直接选择仲裁也是一种表示的方式，另一方当事人不能剥夺这种方式的表示。其次，工程师本身的决定在我国并无“准司法效力”，其决定也不产生向法院申请执行的效力，因此，工程师的决定对当事人也并无强制力。有否强制力的区别正是工程师协调与仲裁的根本区别。如在这两者中选择，当事人选择工程师协调程序作为提出仲裁的前置条件并无不当，当事人不选择此约定也无不当。

当事人不选择合同约定的工程师协调机制并无不当，是因为此选择没有违反我国法律的强制性规定。在我国目前的法律体制下，即使合同中约定了FIDIC的工程师协调机制作为仲裁的前置程序，并不必然导致仲裁程序的不可启动，其根本理由是国家法律赋予当事人可通过仲裁获得司法救济的诉权，不因由当事人的合同约定而随意被限制或剥夺。事实上，本案审理过程中，被申请人在保留异议的同时，不仅依《仲裁规则》的规定提出了反请求，并通过仲裁审理获得了相应的救济；同时也遵守仲裁庭的纪律，配合仲裁庭完成了全部仲裁程序，因此，从案件审理的实体审查，完全可得出与本会前述《仲裁协议效力决定书》同样的结论，即驳回被申请人的仲裁协议效力异议。

然而，在这里却涉及一个比较重要的问题，就是本案仲裁庭对被申请人的仲裁协议效力异议所作出的决定是不是有效的问题。对此，拟作以下分析：根据《仲裁法》第二十条的规定，只有仲裁委员会和法院才享有确认仲裁协议效力的权限，《仲裁法》并未将仲裁协议效力的确认权限赋予仲裁庭，那么，本案仲裁庭无权对被申请人的仲裁协议效力异议作出有关决定，即使作出了也是无效的，因此本案仲裁庭作出的驳回被申请人的仲裁协议效力异议的决定是无效的。但是，本案仲裁庭之所以要对被申请人的仲裁协议效力异议作出决定，是在根据《仲裁法》享有仲裁协议效力确认权限的仲裁委员会的授权之下进行的，在这种情况下，本案仲裁庭就不是无权对被申请人的仲裁协议效力异议作出决定，而是有权对被申请人的仲裁协议效力异议作出决定，并且本案仲裁庭对被申请人的仲裁协议效力异议所作出的决定完全是依据有关法律和合同作出的，那么本案仲裁庭作出的驳回被申请人的仲裁协议效力异议的决定就不是无效的而是有效的。在此前提下，本案仲裁庭对被申请人的仲裁协议效力异议的决定即驳回被申请人的仲裁协议效力异议是在仲裁裁决书中“仲裁庭意见”中作出的，而《仲裁法》第五十七条规定：“裁决书自作出之日起发生法律效力。”当然在本案仲裁裁决书中的本案仲裁庭对被申请人的仲裁协议效力异议所作出的决定也就是有效的了。实际上，关于仲裁委员会授权仲裁庭对仲裁协议的效力作出决定以及如何作出的问题，有关仲裁委员会的仲裁规则已经作出了明确的规定，例如，《贸仲规则》第六条规定：“（一）仲裁委员会有权对仲裁协议的存在、效力以及仲裁案件的管辖权作出决定。如有必要，仲裁委员会也可以授权仲裁庭作出管辖权决定。（二）仲裁委员会依表面证据认为存在由其进行仲裁的协议的，可根据表面证据作出仲裁委员会有管辖权的决定，仲裁程序继续进行。仲裁委员会依表面证据作出的管辖权决定并不妨碍其根据仲裁庭在审理过程中发现的与表面证据不一致的事实及／或证据重新作出管辖权决定。（三）仲裁庭依据仲裁委员会的授权对管辖权作出决定时，可以在仲裁程序进行中单独作出，也可以在裁决书中一并作出。（四）当事人对仲裁协议及／或仲裁案件管辖权的异议，应当在仲裁庭首次开庭前书面提出；书面审理的案件，应当在第一次实体答辩前提出。（五）对仲裁协议及／或仲裁案件管辖权提出异议不影响仲裁程序的继续进行。（六）上述管辖权异议及／或决定包括仲裁案件主体资格异议及／或决定。（七）仲裁委员会或经仲裁委员会授权的仲裁庭作出无管辖权决定的，应当作出撤销案件的决定。撤案决定在仲裁庭组成前由仲裁委员会秘书长作出，在仲裁庭组成后，由仲裁庭作出。”仲裁委员会仲裁规则规定仲裁委员会授权仲裁庭对仲裁协议的效力作出决定，可以起到弥补《仲裁法》没有规定仲裁庭有权对仲裁协议的效力作出决定之不足，也可以解决仲裁实践中所遇到的类似问题。

本案之所以会遇到仲裁庭对仲裁协议的效力作出决定是否有效这样的问题，是因为《仲裁法》第二十条没有赋予仲裁庭对仲裁协议效力的确认权，但国际上大多数国家却认可仲裁庭的此种权力，即仲裁庭有权确定自己的管辖权，其优势非常明显。因而，我国《仲裁法》也应将仲裁协议效力的确认权限赋予仲裁庭，而且仲裁庭、仲裁机构和人民法院在确认仲裁协议效力的顺序上，宜依次为仲裁庭、仲裁机构和人民法院。要是《仲裁法》对此作了明确规定的话，那么在仲裁实践中就不会遇到仲裁庭对仲裁协议的效力是否有权作出决定这样的问题了。

第二节　仲裁协议的无效

案例 8：利是佳公司提起管辖权异议案

【基本案情】

1991 年 10 月 3 日，天骏公司与福华公司签订合作兴建彭年广场商品综合大楼的《合作建房合同》。因资金困难，双方同意追加利是佳公司为合作人，三方于1992年2月10日签订新的《合作建房合同》。之后，三方在履行合同中发生纠纷。1996年3月6日，天骏公司向深圳市中级人民法院起诉。深圳市中级人民法院受理后，通知福华公司、利是佳公司应诉。利是佳公司以《合作建房合同》第十一条规定“本合同执行过程中，如遇重大事项，协商不能解决时，可提交有关仲裁机关裁决”，法院没有管辖权为由，向深圳市中级人民法院提出管辖异议。

深圳市中级人民法院审查后，认为本案当事人签订的协议“未明确约定具体的仲裁机构，仲裁条款内容不明确，无法执行。该合同的不动产所在地在深圳市，深圳市中级人民法院对该案有管辖权”，鉴于利是佳公司是港方公司，根据最高人民法院法发〔1995〕18号文《关于人民法院处理与涉外仲裁及外国仲裁事项有关问题的通知》第一条规定，将该案报广东省高级人民法院审批。

广东省高级人民法院审查后，认为由于合同中约定仲裁的仲裁机构不明确，使得该仲裁条款无法执行，根据《中华人民共和国仲裁法》第十八条的规定，该仲裁条款应属无效。故同意深圳市中级人民法院受理此案，并依据最高人民法院发〔1995〕18号文第一条规定，报请最高人民法院就此案的管辖权问题进行审批。最高人民法院研究认为：双方当事人在《合作建房合同》中订立的仲裁条款未明确约定具体的仲裁机构，事后又未达成补充协议，依据《中华人民共和国仲裁法》第十八条的规定，该仲裁条款无效。故同意广东省高级人民法院的意见，该案由深圳市中级人民法院受理。

【问题】

1. 本案《合作建房合同》中的仲裁条款是否有效？

2. 利是佳公司以《合作建房合同》中的仲裁条款认为深圳市中级人民法院对此案没有管辖权的意见是否正确？

【案例解析】

本案不仅是一起合作建房合同争议案，而且是一起涉港合作建房合同争议案，涉及合同中的仲裁条款是否有效以及人民法院对此案有没有管辖权的问题。在此方面，最高人民法院《关于人民法院处理与涉外仲裁及外国仲裁事项有关问题的通知》规定：“凡起诉到人民法院的涉港澳和涉台经济、海事海商纠纷案件，如果当事人在合同中订有仲裁条款或者事后达成仲裁协议，人民法院认为该仲裁条款或仲裁协议无效、失效或者内容不明确无法执行的，在决定受理一方当事人起诉之前，必须报请本辖区所属高级人民法院进行审查；如果高级人民法院同意受理，应将其审查意见报最高人民法院。在最高人民法院未作答复前，可暂不予受理。”

本案中，天骏公司向深圳市中级人民法院起诉，深圳市中级人民法院受理后，通知福华公司、利是佳公司应诉，而利是佳公司以《合作建房合同》中第十一条之仲裁条款向深圳市中级人民法院提出管辖异议，认为深圳市中级人民法院没有管辖权。本来，根据《仲裁法》第五条的规定，当天骏公司向深圳市中级人民法院起诉，深圳市中级人民法院不予受理，因为《合作建房合同》中第十一条之仲裁条款可以排除深圳市中级人民法院的管辖权，但是根据《仲裁法》第二十六条（当事人达成仲裁协议，一方向人民法院起诉未声明有仲裁协议，人民法院受理后，另一方在首次开庭前提交仲裁协议的，人民法院应当驳回起诉，但仲裁协议无效的除外；另一方在首次开庭前未对人民法院受理该案提出异议的，视为放弃仲裁协议，人民法院应当继续审理）的规定，当事人虽然达成仲裁协议，但是天骏公司向深圳市中级人民法院起诉未声明有仲裁协议，深圳市中级人民法院受理了，之后通知福华公司、利是佳公司应诉，此时利是佳公司在首次开庭前提交仲裁协议，并认为深圳市中级人民法院没有管辖权，深圳市中级人民法院应当驳回起诉，但是有一个例外即仲裁协议无效的除外。所以，深圳市中级人民法院并没有作出驳回天骏公司的起诉，而是对当事人合同中的仲裁条款进行审查，看它是有效的还是无效的再作出与之相适应的裁定：如仲裁条款有效，则驳回天骏公司的起诉；如仲裁条款无效，则由深圳市中级人民法院继续审理。

深圳市中级人民法院经过审查，认为本案当事人合同中的仲裁条款“未明确约定具体的仲裁机构，仲裁条款内容不明确，无法执行”。这种认定是正确的。具体分析如下：《仲裁法》第十六条第二款规定：仲裁协议应当具有选定的仲裁委员会，显然该条款所要求的仲裁委员会必须明确具体。而本案中的仲裁条款只是约定：本合同执行过程中，如遇重大事项，协商不能解决时，可提交有关仲裁机关裁决。可见，该仲裁条款中并没有《仲裁法》第十六条第二款所要求的“选定的仲裁委员会”。所以，深圳市中级人民法院根据最高人民法院上述通知的规定认为本案当事人合同中的仲裁条款“未明确约定具体的仲裁机构，仲裁条款内容不明确，无法执行”是恰当的。在认定本案当事人合同中的仲裁条款无法执行的同时，深圳市中级人民法院还认定该合同的不动产所在地在深圳市，根据《民事诉讼法》有关专属管辖权的规定，深圳市中级人民法院对该案有管辖权，因此有权受理此案。

根据最高人民法院《关于人民法院处理与涉外仲裁及外国仲裁事项有关问题的通知》规定，深圳市中级人民法院认为该仲裁条款内容不明确无法执行，并决定受理此案，但是在决定受理天骏公司起诉之前，必须报请广东省高级人民法院进行审查。于是，深圳市中级人民法院将此决定报请广东省高级人民法院进行审查。广东省高级人民法院经审查，除了同意深圳市中级人民法院的意见之外，还根据《仲裁法》第十八条的规定，认定该仲裁条款应属无效，故同意深圳市中级人民法院受理此案，并依据前述最高人民法院的通知规定，报请最高人民法院就此案的管辖权问题进行审批。广东省高级人民法院认定本案仲裁条款无效是正确的。因为，为了尽量满足当事人的仲裁意愿，《仲裁法》第十八条规定："仲裁协议对仲裁事项或者仲裁委员会没有约定或者约定不明确的，当事人可以补充协议；达不成补充协议的，仲裁协议无效。"可见，该条规定允许当事人在仲裁协议对仲裁事项或者仲裁委员会没有约定或者约定不明确的，可以补充协议；达不成补充协议的，仲裁协议才属无效。而本案中的当事人并未就此达成补充协议，所以本案当事人合同中的仲裁条款无效。后来，最高人民法院作出了与广东省高级人民法院相同的意见。据此，深圳市中级人民法院对本案有管辖权。利是佳公司以《合作建房合同》中的仲裁条款认为深圳市中级人民法院对此案没有管辖权的意见不正确。

不过，值得注意的是，当事人在仲裁协议中所约定的仲裁机构不明确等情况时，是否都属无效呢？答案显然是否定的。一方面，从《仲裁法》的角度看，尽管《仲裁法》第十六条第二款要求仲裁协议必须有"选定的仲裁委员会"，但是规定仲裁协议无效的《仲裁法》第十七条却并未将没有"选定的仲裁委员会"的仲裁协议列为无效的情形，而《仲裁法》第十八条只是规定仲裁协议对仲裁委员会没有约定或者约定不明确的，当事人可以补充协议；达不成补充协议的，仲裁协议才属无效。可见，《仲裁法》并未规定对仲裁委员会没有约定或者约定不明确的仲裁协议当然无效。另一方面，出于支持仲裁的考量，最高人民法院的一系列司法解释特别是2005年《仲裁法解释》在上述情况下采取的是尽量使仲裁协议有效的态度。例如，《仲裁法解释》第三条规定："仲裁协议约定的仲裁机构名称不准确，但能够确定具体的仲裁机构的，应当认定选定了仲裁机构。"第四条规定："仲裁协议仅约定纠纷适用的仲裁规则的，视为未约定仲裁机构，但当事人达成补充协议或者按照约定的仲裁规则能够确定仲裁机构的除外。"第五条规定："仲裁协议约定两个以上仲裁机构的，当事人可以协议选择其中的一个仲裁机构申请仲裁；当事人不能就仲裁机构选择达成一致的，仲裁协议无效。”第六条规定：“仲裁协议约定由某地的仲裁机构仲裁且该地仅有一个仲裁机构的，该仲裁机构视为约定的仲裁机构。该地有两个以上仲裁机构的，当事人可以协议选择其中的一个仲裁机构申请仲裁；当事人不能就仲裁机构选择达成一致的，仲裁协议无效。”可见，《仲裁法解释》并未规定约定的仲裁机构名称不准确等的仲裁协议当然无效。这体现了立法和司法对仲裁的支持。

第三节　仲裁条款的独立性

案例 9：西安西亚公司提出管辖权异议案

【基本案情】

1993 年 11 月，经西安市外经委批准，西安正泰机电科技开发公司（甲方）、海南顺达旅业有限公司（乙方，简称海南顺达公司）、美国亚派克国际公司（丙方）合资成立西安西亚汽车检测设备事业有限公司（简称西安西亚公司）。合资合同规定了三方的出资额；董事会由 7 名董事组成，决定合资公司的一切重大问题；因本合同所发生的或与本合同有关的一切争议提交北京中国国际经济贸易仲裁委员会进行仲裁，等等。后甲、乙、丙三方陆续投入部分资金。1995 年 7 月 11 日，由于乙方海南顺达公司因故提出转让股权，在只有 4 名董事（分别为合资三方人员）参加的董事会会议上作出决议：同意海南顺达公司退出合资公司和不再享有董事会权利、义务，其投入的股金人民币 49.82 万元，其中 5 万元作为对西亚公司赔偿，另 44.82 万元由西安西亚公司在 1995 年 12 月 31 日前分期退还海南顺达公司。1996 年 5 月 27 日，经西安外经委批准，陕西凯特工贸公司接替海南顺达公司在合资公司中乙方的地位并享有和承担海南顺达公司在合资合同中的权利和义务。

海南顺达公司因未得到股权转让款，遂于 1996 年 9 月提起诉讼，要求西安西亚公司给付股权转让款，西安市雁塔区人民法院以股权转让纠纷案受理。

西安西亚公司以合资合同约定了仲裁条款、本案应由当事人申请仲裁为由提出管辖权异议。西安市雁塔区人民法院一审裁定认为，董事会决议已同意海南顺达公司退出合作。合资合同规定的仲裁条款已不适用海南顺达公司，驳回了西安西亚公司提出的管辖权异议。西安西亚公司不服一审裁定提起上诉，西安市中级人民法院二审裁定驳回上诉。

1996 年 11 月，西安西亚公司就管辖权异议不服二审裁定向陕西省高级人民法院申请再审，同时向最高人民法院提出申诉。要求撤销原审裁定，由当事人依照合资合同的约定申请仲裁。最高人民法院致函陕西省高级人民法院审查处理，陕西省高级人民法院交由西安市中级人民法院查处，该中级人民法院依照审判监督程序进行再审，裁定撤销了原一审、二审裁定，原告应向仲裁机构申请仲裁。

【问题】

合资合同中约定的仲裁条款是否还适用于原当事人海南顺达旅业有限公司？

【案例解析】

本案不仅是一起合资合同纠纷案，而且是一起合资合同中的股权转让纠纷案。该案因合资合同一方海南顺达公司退出合资公司而引起。由于海南顺达公司提出转让股权，合资公司董事会会议于是作出决议：同意海南顺达公司退出合资公司和不再享有董事会权利、义务，其投入的股金人民币 49.82 万元，其中 5 万元作为对合资公司西安西亚公司的赔偿，另 44.82 万元由西安西亚公司在 1995 年 12 月 31 日前分期退还海南顺达公司。但是后来，西安西亚公司并未按照董事会决议将股权转让款退还给海南顺达公司。因此，海南顺达公司遂于 1996 年 9 月向西安市雁塔区人民法院提起诉讼，要求西安西亚公司给付股权转让款。对此，西安西亚公司却以合资合同约定了仲裁条款，本案应由当事人申请仲裁为由向西安市雁塔区人民法院提出管辖权异议，但被西安市雁塔区人民法院一审裁定驳回。西安西亚公司不服一审裁定遂向西安市中级人民法院提起上诉，西安市中级人民法院二审裁定驳回上诉。1996 年 11 月，西安西亚公司就管辖权异议不服二审裁定向陕西省高级人民法院申请再审，同时向最高人民法院提出申诉，要求撤销原审裁定，由当事人依照合资合同的约定申请仲裁。最高人民法院致函陕西省高级人民法院审查处理，陕西省高级人民法院交由西安市中级人民法院查处，该中级人民法院依照审判监督程序进行再审，裁定撤销了原一审、二审裁定，原告应向仲裁机构申请仲裁。

本案争议焦点是合资合同中约定的仲裁条款是否还适用于原合资人海南顺达旅业有限公司。而要解决这个问题，首先要弄清楚本案争议的性质；其次，要弄清楚合资合同中约定的仲裁条款是否有效；最后，要弄清楚合资合同中约定的仲裁条款是否具有独立性。

（一）本案争议的性质

从本案事实看，海南顺达公司参加合资经营并投入部分股金，后因故提出转让股权，合资公司董事会作出决议：同意海南顺达公司退出合资经营及分期退还其投入的股金。后来，合资公司西安西亚公司并未按照董事会决议将股权转让款退还给海南顺达公司。因此，海南顺达公司遂于 1996 年 9 月向西安市雁塔区人民法院提起诉讼，要求西安西亚公司给付股权转让款，西安市雁塔区人民法院以股权转让纠纷案受理。显而易见，上述事实表明，本案涉及的是退还股金问题，不是债权债务或欠款，实质上是由于海南顺达公司欲转让股权这一法律事实引起的，因此本案争议的性质应当属于合资当事人之间在执行合资经营合同过程中产生的股权转让纠纷，而不是债权债务纠纷。

（二）合资合同中约定的仲裁条款是否有效

本案合资当事人之间或原当事人之间在执行合资经营合同过程中产生的股权转让纠纷如要通过仲裁的方式解决，根据前述《仲裁法》第四条的规定，该合资合同中约定的仲裁条款必须有效。那么，本案合资合同中约定的仲裁条款是否有效呢？根据《仲裁法》第十六条第二款的规定，本案合资合同中约定的仲裁条款具备该条款所要求的仲裁协议必须具备的三项内容：⑴请求仲裁的意思表示，即因本合同所发生的或与本合同有关的一切争议提交北京中国国际经济贸易仲裁委员会进行仲裁；⑵仲裁事项，即因本合同所发生的或与本合同有关的一切争议；⑶选定的仲裁委员会，即中国国际经济贸易仲裁委员会。同时，本案合资合同中约定的仲裁条款没有《仲裁法》第十七条所规定的无效的情形，而且也符合仲裁协议的有效要件，即主体合格、意思表示真实、内容合法和形式合法。所以，合资合同中约定的仲裁条款毫无疑问是有效的。

（三）合资合同中约定的仲裁条款是否具有独立性

正如前所述，本案合资合同中约定的仲裁条款是否还适用于原合资人海南顺达旅业有限公司，除了要解决本案争议的性质、合资合同中约定的仲裁条款是否有效之外，还要解决合资合同中约定的仲裁条款是否具有独立性。关于合同中仲裁条款的独立性，有关理论、立法和司法实践均予以了印证，我国有关法律、司法解释及仲裁机构的仲裁规则也规定了合同中仲裁条款的独立性。规定合同中仲裁条款的独立性条款一般表述为：合同中的仲裁条款一经订立，即与合同的其他条款相分离而独立存在，合同的变更、解除、终止、失效或无效等均不影响仲裁条款的效力。例如，《仲裁法》第十九条第一款规定："仲裁协议独立存在，合同的变更、解除、终止或者无效，不影响仲裁协议的效力。"2005年《仲裁法解释》第十条又扩大了仲裁条款独立的适用范围，即"合同成立后未生效或者被撤销的，仲裁协议效力的认定适用《仲裁法》第十九条第一款的规定。当事人在订立合同时就争议达成仲裁协议的，合同未成立不影响仲裁协议的效力"。1995年《贸仲规则》第五条规定："合同中的仲裁条款应视为与合同其他条款分离地、独立地存在的条款，附属于合同的仲裁协议也应视为与合同其他条款分离地、独立地存在的一个部分；合同的变更、解除、终止、失效或无效以及存在与否，均不影响仲裁条款或仲裁协议的效力。"2012年《贸仲规则》进一步扩大了仲裁条款独立的适用范围，其第五条规定："合同中的仲裁条款应视为与合同其他条款分离的、独立存在的条款，附属于合同的仲裁协议也应视为与合同其他条款分离的、独立存在的一个部分；合同的变更、解除、终止、转让、失效、无效、未生效、被撤销以及成立与否，均不影响仲裁条款或仲裁协议的效力。"《最高人民法院关于适用〈中华人民共和国民事诉讼法〉若干问题的意见》第三百一十六条规定："涉外经济合同的解除或者终止，不影响合同中仲裁条款的效力。当事人一方因订有仲裁条款的涉外经济合同被解除或者终止向人民法院起诉的，不予受理。"

综上，既然本案争议的性质属于合资当事人之间或原当事人之间在执行合资经营合同过程中产生的股权转让纠纷，而不是债权债务纠纷，那么，本案应当依照合资合同中约定的仲裁条款申请仲裁，即因本合同所发生的或与本合同有关的一切争议应提交北京中国国际经济贸易仲裁委员会进行仲裁，而本案合资当事人之间或原当事人之间在执行合资经营合同过程中产生的股权转让纠纷属于合资合同中约定的仲裁条款中所述的与本合同有关的一切争议，亦即属于本案合资合同约定的仲裁条款的管辖范围，正如《仲裁法解释》第二条所规定的："当事人概括约定仲裁事项为合同争议的，基于合同成立、效力、变更、转让、履行、违约责任、解释、解除等产生的纠纷都可以认定为仲裁事项。”所以，西安市雁塔区人民法院一审裁定和西安市中级人民法院二审裁定认为海南顺达公司已退出合营公司不受合同仲裁条款的约束，应由人民法院受理解决是错误的。后来，最高人民法院致函陕西省高级人民法院审查处理，陕西省高级人民法院交由西安市中级人民法院查处，该中级人民法院依照审判监督程序进行再审，撤销了原一审、二审裁定，原告应向仲裁机构申请仲裁是正确的。

第四节　仲裁庭管辖权自决原则

案例 10：信达公司申请确认仲裁协议效力案

【基本案情】

申请人：厦门信达股份有限公司（简称信达公司）。

被申请人：香港雅捷实业有限公司（简称雅捷公司）。

1993 年 3 月 3 日，信达公司与雅捷公司在厦门签订了一份中英文对照的买卖 1500 吨钢材合同，合同中仲裁条款的中英文表述不一致。中文条款（手写）约定争议应提交双方同意的美国的仲裁机构按有关国际仲裁条例进行仲裁，仲裁地点在美国；英文仲裁条款（格式）约定纠纷应提交中国国际经济贸易仲裁委员会仲裁解决，仲裁地点在中国北京。合同项下的货物到达厦门后，信达公司按合同约定进行了复检并发现存在严重质量问题，双方发生纠纷，但双方未达成新的意思表示一致的仲裁协议。1996 年 3 月 1 日，信达公司向中国经济贸易仲裁委员会申请仲裁，雅捷公司于 3 月 25 日提出管辖权异议。信达公司在对该管辖权异议的答辩中要求由中国国际经济贸易仲裁委员会驳回对方的异议，但又于 8 月 14 日申请将仲裁协议效力问题交由人民法院处理。中国国际经济贸易仲裁委员会于 8 月 16 日作出了管辖权决定。信达公司于 8 月 26 日向人民法院申请确认仲裁协议的效力，但隐瞒了仲裁委员会已就此作出决定的事实。信达公司请求确认仲裁协议中文条款无效，英文条款有效。被申请人经法院通知未答辩，也未出庭应诉。

在案件审理过程中，申请人提交了中国国际经济贸易仲裁委员会于1996年8月16日作出的管辖权决定书，表明该仲裁委员会对该合同争议仲裁无管辖权。法院经审查认为：本案仲裁协议效力问题与管辖权异议是同一法律问题，信达公司在收到仲裁机关有关本案的管辖决定之后，又向人民法院提出确认仲裁协议效力的申请。该申请不符合《仲裁法》第二十条规定的条件，根据《民事诉讼法》第一百四十条第一款第十一项之规定，裁定驳回申请人信达公司请求确认仲裁协议效力的申请。

【问题】

申请人在已经申请仲裁并且仲裁委员已作出管辖权决定的情况下，该申请人还有没有权利再向法院申请确认仲裁协议效力？

【案例解析】

（一）仲裁管辖权的决定权

仲裁管辖权是仲裁庭进行仲裁的前提与基础。在仲裁审理过程中，对仲裁协议的效力及仲裁管辖权异议是否成立的认定应由哪个机构进行，是仲裁机构还是法院？根据《纽约公约》的规定，除非仲裁协议无效或不能执行，仲裁将排除法院的管辖。公约没有明确规定谁有权对仲裁协议是否有效作出判断，但是公约的规定似乎明确地表明了法院有管辖权，而没有明确仲裁机构本身可否决定管辖权的问题。由于各国的态度不一，仲裁机构是否有权决定管辖权问题，一直是理论界的争议焦点。承认仲裁庭对仲裁管辖权的决定权，就意味着仲裁庭的决定将约束双方当事人，当事人不得就管辖权问题向法院起诉；如果不承认仲裁庭对管辖权的决定权，则当事人可以就此问题向法院提起诉讼，法院裁定的效力高于仲裁决定的效力。[1]传统观点认为，只有法院有决定权，仲裁机构或仲裁庭无权对自己的管辖权问题作出决定。如果仲裁庭没有管辖权，其作出的裁决是无效的。在仲裁庭进行调查后，如果仍然难以确定其是否具有管辖权，而当事人又没有提出异议，可以在提示当事人注意裁决有被宣告为无效的可能的情况下，继续审理。在

[1] 张斌生著：《仲裁法新论》，厦门大学出版社2002年版，第167页。

仲裁期间，一方当事人抗辩仲裁协议无效等管辖权问题，仲裁庭必须中止审理，等待法院的裁决。

但是20世纪80年代以后，“自裁管辖”（又称“仲裁庭管辖权自决”）理论得到大多数国家的接受和采纳。“自裁管辖”实际上与仲裁协议的独立性密切相关，当事人同意将其争议交付仲裁，就被视为通过独立的仲裁协议将裁判权力交给了仲裁庭，任由仲裁庭对争议的是非曲直，包括合同的效力等问题，作出裁断。这种授权正是仲裁庭决定其管辖权的基础。⑴仲裁权以仲裁协议为基础，双方当事人将争议的管辖权交给了仲裁庭，这一争议不仅包括实体问题的争议，也包括程序问题的争议。在这种情况下，如果把对仲裁管辖权异议的决定权交给法院，则是对双方当事人的真实意愿及仲裁本质的违背。⑵对当事人提出的仲裁管辖权的抗辩进行调查，作出决定，是仲裁庭固有的权力，是与对争议的审理权、裁决权同为一体的权力。仲裁庭要决定是否对案件进行审理，作出裁决，首先必须确定自己对该案是否具有管辖权，也就必须审查仲裁协议的效力和对方当事人提出的管辖权异议。承认仲裁庭拥有解决纠纷所必需的权力，承认仲裁管辖权是仲裁权的有机组成部分，其意义在于使仲裁程序在无外来干涉的情况下独立进行，而不是鼓励在仲裁程序中诉诸法院，否则，仲裁方式将失去其应有的意义。⑶如果赋予法院对仲裁协议的效力进行认定的权力，实质上是导致仲裁权依赖于审判权，从而限制了仲裁庭权力的行使。这与仲裁是一种独立的解决纠纷方式，仲裁权是一种独立的对争议进行公正裁决的权力的现代仲裁观念不符合。同时，也为那些有意回避仲裁、拖延纠纷解决的当事人提供了可乘之机。[1]

现代各国仲裁法大多赋予仲裁机构以自决权并且限制法院的介入。例如《联合国国际贸易法委员会仲裁规则》第二十一条第一款规定：“仲裁庭应有权就该庭管辖权所提出的异议，进行裁决。”第二十一条第四款规定：“总之，仲裁庭应对于其管辖权的抗辩作为先决问题予以裁决。但仲裁庭可以继续进行仲裁并对于其管辖权的抗辩作为先决问题予以裁决。但仲裁庭可以继续进行仲裁并在最终裁决中对这一抗辩加以裁定。”联合国《国际商事仲裁示范法》第十六条规定：“仲裁庭可以对它自己的管辖权包括对仲裁协议的存在或效力的任何异议，作出裁定。为此目的，构成合同的一部分的仲裁条款应视为独立于其他合同条款以外的一项协议。仲裁庭作出关于合同无效的决定，不应在法律上导致仲裁条款的无效。”在

[1] 乔欣著：《仲裁权研究：仲裁程序公正与权利保障》，法律出版社2001年版，第183～184页。

仲裁法实施之前，《中国国际经济贸易仲裁委员会仲裁规则》就规定："仲裁委员会有权对仲裁协议的存在、有效性以及仲裁案件的管辖权作出决定。这种决定是终局性的。"在仲裁法实施后，按照《仲裁法》第二十条的规定："当事人对仲裁协议的效力有异议的，可以请求仲裁委员会作出决定或者请求人民法院作出裁定。一方请求仲裁委员会作出决定，另一方请求人民法院作出裁定的，由人民法院裁定。"在此基础上，中国国际经济贸易仲裁委员会对其规则进行修订，肯定了如果一方请求仲裁委员会作出决定，另一方请求人民法院作出裁定，则由人民法院裁定。然而，这样的规定并没有改变仲裁委员会对仲裁协议效力的决定权，只是改变了由仲裁委员会对仲裁协议的效力作出最终决定的做法，从而使仲裁委员会与法院均有权对此加以确定，人民法院有最终的裁定权。之后，在《最高人民法院关于确认仲裁协议效力几个问题的批复》中，对仲裁机构和人民法院在确认仲裁协议时的关系上作了进一步的规定，即"当事人对仲裁协议的效力有异议，一方当事人申请仲裁机构确认仲裁协议效力，另一方当事人请求人民法院确认仲裁协议无效，如果仲裁机构先于人民法院接受申请并已作出决定，人民法院不予受理；如果仲裁机构接受申请后尚未作出决定，人民法院应予受理，同时通知仲裁机构终止仲裁。"这一规定进一步明确了仲裁机构对仲裁协议效力的确认及在特定情况下的最终决定权，即只有在一方当事人向仲裁委员会提请仲裁，另一方当事人请求仲裁委员会作出决定才是终局性的。[1]

承认仲裁庭对仲裁管辖权问题有决定权，可以有效地防止一方当事人利用法院诉讼，恶意拖延和破坏仲裁的进行，减轻当事人的负担，真正实现迅速、及时、高效的仲裁原则。然而，仲裁庭就仲裁协议的有效性及其自身管辖权的裁定最终要受法院的监督和控制。法院的这种权力在一些国际仲裁机构的仲裁规则和许多国家的仲裁立法中均得到承认。例如联合国《国际商事仲裁示范法》第十六条第三款规定："如果仲裁庭作为一初步问题裁定它具有管辖权，当事人任何一方均可以在收到裁定通知后30日内要求第六条规定的法院对这一问题作出决定。该决定不允许上诉，在对这种要求作出决定的同时，仲裁庭可以继续进行仲裁程序和作出裁决。"德国《民事诉讼法》第一千零四十条第三款规定："仲裁庭认为自己有管辖权时，对于管辖权异议时，在一般情形可以作出中间裁决。此时，任何一方当事人在收到裁决后一个月内可以申请法院裁判。仲裁庭可以继续进行仲裁程序并作出仲裁裁决。"可见，仲裁庭对案件管辖权作出的决定，只是一个初步裁定或

[1] 郭寿康、赵秀文主编：《国际经济贸易仲裁法》，中国法制出版社1995年版，第166页。

决定，最终的决定将由法院作出。法院有权以仲裁庭无管辖权为由而拒绝承认和执行仲裁裁决。[1]

本案仲裁协议效力问题与仲裁管辖权问题是同一法律问题。申请人是依据合同仲裁协议英文（格式条款）申请仲裁，其实际上是认为仲裁协议英文条款有效，中文条款无效，但是其并不是首先申请确认哪种文字的条款有效，实际上是放弃了对仲裁协议效力的异议。申请人对提出仲裁管辖权异议这一权利的放弃，表明了即使在仲裁机构的仲裁管辖权有瑕疵的情况下，申请人对仲裁机构审理和裁决其与对方当事人之间争议具有管辖权的承认。被申请人在仲裁委员会受理该仲裁案后，依中文提出了管辖权异议，其实质是对仲裁协议哪种文字的条款有效的异议，仲裁委员会支持了被申请人的管辖权异议，实际上是确认了仲裁协议中文条款的效力，所以仲裁协议效力异议的问题已经得到解决。如果申请人在说明此情况的基础上向人民法院提出确认仲裁协议效力的申请，法院即应以仲裁协议效力异议问题已经仲裁委员会处理，法院无权再受理同一请求为理由，告知其不予受理，或者裁定驳回其申请。如果申请人隐瞒此情况而申请，法院通过审理查明此情况属实，则可以同一理由裁定驳回其申请。因此，一方当事人依照仲裁协议的约定向仲裁委员会申请仲裁，并被受理的，该当事人已不再享有对仲裁协议效力的异议权，并只能作出与其申请仲裁时相一致的关于仲裁协议效力的意思表示。在这种情况下，只有对方当事人享有对仲裁协议效力的异议权，其可在仲裁庭首次开庭前请求仲裁委员会作出决定，或者请求人民法院作出裁定。

（二）对我国仲裁管辖权制度的检讨和完善

1. 仲裁管辖权的决定主体

我国仲裁法赋予仲裁委员会仲裁管辖的决定权，而不是直接赋予受理案件的仲裁员，这种做法与绝大多数国家的仲裁法规定是不同的。但由仲裁机构（仲裁委员会）决定仲裁管辖权问题存在诸多缺陷：仲裁管辖权异议由仲裁机构来裁决，导致仲裁庭过分依附于仲裁机构，使其缺少必要的自主性和独立性，进而影响其公正性；将仲裁管辖权异议的决定权交给仲裁机构，对仲裁庭和仲裁程序而言，与由法院决定仲裁管辖权异议问题无异，同样会出现仲裁程序拖延等问题。因为，仲裁委员会是仲裁事务管理机构，是仲裁庭行使仲裁权的服务机构，而不是裁决机构。正如国

[1] 张斌生著：《仲裁法新论》，厦门大学出版社 2002 年版，第 168 ～ 169 页。

际商会仲裁规则对国际商会仲裁院的职能所规定的："仲裁院本身并不解决争议。它具有保证适用本规则的职能，它起草自己的内部规则。"所以，仲裁机构只是对当事人提交仲裁时是否有仲裁协议，以及是否可以按照本仲裁机构的仲裁规则规定的程序进行仲裁给予审查。至于仲裁协议是否有效，当事人提出的仲裁管辖权异议是否成立，只能经仲裁庭的审理才能加以认定。仲裁庭是仲裁权的行使主体，是独立于仲裁机构的对纠纷进行公正裁决的唯一主体。对于仲裁协议是否具有法律效力显然不是管理问题或服务程序问题，而是仲裁庭有无仲裁权，能否行使仲裁权的仲裁法律问题。确定仲裁委员会对仲裁管辖权异议的决定权还必然会增加仲裁程序上的繁琐，即由仲裁机构受理案件，仲裁庭经过审理认为仲裁协议无效，自己无管辖权后，还要移交仲裁机构决定当事人提出的仲裁管辖权异议是否成立。这显然与仲裁的迅速、快捷的特点相违背，也为一方当事人有意拖延仲裁程序提供了可乘之机，不利于保护当事人的合法利益。建议将来修改《仲裁法》时，借鉴现代国际上的先进做法，明确规定仲裁管辖权的决定主体为仲裁庭而不是仲裁委员会，以方便当事人通过仲裁的方式公正和经济地解决争议，实现仲裁制度的根本宗旨。

2. 管辖权异议的种类

我国立法将管辖权异议仅限于仲裁协议是否有效的异议。《中国国际经济贸易仲裁委员会仲裁规则（2000）》第四条作了扩充，除仲裁协议的存在及效力外，当事人可以就仲裁案件的管辖权提出异议。因此，应该以立法的形式确立除仲裁协议效力外的其他管辖权异议的情形，实现全面地尊重当事人的意思自治，切实体现仲裁的实质内涵。

3. 管辖权异议的提出时限

根据《仲裁法》的规定，当事人对于管辖权有异议的，应当在仲裁庭首次开庭之前提出管辖权异议。这不同于在第一次实体答辩之前提出管辖权异议的做法，容易被当事人所利用，造成对仲裁程序的无限拖延和破坏。例如，在仲裁程序开始，被申请人收到申请人的仲裁申请书等有关材料后，并不马上提出管辖权异议，而是到首次开庭的前一天甚至开庭前几分钟才提交管辖权异议书，使仲裁开庭通常无法继续进行。《中国国际经济贸易仲裁委员会仲裁规则（2000）》第六条对此作了一定的修改："……抗辩，应当在仲裁庭首次开庭前提出；对书面审理的案件的管辖权的抗辩，应当在第一次实体答辩前提出。对仲裁协议及／或仲裁案件管辖权提出抗辩不影响按仲裁程序进行审理。"我们认为，应当区分不同的异议类型规定不同的时限要求，并且确立提出管辖权异议不影响仲裁程序进行的原则，这样既可以体现对当事人意思自治的尊重，又能避免仲裁程序被无端拖延或破坏。

第五节　仲裁协议的重复利用

案例 11：曹 ×× 与 ×× 房地产开发有限公司商品房买卖合同纠纷案

【基本案情】

申请人：曹 ××，女，汉族，1963 年 9 月 7 日出生，住所地：×× 市 ×× 区 ×× 村 × 组 × 户。

被申请人：×× 房地产开发有限公司，住所地：× 市 × 村。

申请人述称：2007 年 7 月 5 日，申请人与被申请人签订 ×× 一期第 108 幢商品房的买卖合同及其附属车库（地下室）的赠予协议。2008 年 9 月交房时，申请人发现被申请人将车库（地下室）计入产权面积，双方因面积等问题发生纠纷。2009 年 2 月 24 日，申请人向 × 仲裁委员会申请仲裁。2010 年 11 月 15 日，× 仲裁委员会作出〔2010〕× 仲裁字第 39 号裁决书，裁决被申请人交付 ×× 一期第 108 幢商品房，车库（地下室）不应计入产权面积，被申请人应当返还多付的购房款以及支付逾期交房违约金。此后，申请人要求被申请人按照裁决书交房，均遭被申请人拒绝。2011 年，申请人与 × 市中级人民法院执行人员办理交房手续时，发现被申请人恶意在车库（地下室）浇注混凝土填埋地下室，使层高由之前的 3 米被填埋为 2.2 米，车库入口处浇注隔离墙封堵，房屋大门入口处因填埋产生 80 厘米的内外高低落差，造成车辆和人员均无法正常进出。申请人在保留地下室层高异议的基础上要求被申请人办理房屋钥匙交付手续，被申请人拒不履行。

申请人认为，被申请人交付的商品房和车库（地下室）与合同约定不符，车库使用功能丧失，严重妨碍申请人正常使用房屋。据此，申请人请求裁决：

1. 被申请人立即将 ×× 一期第 108 幢商品房地下层被填入的混凝土全部清除后交付给申请人。

2．本案全部仲裁费用由被申请人承担。

被申请人辩称：

1．本案已由×仲裁委员会作出生效裁决，而在×市中级人民法院对仲裁裁决执行之前，涉案房屋地下层填埋行为已经发生，×仲裁委员会又以补正裁决的形式对涉案房屋地下层进行了裁决。在此情形下，×市中级人民法院仍未要求被申请人清除地下层混凝土后再交房，而是于2011年10月11日通知申请人与被申请人按现状交付房屋。被申请人当时已按要求做好交付房屋的准备，但申请人因自身原因未前往接收，×市中级人民法院执行局对申请人作了执行笔录后将该案结案。因此，申请人不应再次提起仲裁下层混凝土清除以使地下层层高达到3米，没有法律或合同依据。

2．〔2010〕×仲裁字第39号裁决书不认可×市建设局依据涉案房屋竣工图对该房屋建筑面积作出的实测结论，不认可房屋地下层应计算建筑面积43.16平方米，故被申请人已按该裁决认定的295.6平方米建筑面积向申请人退还了房屋面积差额款并支付了违约金。申请人在得到赔付款项后，又要求被申请人按照竣工图交付房屋，从而得到338.76平方米的建筑面积，该要求显然无理。并且，如果地下层填埋物被清除，将导致仲裁裁决与建设主管部门的测绘结果相矛盾，与《房产测量规范》和《建筑工程建筑面积计算规范》相冲突。

3．根据有关规定，商品房建筑面积以建筑主管部门测绘结果和登记为准，仲裁委员会无权单方否定建设主管部门的测绘结果，自行认定房屋建筑面积。本案中，为使房屋不致变成违章建筑，被申请人按照仲裁裁决作出填埋行为，符合仲裁裁决和有关规定，也不违反《车库（地下室）赠予协议》的约定，无须清除。

4．地下层填埋后，进出房屋的主入口不受任何影响，对房屋使用也没有产生重大影响。

在庭审中，申请人向仲裁庭提交了以下证据：

1．《商品房买卖合同》《车库（地下室）赠予协议》，证明申请人购买被申请人的房屋及受赠车库的事实，车库层高应为3米。

2．〔2010〕×仲裁字第39号裁决书，证明双方曾于2010年因涉案房屋面积问题发生法律纠纷，仲裁裁决结果使被申请人处于不利地位，应依法承担责任并受到赔偿惩罚。

3．照片三张，证明由于被申请人怀恨报复，本应交付的房屋地下室被填充大量混凝土。

4．电视台投诉报道（光盘），证明被申请人承认填充行为系其所为，但声称是“有依据”的。

5.《商品房补充协议》《验房登记表》，证明申请人前去收房，但被要求签署“无异议”条款接收房屋，致使至今无法以现状完成交房。

经质证，被申请人发表了以下质证意见：对证据1的真实性无异议，证明对象有异议。《商品房买卖合同》中并未就地下室层高3米作出约定，《地下室平面图》也不是车库（地下室）赠予协议的附件，且平面图不可能对层高作出标注，所谓地下室层高3米只是申请人的单方理解。对证据2的真实性无异议，合法性有异议，并对该份裁决书的内容保留异议。对证据3的真实性、合法性无异议，证明对象有异议。对证据4的真实性、合法性、关联性有异议，报道内容与事实不符。对证据5的真实性、合法性、关联性无异议，内容与××市中级人民法院的执行裁定一致。

仲裁庭对申请人提交的证据认定如下：被申请人对证据1、2、3、5的真实性均无异议，仲裁庭予以采信。对证据4的真实性，被申请人虽有异议，但其自认实施了填埋行为，故对证据4的该部分证明对象，仲裁庭予以确认。

被申请人没有向仲裁庭提交证据。

经审理，仲裁庭查明以下事实：

2008年9月5日，申请人与被申请人就××一期第108幢商品房买卖事宜签订《商品房买卖合同》一份。2010年3月20日，申请人向本仲裁委员会申请仲裁，请求裁决被申请人对××一期第108幢商品房的主出入口进行整改使之与景观设计总平面图相一致，并向申请人交付该商品房，同时因面积差异要求被申请人向申请人返还房价款并承担延期交房违约金。在该案中，被申请人亦提出反请求，以重大误解为由要求裁决撤销双方订立的编号为预20082367的《商品房买卖合同》及《车库（地下室）赠予协议》，被申请人返还申请人购房款并按银行同期存款利率支付利息。2010年11月15日，本仲裁委员会作出〔2010〕×仲裁字第39号裁决书，其中裁决包括被申请人向申请人交付合同编号为GF-2000-0172所约定商品房，并驳回被申请人的仲裁反请求等内容。2011年8月22日，本仲裁委员会又作出〔2010〕×仲补裁字第39-1号补正裁决书，将原裁决内容“被申请人向申请人交付合同编号为GF-2000-0172所约定商品房”，修改为“被申请人向申请人交付××一期第108幢商品房”。

另查明，〔2010〕×仲裁字第39号裁决书作出后〔2010〕杭仲补裁字第39-1号补正裁决书作出前，被申请人将××一期第108幢商品房地下层部分用混凝土进行了填埋。在×市中级人民法院执行〔2010〕×仲裁字第39号裁决书的过程中，申请人对被申请人的填埋行为提出异议，并拒绝接收房屋。因此，除商品房交付部分尚未完成外，该裁决书其余裁决内容均已执行完毕。

仲裁庭经审理后认为：

申请人在本案中提出的仲裁请求，即“裁决被申请人立即将××一期第108幢商品房地下层被填入的混凝土全部清除后交付给申请人”，及其所依据的事实和理由，从形式上看确与申请人在〔2010〕×仲字第39号案件中所提的部分仲裁请求有所区别。但是经过庭审调查，仲裁庭认为，本案仲裁请求究其实质仍为要求被申请人交付涉案商品房，而〔2010〕×仲裁字第39号裁决书及〔2010〕×仲补裁字第39-1号补正裁决书均已对涉案商品房交付的相关内容作出了裁决，故本仲裁庭无须对此重复裁决，涉案商品房按照〔2010〕×仲裁字第39号裁决书及〔2010〕×仲补裁字第39-1号补正裁决书的裁决内容交付即可。

根据《中华人民共和国仲裁法》第九条第一款、第五十一条第一款、第五十七条之规定，裁决如下：

⑴驳回申请人的仲裁申请；

⑵本案仲裁费4000元，由申请人承担；

⑶本裁决为终局裁决，自作出之日起发生法律效力。

【问题】

1. 仲裁协议能否多次援用？
2. 重新仲裁适用哪些情形？
3. 仲裁裁决执行结案应否再次提起仲裁？

【案例解析】

本案是一起购房人与房地产开发商在签订《商品房买卖合同》之后，因房屋产权面积计算和房地产开发商填埋地下室等引发的民事纠纷。就房屋产权面积计算等的法律纠纷已经经过仲裁委员会作出裁决，在法院执行过程中，购房人发现地下室被填埋，导致购房人再次申请仲裁。那么，仲裁裁决作出后能否再次申请仲裁？若再次申请仲裁依据是什么？房地产开发商填埋地下室的行为是否构成恶意履行？这些问题很值得关注。

（一）仲裁协议的重新利用问题

体现当事人意思自治的仲裁协议是仲裁制度的基石，是仲裁委员会受理仲裁案件、进行仲裁活动的前提和依据，是人民法院承认和执行仲裁裁决的前提条件。仲裁协议作为双方当事人之间达成的将他们之间已经发生或将来可能发生的实体权利义务争议，提交仲裁机构解决的书面意思表示，包括存在于合同中的仲裁条款和独立存在的仲裁协议。

有效的仲裁协议既是当事人合意而成的授权仲裁机构管辖其纠纷的授权书，也是排斥法院管辖的声明书。当事人通过有效的仲裁协议选择的仲裁机构有义务管辖案件，而无权拒绝受理。若一方当事人起诉，法院明知存在仲裁协议则不应受理。若一方起诉时未声明有仲裁协议的，人民法院受理后，另一方在首次开庭前提交仲裁协议的，人民法院应当驳回起诉，但仲裁协议无效的除外；如果另一方在首次开庭前未对人民法院受理该案提出异议的，则视为放弃仲裁协议，人民法院应当继续审理。可见，仲裁管辖只看当事人的意愿，诉讼管辖有级别与地域之限。

本案中的一方当事人基于《商品房买卖合同》中的仲裁条款申请了仲裁，仲裁委员会作出了裁决。裁决一经作出便发生法律效力。在法院执行中购房人发现地下室被房地产开发商填埋而再次申请仲裁。其依据何在？是依据原来的仲裁协议，还是需要重新签订仲裁协议？本案当事人未重新签订仲裁协议，购房人依据原来的仲裁协议提起仲裁，仲裁机构受理了。可见，原来的仲裁协议被重新利用了。所谓仲裁协议的重新利用，是指有效的仲裁协议被当事人援用之后，由于某个事件的发生，当事人仍可依据该仲裁协议重新提请仲裁的情形。根据我国《仲裁法》的规定和仲裁实践，仲裁协议可以重新利用的情形如下：第一，根据我国《仲裁法》第五十条的规定，当事人依据仲裁协议提请仲裁，在仲裁过程中当事人达成和解协议，申请人撤回仲裁申请后反悔的，可依据原来的仲裁协议重新申请仲裁。第二，根据我国《仲裁法》第五十一条和第五十二条的规定，当事人根据仲裁协议提请仲裁，在仲裁过程中经调解当事人达成协议，仲裁庭根据协议的结果制作了调解书，在调解书签收前当事人反悔的，当事人可以请求仲裁庭继续依据仲裁协议进行审理，及时作出裁决。第三，仲裁协议项下的仲裁事项是可以分割的，一方当事人仅将其中部分争议提交了仲裁解决，事后双方当事人又发生仲裁协议项下的其他争议，当事人仍然可以利用原来仲裁协议就余下的争议申请仲裁。本案的购房人是基于第三种情形再次申请仲裁。

（二）重新仲裁的适用问题

重新仲裁是司法监督仲裁裁决的一种形式。重新仲裁是法院在受理撤销仲裁裁决的申请后，认为存在仲裁裁决所根据的证据是伪造的，或者对方当事人隐瞒了足以影响公正裁决的证据的情形，通知仲裁庭在一定期限内重新进行的仲裁。此时仲裁的直接依据是法院的通知，原来的仲裁协议充其量为间接依据。重新仲裁体现了司法监督的意志，并体现当事人的意志。因此，重新仲裁不同于基于仲裁协议的重新利用而进行的仲裁，仲裁庭不是基于原来的仲裁协议而行使的仲裁管辖权。根据最高人民法院《关于适用〈中华人民共和国仲裁法〉若干问题的解释》的规定，仲裁庭在人民法院指定的期限内开始重新仲裁的，人民法院应当裁定终结撤销程序；未开始重新仲裁的，人民法院应当裁定恢复撤销程序。可见，重新仲裁是法院在仲裁裁决撤销程序中，给予仲裁机构改正失误的机会，也是避免仲裁裁决被撤销的机会。

（三）仲裁的一裁终局问题

一裁终局是一项基本的仲裁制度。这既在法律上确立了仲裁裁决的权威性，也体现了仲裁程序快捷、简便的优势。仲裁裁决书的决定对当事人实体上的民事权利义务产生既判力和约束力，当事人应该自觉地、主动地履行义务，否则，法院可以根据获胜当事人的申请，强制执行仲裁裁决。《民事诉讼法》和《仲裁法》均确立了“一事不再理”规则，如我国《仲裁法》第九条第一款规定：“仲裁实行一裁终局的制度。裁决作出后，当事人就同一纠纷再申请仲裁或者向人民法院起诉的，仲裁委员会或者人民法院不予受理。”仲裁实践时刻贯彻这一仲裁法治精神，如仲裁裁决书往往强调“本裁决为终局裁决，自作出之日起发生法律效力”。本案的购房人再次申请仲裁如果与其第一次申请仲裁的纠纷是同一的，仲裁机构就不应该受理。再次仲裁的仲裁庭认为，申请人的两次仲裁请求，虽形式有别，但实质相同，无须重裁。如果是这样，仲裁机构便不应受理仲裁申请。然而，事实上仲裁机构依据原来的仲裁协议受理了申请，却未就实体问题进行裁决，尤其没有直接指出地下室被填埋的处理意见，在仲裁裁决理由部分指出此次仲裁请求在此前的仲裁裁决已经解决。

第四章　仲 裁 程 序

第一节　仲裁当事人

案例12：被申请人以自己不是适格主体申请驳回仲裁请求案

【基本案情】

申请人称：2004年3月，第一被申请人就其中标的为××钢铁集团公司轧板厂8号变电所的改造项目，与申请人进行磋商，要求申请人按照其设计要求，为其加工项目所需变压开关柜。在申请人与被申请人多次磋商后，双方就该项目的交易条件达成一致，2004年2月16日，第一被申请人与其下属企业第二被申请人共同与申请人订立设备加工合同。合同生效后，申请人按照合同要求将设备加工完毕并将其交付第一被申请人，第二被申请人也支付了部分订做款。但迄今为止，尚拖欠订做款398000元未能支付，申请人多次催要，至今未果。据查，第一被申请人系国有企业，系第二被申请人的主管单位。申请人的仲裁请求是：(1)被申请人立即支付拖欠的订做款人民币398000元；(2)被申请人承担申请人主张权利的费用，律师费人民币14480元，交通费人民币2722.6元；(3)仲裁费用由被申请人承担。

第一被申请人辩称：第一被申请人从未与申请人签订订货合同，从来都不知道这件事。第二被申请人是独立法人，股东是××机电工程技术公司和××电力工程设计院，因此第二被申请人不是第一被申请人的下属企业；第一被申请人未在订货合同上加盖公章。综上，请求仲裁庭驳回申请人对第一被申请人的仲裁请求。

仲裁庭经过审理，认为：(1)本案合同有效；(2)第二被申请人应支付拖欠申请人的订做款人民币398000元；(3)申请人主张权利的费用之律师费应由申请人自行承担，交通费 2722.6 元应由第二被申请人承担；(4)第一被申请人不能作为本仲裁纠纷的主体。据此，仲裁庭作出如下裁决：

(1)第二被申请人支付拖欠申请人的订做款人民币 398000 元；

(2)第二被申请人赔偿申请人主张权利的交通费用 2722.6 元；

(3)第二被申请人承担全部仲裁费人民币 ×× 元；

(4)驳回申请人的其他仲裁请求。

【问题】

1. 从实体上看，本案合同是否有效？拖欠申请人的订做款是否应支付？由谁支付？申请人主张权利的费用包括律师费和交通费是否应由被申请人承担？由哪一个被申请人承担？

2. 从程序上讲，第一被申请人在本案中能否作为合法仲裁当事人？

【案例解析】

本案是一起订货合同纠纷案，既涉及一些实体问题，又涉及许多程序问题。其中，所涉及的一个非常重要的仲裁程序问题是仲裁当事人的资格问题。具体而言，就是第一被申请人在本案中能否作为合法仲裁当事人。而第一被申请人不能作为本仲裁纠纷的主体，理由如下：一方面，订货合同中“某部分部合同专用章”这枚印章中刻印的单位与 ×× 船舶重工集团公司研究所在名称上是不相同的。申请人没有提供证据证明这两个名称是同一单位，也没有提供充分证据证明第一被申请人使用某部分部合同专用章与申请人签订订货合同。另一方面，合同前面的需方和合同落款的需方只有第二被申请人，合同约定的内容和权利义务未涉及第一被申请人，也未涉及某部分部，申请人在本案中请求第一被申请人承担付款义务无事实和法律依据。对于仲裁庭的上述认定意见，作者认为符合法律规定，是正确的。具体分析如下：

具有仲裁当事人资格的当事人包括仲裁协议当事人、仲裁协议当事人的法定继受人或约定继受人。本案中，具有仲裁当事人资格的当事人仅限于仲裁协议当事人，根本不涉及仲裁协议当事人的法定继受人或约定继受人。而本案仲裁协议的形式是仲裁条款，因此本案仲裁协议当事人就是本案合同当事人，本案仲裁庭正是从分析第一被申请人是否是合同当事人来分析它是否是仲裁协议当事人进而是否是合法仲裁当事人的。这一分析视角是恰当的，同时仲裁庭的分析本身是准确的：首先，《订货合同》没有将第一被申请人列明为合同当事人；其次，《订货合同》有关权利义务的约定不涉及第一被申请人；再次，合同上加盖的“某部分部合同专用章”与第一被申请人的注册名称不同，而本案申请人没有证据证明第一被申请人与某部分部为同一单位，也没有证据证明第一被申请人使用了“某部分部”的名称与申请人订立过合同。所以，本案就无法确认第一被申请人与申请人订立了合同。既然如此，那么也就无法认定第一被申请人是《订货合同》的一方当事人。第一被申请人不是本案合同当事人，当然也就不是本案仲裁条款的当事人。而根据合同关系相对性原则，除非法律另有规定，合同关系只能发生在特定的合同当事人之间，只有合同一方当事人方能基于合同向另一方当事人提出请求或提出申诉；与合同当事人没有发生合同上的权利义务的第三人不能依据合同向合同当事人提出请求或提出诉讼，也不承担合同中的义务或责任。该项原则也体现在我国《合同法》第八条的规定中，即依法成立的合同，对当事人具有法律约束力。意即合同只约束当事人，对合同当事人之外的第三人没有约束力，第三人也就无须承担合同中的义务或责任。因此，不是本案合同当事人的第一被申请人当然就不用承担本案合同中的义务了。本案仲裁庭的裁决对此予以了确认。

另一方面，根据仲裁协议相对性原则，除非法律另有规定，仲裁协议只能发生在特定的仲裁协议当事人之间，只有仲裁协议一方当事人方能基于仲裁协议向另一方当事人提出仲裁请求；与仲裁协议当事人没有发生仲裁协议关系的第三人不能依据仲裁协议向仲裁协议当事人提出仲裁请求，也不承担与仲裁协议相联系的合同中的义务或责任。可见，本案申请人只能基于合同中的仲裁条款向第二被申请人提出仲裁请求，而不能向第一被申请人提出仲裁请求，同时本案第一被申请人也不承担与仲裁协议相联系的合同中的义务或责任，因为第一被申请人不是仲裁协议的当事人，不受该仲裁协议的约束。所以，按照前述仲裁当事人资格的认定条件，第一被申请人既然不是本案仲裁协议的当事人，那么也就不是仲裁当事人了。同样地，本案仲裁庭在作出裁决书中的仲裁庭意见对此予以了确认。

案例13：×× 集团资产经营有限公司与中国人民解放军 ××× 部队副食品基地联营合同纠纷案

【基本案情】

申请人：×× 省 ×× 集团资产经营有限公司，住所地：×× 市 × 路 × 号 × 室。

被申请人：中国人民解放军 ××× 部队副食品基地（原中国人民解放军 ××× 部队农场），住所地：×× 市 ×× 区 ×× 湾。

申请人 ×× 省 ×× 集团资产经营有限公司与被申请人中国人民解放军 ××× 部队副食品基地因联营合同纠纷，申请人于2012年4月24日向本仲裁委员会申请仲裁。本仲裁委员会根据原中国粮油食品进出口公司 ×× 省分公司与中国人民解放军 ××× 部队农场签订的《合资联办 ×× 湾良种猪场协议》中约定的仲裁条款，于申请当日受理了本案。在仲裁规则规定的期限内，申请人与被申请人未能共同选定或共同委托本仲裁委员会主任代为指定仲裁员，杭州仲裁委员会主任于2012年5月18日指定许 ×× 为独任仲裁员，适用简易程序审理本案。

2012年7月24日，杭州仲裁委员会向申请人发出书面通知，要求其于收到该通知书之日起七日内向仲裁庭提交涉案《合资联办 ×× 湾良种猪场协议》签订方中国人民解放军 ××× 部队农场与本案被申请人中国人民解放军 ××× 部队副食品基地的主体资格证明。在上述期限内，申请人提交了三份材料，分别是 ×× 资产管理公司于2009年8月13日致中国人民解放军 × 军 × 旅党委的函和该函件的EMS邮件详情单，以及中国人民解放军 ××× 部队副食品生产基地与 ×× 养殖有限公司于2003年8月10日就 ×× 湾供港猪场协作生产事宜签订的《协作生产协议》。

仲裁庭经审查后认为：

涉案《合资联办 ×× 湾良种猪场协议》的一方签订主体是中国人民解放军 ××× 部队农场，与本案被申请人中国人民解放军 ××× 部队副食品基地并不相符。而申请人补充提交的材料中，2009年8月13日函件是发给中国人民解放军 × 军 × 旅党委的单方陈述，2002年8月10日《协作生产协议》的签订主体则是中国人民解放军 × ×× 部队副食品生产基地，与本案被申请人的名称表述亦不完全一致。因此，上述材料均不能直接证明中国人民解放军 ××× 部队副食品基地系中国人民解放军 ××× 部队农场变更而来，仲裁庭无法确认中国人民解放军 ××× 部队副食品基地作为被申请人系本案适格主体。

根据《中华人民共和国仲裁法》第十六条、第四十三条第一款之规定，决定如下：

(1)本案被申请人主体不适格，驳回申请人的仲裁申请。

(2)本案仲裁费3000元（申请人已预交），由申请人承担。

【问题】

被申请人的主体是否适格？

【案例解析】

这一案件看似简单，其实并不简单，因为它的背后至少隐含了三个非常复杂的理论问题，不厘清这三个复杂的理论问题，就无法对本案作出正确的裁断，也就无法对当事人的合法权益做到程序保障。那么，本案隐含了哪三个非常复杂的理论问题呢？

（一）从本案最直接的关联来看，它首先关涉正当当事人（即当事人适格）的理论问题

在历史上，基于实体正义的观念，对于当事人的概念，主要从实体意义上来界定，也就是“传统利害关系说”。传统观点认为，当事人是因民事权利义务关系发生纠纷，以自己的名义起诉到法院或到仲裁机构申请仲裁，并受法院裁判或仲裁裁决拘束的实际的利害关系当事人，按照这一学说，确定当事人的实质标准是有无实体法律关系以及是否具有实际的利害关系。这个标准是不科学的，也是不适当的。因为根据这一标准，就排除了其他与案件没有直接利害关系的人提起诉讼或者提请仲裁的可能性，因此必然会缩小对实体权利救济的可能，反过来使实体法律关系的实现受到减损和限制。

基于传统利害关系当事人理论的局限性，产生了“权利保护说”。该说法认为，民事诉讼当事人是因为民事权利义务关系发生纠纷，为了保护正当的民事法律权益，以自己的名义参加诉讼，并引起民事诉讼法律程序产生、变更、消灭的人。也就是说，凡是以保护实体权利为目的提起诉讼参加诉讼的人，都是民事诉讼的当事人，权利保护说因此而得名。与传统的利害关系当事人概念相比，权利

保护说与其最根本的区别在于：它的当事人概念不仅包括了那些为了保护自己的民事权益不受侵害而进行诉讼的人，还包括了那些为了保护他人的民事权益不受非法侵害而进行诉讼的人，他们与案件没有直接的利害关系，但对于争议的民事法律关系中的民事权利享有管理权和支配权的人，因之仍然可以成为涉讼案件的当事人参加诉讼活动，此即“诉讼担当”。在我国，具体可分为两类：一是基于身份权而引发的诉讼担当。公民基于身份权、继承权等权利，为维护死者或者胎儿的民事权益而充当当事人。二是基于财产管理权，为维护财产所有人或财产经营人的民事权益而进行诉讼担当，充任代位当事人。

那么，能否将“诉讼担当”引入仲裁领域，称之为“仲裁担当”呢？在我看来，这应慎之又慎。因为仲裁没有司法最终解决这一底线原则，还因为基于身份权能引发诉讼，但不能仲裁，决定了起码在基于身份权而引发的纠纷中，不能引入“仲裁担当”。事实上，基于我国只有法定诉讼担当，尤其是仲裁条款和仲裁协议之囿，在仲裁第三人尚未确当的背景下，贸然移植“仲裁担当”，似乎是不适宜的。但是，我们不应因此而对基于财产管理权可能引发并实际存在的“代位当事人”视而不见。因此，这是一个需要深研的重要理论问题。

因此，在暂缓移植诉讼担当的情形下，就“传统利害关系说”的局限，我们不应受限于实体意义上的当事人，而应当承认程序意义上的当事人，即引入“程序当事人”的概念。所谓程序当事人，亦即非实体当事人，是指当事人确定的根据不是依据该当事人是否就是实体权利义务的主体，不是看当事人是否就是客观上实际享有实体权利、承担实体义务的主体，而是以在形式上是否向法院或仲裁机构提起诉讼请求或仲裁请求，和请求人在主观上以谁为相对人为根据。也就是说，只要向法院或仲裁机构提起诉讼或仲裁请求，主张人就是原告当事人（在仲裁中为申请人），至于该原告（申请人）在客观上是否确实具有实体上的请求权，与当事人的地位没有关系，这种当事人即所谓形式上的当事人。

必须指出的是，不少人把“当事人”与“正当当事人”这两个概念混淆了。无论是民事诉讼中的当事人还是仲裁中的当事人，实际上应当包括形式上的当事人和实质上的当事人，前者是程序当事人，后者是正当当事人。而诉讼或仲裁开始的当事人，只能是形式上的程序当事人。

所谓正当当事人，是指就特定的诉讼或仲裁，有资格以自己的名义成为原告、申请人，或被告、被申请人，因而受本案裁判或裁决拘束的当事人，因此又称为当事人适格。这种以自己名义为当事人而受本案裁决拘束的权能，称为诉讼或仲裁实施权。具有诉讼或仲裁实施权的原告或申请人，称为正当原告或正当申请人；

具有诉讼或仲裁实施权的被告或被申请人，称为正当被告或正当被申请人。反之，就是非正当当事人。可见，判断当事人是否正当的实质，就是判断当事人是不是争议法律关系的主体。

之所以承认程序当事人，这与仲裁解决纠纷的过程越来越尊重当事人的主体性，提升纠纷当事人的程序主体地位，使纠纷得以公正、彻底、圆满地解决是分不开的。保障当事人的诉权或仲裁权，使之与市场主体广泛的意思自治能力相适应，就应当给予当事人提起诉讼或仲裁的便利，承认原告或申请人起诉或提起仲裁所产生的诉讼或仲裁系属效力。所以，一方面，要确立不依赖实体法独立存在的“程序当事人”的概念，认可一切民事纠纷的主体都有当事人的地位；另一方面，还要确立“正当当事人”的概念，通过肯定起诉或提起仲裁、应诉或应裁的人是正当当事人，从而剔除不正当的当事人，以解决承认程序当事人可能引起的程序事实与实体事实相分离的问题。[1]

因此，结合本案而言，一方面，涉案《合资联办 ×× 湾良种猪场协议》的一方签订主体是申请人，不仅是程序当事人，也是正当当事人，这是毋庸置疑的；另一方面，涉案《合资联办 ×× 湾良种猪场协议》的一方签订主体是中国人民解放军 ××× 部队农场，是否就是被申请人中国人民解放军 ××× 部队副食品基地变更而来，仲裁庭认为，负有证明责任的申请人提交的证据材料，均“不能直接证明”中国人民解放军 ××× 部队副食品基地系中国人民解放军 ××× 部队农场变更而来，仲裁庭“无法确认”中国人民解放军 ××× 部队副食品基地作为被申请人系本案适格主体，因此，仲裁庭以本案被申请人主体不适格，驳回申请人的仲裁申请。如果追问一句，难道“不能直接证明”以及仲裁庭“无法确认”就能确定被申请人不是正当当事人？它的缺陷不仅在于这样表述的模糊性，尤其在于仲裁庭据此得出“本案被申请人主体不适格”，由此“驳回申请人的仲裁”这样的处理方式，是与民事诉权以及仲裁请求权理论相悖的。

（二）从本案深层结构来讲，本案更触及民事诉权及仲裁请求权理论

这是因为，当事人适格不仅是民事诉权的主体方面的要件，而且由民事诉权和仲裁请求权切入分析，能够从根本上回答本案被申请人主体是否不适格，以此反观本案作出的决定是否适当。

[1] 江伟主编：《民事诉讼法》，高等教育出版社 2007 年第 3 版，第 70 ～ 78 页。

一般意义的诉权，“是指当事人为维护自己的合法权益，要求法院对民事争议进行裁判的权利”。[1] 换言之，诉权是一种向法院行使的请求权，是国民平等享有的一种宪法性权利，包含着程序内涵和实体内涵。

而在上述的程序当事人与正当当事人的背后，对应的是民事诉权二元论中的程序意义上的诉权和实体意义上的诉权。前者是当事人请求法院开始诉讼程序的权利，其外延是起诉权和反诉权，以及上诉权和申请再审权；后者是当事人请求法院通过审判强制实现其民事权益的权利，其外延是期待胜诉权和申请执行权。[2] 诉权虽是一种抽象的权能，但诉权理论最初的起因却是回答人们“为何可以提起诉讼”这一根本命题而切入的，是对诉讼法本质论的讨论。事实上，当这种抽象的权能转化为要启动一项诉讼程序时，则是以满足具体条件为前提的。也就是说，诉权这一号称民事诉讼上的“哥德巴赫猜想”理论，虽然具有相对的艰深性，但终归要返回“形而下”，为解决一个个具体的纠纷而设，否则，就成了毫无意义的智力游戏。可见，诉权是连接民事纠纷与诉讼程序之间的“桥梁”。

从渊源上说，仲裁请求权的理论来源于民事诉权，其基本原理相通。但仲裁请求权毕竟不同于诉权，它受制于两方面：一是只有当事人的合意亦即只有仲裁协议的某一方当事人才享有仲裁请求权；二是可仲裁的民商事范围本身较窄，因此仲裁请求权不是一种如诉权那样的普遍权。需要说明的是，仲裁请求权的主体不仅包括申请人，也包括被申请人。

就本案而言，依据民事诉权和仲裁请求权理论，申请人不仅享有向仲裁机构提请仲裁的程序实施权，也享有期待胜诉权和申请执行权；与此相应，被申请人享有答辩权、反驳权以及提出反请求权。可是，在本案中，仲裁庭未经开庭，单方面向申请人发出书面通知，要求其于收到该通知书之日起七日内向仲裁庭提交涉案《合资联办 ×× 湾良种猪场协议》签订方中国人民解放军 ××× 部队农场与本案被申请人中国人民解放军 ××× 部队副食品基地的主体资格证明。这一做法本身是否妥当，值得商榷。因为仲裁庭在立案受理后，完全可以将《申请书》送达被申请人，由被申请人就其主体资格是否适格进行答辩或者进行反驳，而不仅仅由申请人举证证明。

即便如此，在申请人提交了三份证据证明后，仲裁庭仍没有开庭审理，而是经过审查，认为申请人提交的三份证据材料均不能直接证明中国人民解放军 ×××

[1] 江伟主编：《民事诉讼法》，高等教育出版社 2007 年第 3 版，第 45 页。

[2] 彭世忠：《新二元诉权说论纲》，载陈光中、江伟主编：《诉讼法论丛》第 5 卷，法律出版社 2000 年版，第 325 页。

部队副食品基地系中国人民解放军 ××× 部队农场变更而来，由此得出“仲裁庭无法确认中国人民解放军 ××× 部队副食品基地作为被申请人系本案适格主体”，因之以本案被申请人主体不适格，驳回了申请人的仲裁申请。这显然是欠妥的。因为未经开庭审理，就以主体不适格驳回了申请人的仲裁申请，不仅剥夺了申请人的期待胜诉权和申请执行权，实际上也剥夺了被申请人享有的答辩权、反驳权以及提出反请求权。质言之，这一粗疏的处理方式，实际上与当事人期冀通过正当程序获得审理而带来的相应救济相悖，也就等于借故拒绝了审理与裁决。

根据尼尔•麦考密克在《法律推理与法律理论》中的观点，一个案件被提交到法庭上，诉讼主体需要从两个方面进行证明：一是对于案件事实的证明，二是对于法律规则的证明。后者属于二次证明，内含两个要素：一是后果主义论辩，另一个是一致性和协调性论辩。后果主义论辩主要考察在对立的规则中遵从何种法律规则在现实中更有意义，以及适用何种规则在法律制度体系内是有据可查的。[1]从本案案件材料看，申请人对于案件事实已经作出了证明，不仅有《合资联办 ××湾良种猪场协议》，还有致中国人民解放军 × 军 × 旅党委的函和该函件的 EMS 邮件详情单，更有《协作生产协议》。而对于法律规则的证明，即使不成立，也可以遵从在本案中更有意义的法律规则加以适用，即完全可以选择对非正当当事人的更换，而不是以决定书的方式，简单地驳回申请人的仲裁申请了事。

（三）从本案具有的现实可操作性来分析，应对非正当当事人予以更换

所谓非正当当事人，即当事人适格有欠缺的当事人。“这种欠缺是指当事人与特定诉讼标的没有事实上或法律上的关系，即不是该诉讼标的权利或法律关系主体，也没有诉讼担当人的资格，对该诉讼根本没有诉讼实施权。”[2]

我们知道，1982 年《民事诉讼法》第九十条曾明确规定：“起诉或者应诉的人不符合当事人条件的，人民法院应当通知符合条件的当事人参加诉讼，更换不符合条件的当事人。”最高人民法院的司法解释也认定：在诉讼进行中，发现当事人不符合条件的，应根据第九十条的规定进行更换。通知更换后，不符合条件的原告不愿意退出诉讼的，以裁定驳回起诉。被告不符合条件，原告不同意更换的，

[1] [英] 尼尔•麦考密克：《法律推理与法律理论》，姜峰译，法律出版社 2005 年版，第 95 ～ 102 页。

[2] 肖建华、吴小隆：《非正当当事人及其更换的法理分析》，《北京科技大学学报》（社会科学版）2000 年第 1 期。

裁定驳回起诉。

然而，在我国诉讼法学界无一观点否定非正当当事人理论的情况下，我国在1991年和2012年修改《民事诉讼法》时，均取消了更换不正当当事人的规定。这是否意味着更换不正当当事人缺乏理论支撑？回答是否定的。更换当事人源于三方面的理论基础：一是非正当当事人的理论。只有承认存在非正当当事人，司法审判中才有更换非正当当事人的必要。二是诉讼成立要件理论，即正当当事人的存在是诉讼得以存在和进行的必要条件。如果当事人不正当，就没有继续诉讼活动的意义，因此只有更换不正当的当事人，才能使诉讼在正当当事人之间进行。三是诉讼的纠纷解决目的理论。民事诉讼是由国家强制力保证实施的具有终局效力的制度。国家设立民事诉讼的最终目的固然是为了司法制度和法律制度，据此实现国家的统治力。可是作为直接的、具体的目的而言，绝不能简单地将它解决民事纠纷的目的予以排除。[1] 也就是说，既然诉讼的目的在于彻底解决纠纷，就不能因为当事人不适格而停止。必须更换不正当的当事人，以使诉讼在正当当事人之间顺利进行，以此求得纠纷的解决。[2] 这种更换，既包括法定当事人的更换，也包括任意当事人的更换，在本案中，应属后者。

顾尔维奇则从认定积极诉讼资格和认定消极诉讼资格的意义，提出“经法院查明被告没有（消极）诉讼资格，同时又推定未曾参与案件的另一人却具备这项资格，在取得原告同意的情况下，就让这个人作为正当被告参与案件，以代替退出诉讼的不正当被告”[3]。与此相同，我国学者也认为：“在任意的当事人变更的情形中，适格原告将不适格被告确定为适格被告的，如果原告将不适格被告更换为适格被告，法院不得拒绝受理。诉的客观变更的合法性前提是原诉的提起是合法的、有效的。在此前提下，如果原告最初提出的诉讼尚不足以充分解决与被告之间的纠纷，为了避免进行无益的诉讼和避免另行提出诉讼的不便，以及为了达到纠纷的一次性解决，法院应当允许诉的客观变更。”[4]

更有学者着重以“诉”的制度为基础阐述了当事人更换的法理：“无论是承认更换当事人前后有两诉，还是视为一个诉，都有当事人之诉来接受审判，谈不上违背‘无诉即无审判’原理的问题。特别是在对起诉状中所列被告是不正当被告的情况

---

[1] 刘荣军著：《程序保障的理论视角》，法律出版社 1999 年版，第 121 页。

[2] 江伟主编：《民事诉讼法》，高等教育出版社 2007 年第 3 版，第 79 页。

[3] [苏]M. A. 顾尔维奇著：《诉权》，康宝田、沈其昌译，中国人民大学出版社 1958 年版，第 213 页。

[4] 江伟、邵明、陈刚著：《民事诉权研究》，法律出版社 2002 年版，第 341 页。

下，一概以裁定驳回其诉讼请求，更是于理于法不通。因为每个主体都有权在具备起诉的前提要件并遵守起诉的法定规则的情况下，向与之争执的另一方当事人提起诉讼，如果发现被告不是正当被告，从保障诉讼当事人的合法权利的实现及诉讼经济角度考虑，不能简单地驳回原告的起诉，因为采用其他几种方法都可以予以补救，并可达到保障当事人权利和诉讼经济的双重目的。一是让原告修改诉状；二是法院依职权让不正当被告退出，通知正当被告参加诉讼；三是如果遗漏了其他必须参加诉讼的被告，被告人不适格，当事人可以申请人民法院追加。第一种情况是人民法院在对起诉作程序上的审查时可以适用；第二种情况是在诉讼开始到法庭辩论终结前可以适用；第三种情况则是在不可分的必要共同诉讼中可以适用。”[1] 因此，该学者认为：“更换非正当当事人并不违背诉的原理，更不形成‘无诉之判’的现象。同时，更换非正当被告并非是对原告的偏袒。被告被诉并不表明被告在实体利益上是加害者一方，被告也有权期待有利于己的判决结果。”[2]

与此理论基础相通的是，仲裁作为一种建立在双方当事人契约授权基础上的民间、自主的争议解决方式，更应最大限度地凸显仲裁快捷、便利、经济、灵活等特质，通过正当程序更换被申请人，以彻底解决纠纷。

从程序保障的视角分析，由于“程序先于权利”，因此在当事人进入诉讼或仲裁程序后，应当能够获得充分的正当程序保障，这也就是卢曼所谓的“通过程序的正当化”[3]。所以，我们既应尊重正当程序本身及其独立价值，又得通过正当程序得到正当的结果。可资参照的是，“美国联邦地方法院将当事人变更，视为起诉状或答辩状的修正，只要是出于公正的需要随时可允许。美国法院不得对不符合‘真正利害关系当事人’条件的当事人直接驳回其诉，而要在对方当事人提出抗辩后再作处理，为真正利害关系当事人替代规定了一段合理时间。这样，有利于适用非正当当事人更换规则”[4]。事实上，在各国司法实践中，一般都允许对非正当当事人进行更换。事实表明，“更换非正当当事人作为一项司法经验，应当予以总结

---

[1] 肖建华、吴小隆：《非正当当事人及其更换的法理分析》，《北京科技大学学报》（社会科学版）2000 年第 1 期。

[2] 肖建华、吴小隆：《非正当当事人及其更换的法理分析》，《北京科技大学学报》（社会科学版）2000 年第 1 期。

[3] N. Luhmannn : A Sociological Theory of Law , China Social Sciences Publishing House ChengchengbookL.:TD. ,1999, p. 206.

[4] 肖建华、吴小隆：《非正当当事人及其更换的法理分析》，《北京科技大学学报》（社会科学版）2000 年第 1 期。其根据参见美国《联邦民事诉讼规则》第 15 条，第 17 条。

和完善。它并不会导致执法不公正，相反，与诉的原理相适合的当事人更换理论，有利于保障彻底解决纠纷，实现诉讼经济和保障当事人合法权利的目的”[1]。

结合本案分析，申请人在《申请书》中所列的被申请人中国人民解放军 ××× 部队副食品基地，究竟是不是以备注的方式所列的中国人民解放军 ××× 部队农场（即签订《合资联办 ×× 湾良种猪场协议》的一方）变更而来，不仅需要申请人举证证明，更需要仲裁庭督促被申请人通过答辩来查明申请人所列的被申请人究竟是不是适格的当事人，在这些正当程序之后，如果有证据表明被申请人确实不是正当当事人，仲裁庭完全可以对非正当当事人通过适当的方式予以更换，而不是简单地以决定的方式驳回仲裁申请了事。

（四）余论

此类案件不宜以独任仲裁的方式组庭并适用简易程序审理。从以上分析可见，看似简单的本案，却有极其复杂的理论难题。因此，在是否适用简易程序以及如何确定仲裁庭的组庭方式时，不应简单地以“案件争议金额不超过 20 万元人民币”为标准来确定是否适用简易程序。事实上，如该案所显示的，独任仲裁并适用简易程序，不利于案件最好地解决。

（五）一个简短的结论

综上，从理论上讲，本案的处理结果有三种：⑴驳回申请；⑵驳回仲裁请求；⑶更换非正当当事人，一次性解决纠纷。第一种方式，起码保留了申请人期待胜诉权和申请执行权这一实体意义上的诉权或仲裁请求权，用决定是可以的；而第三种方式，它的积极意义已如上所述，无须赘述；第二种方式，即本案仲裁庭采用的处理方式，在“于法无据”的背景下，在面临近乎严苛其实是为了不被申请撤销仲裁裁决或不予执行而求稳的心态下作如此处理，似乎能够理解，但这绝对不是最好的处理方式，甚至是欠妥的。因为在诉讼中，驳回诉讼请求的，用的是判决，而本案“驳回仲裁请求”用的是决定，这是不当的。这种处理方式，不仅由此剥夺了申请人实体意义上的仲裁请求权，还有负当事人基于对仲裁的膜拜与

[1] 肖建华、吴小隆：《非正当当事人及其更换的法理分析》，《北京科技大学学报》（社会科学版）2000 年第 1 期。

信任而选择仲裁原初的美好动因，消解了当事人对仲裁的崇仰与期待，值得省思。

第二节 仲裁当事人的变更

案例 14：香港某创业股份有限公司与昆明某经济信息咨询有限责任公司合资合同纠纷案

【基本案情】

申请人：香港某创业股份有限公司。

被申请人：昆明某经济信息咨询有限责任公司。

申请人香港某有限公司与被申请人昆明某经济信息咨询有限责任公司于 2000 年 3 月 22 日签订了《合资建立云南西部某策划有限公司合同》。2002 年，香港某创业股份有限公司作为乙方，与作为甲方的香港某有限公司签署了《股份转让协议书》，其中约定申请人与香港某有限公司洽商，申请人以港币 50 万元整收购香港某有限公司持有 51% 股权的内地企业云南西部某策划有限公司（以下简称“合资公司”）。双方签署协议书，申请人即支付香港某有限公司港币 50 万元整，香港某有限公司必须配合申请人办理合资公司股份转名手续。云南省对外贸易经济合作厅于 2002 年 12 月 25 日作出的云外经贸资〔2002〕357 号《关于同意云南西部某策划有限公司变更投资者暨增资的批复》中明确批复“同意你公司外方投资者变更为香港某创业股份有限公司”。

后在合同履行过程中发生纠纷，依据《合资建立云南西部某策划有限公司合同》中的仲裁条款，申请人香港某创业股份有限公司于 2010 年 3 月 1 日提交了书面仲裁申请。

被申请人主张：本案合同的签约双方是被申请人与香港某有限公司而不是被申请人与申请人香港某创业股份有限公司，因此，申请人无权就被申请人与他人签订的合同提起仲裁，申请人不具备本案主体资格。根据《中华人民共和国合同法》第二条、第八条的规定可知，合同至少是两方当事人之间设立、变更、终止民事权利义务关系的协议。本案中，被申请人仅和香港某有限公司于2000年3月22日签订了一份《合资建立云南西部某策划有限公司合同》，并没有和申请人香港某创业股份有限公司签订本案合同。因此，本案合同仅约束被申请人和香港某有限公司，并不当然适用并约束被申请人和申请人香港某创业股份有限公司。

虽然申请人称其与香港某有限公司于2002年5月8日签署《股份转让协议书》，通过受让其持有的合资公司全部股权后成为合资公司股东，但这仅仅表明申请人受让了香港某有限公司的股份，取得了股东身份而已，并不能当然取得合资合同的主体地位。理由为合同是双方当事人之间设立、变更、终止民事权利义务关系的协议，合同需双方当事人真实意思表示，若没有意思表示或意思表示不真实将会导致合同无效或合同被变更抑或撤销；而申请人并未参与过本案合同的协商过程，也未发生合同权利义务的概括转移，本案合同中的仲裁条款只能约束被申请人与香港某有限公司，而不是被申请人与申请人；申请人仅取得了股东地位，即股东的权利义务，并不必然取得此前香港某有限公司所履行的所有民事法律关系的法律地位；申请人受让股权后，又进行了增资扩股，公司注册资本和资本公积金以及公司的净资产都发生了变化，已经不同于当初合资合同的约定内容。而合资公司实际还有其他的股权转让行为，产生了三方股东或多方股东，那么这些股东应当算本案合同哪一方呢？另外，随着合资公司的成立，本案合同的部分条款已经完成历史使命，公司的运转主要由公司章程来调整，公司经营过程中，股东的权利义务以及公司的法人治理结构都有不同程度的变化，已不是本案合同所能掩盖的。所以，取得了合资公司的股东身份，并不当然取得本案合同的主体地位，申请人不能以其受让股份成为合资公司股东为由，要求解除本案合同，申请人不是本案适格主体。

申请人主张关于主体资格的问题，申请人是通过受让香港某有限公司的股权成为合资公司的股东，该股权转让合法有效。

【问题】

本案的当事人是否具有主体资格？

【案例解析】

仲裁当事人，是指依据已经达成的仲裁协议，以自己的名义提起或参加仲裁，要求仲裁机构维护其合法权益，并接受仲裁裁决约束的公民、法人及其他组织。

在仲裁程序中，仲裁当事人有着特定的称谓：向仲裁机构提出仲裁申请的人，为仲裁申请人，简称申请人；被仲裁申请人列为相对方当事人的，则称为被申请人。在仲裁裁决的执行程序中，当事人的称谓分别为申请执行人、被申请执行人或被执行人。仲裁当事人也可以简称为当事人。

除了仲裁当事人之外，仲裁理论与实践中还存在有仲裁参加人、仲裁参与人等称谓，必须注意其间的区别，仲裁参加人除仲裁当事人外，还包括仲裁代理人。仲裁参加人、证人、鉴定人与翻译人员等共同组成仲裁参与人。

仲裁当事人具有以下特征：

⑴仲裁当事人的法律地位平等。在我国，能够依据《仲裁法》以仲裁方式解决的纠纷为民商事纠纷。民商事法律关系主体彼此之间的法律地位是平等的。如果双方当事人之间的法律地位处于不平等状态，则可能属于刑事或行政法律关系，这些争议是不能通过仲裁方式加以解决的。刑事或行政法律关系的主体自然也就无法成为仲裁当事人。

⑵仲裁当事人之间存在合法有效的仲裁协议。仲裁协议是仲裁赖以存在的基础，也是产生仲裁当事人以及进行仲裁程序的基础。缺乏合法有效的仲裁协议，仲裁机构不会受理当事人的仲裁申请，仲裁程序无法启动，仲裁庭也不可能裁决纠纷。没有仲裁协议，也就不可能有仲裁当事人。

⑶仲裁当事人之间的纠纷具有可仲裁性。可仲裁性是以仲裁方式解决的民商事纠纷所特有的属性。不具有可仲裁性的纠纷，被排除在仲裁法所规定的仲裁范围之外，不能经由仲裁方式解决，纠纷主体当然也就不可能成为仲裁当事人。

⑷仲裁当事人受仲裁裁决的约束。民商事纠纷的主体之间事先达成了合法有效的仲裁协议，后又因该项民商事权益发生了争议，并且为寻求解决该纠纷而请求仲裁，仲裁程序启动后，仲裁机构就该争议所作的仲裁裁决也就顺理成章地对双方当事人产生约束。否则，假如仲裁当事人可以不受仲裁裁决的约束，则仲裁程序、仲裁制度存在的意义就荡然无存了。因此，仲裁当事人必须受到仲裁裁决的约束。

本案中，向仲裁机构提出仲裁申请的是香港某创业股份有限公司，是为申请人；昆明某经济信息咨询有限责任公司被仲裁申请人列为相对方当事人，为被申请人。本案当事人争议的焦点问题则正是关于被申请人是否具有本案主体资格的问题。

可以注意到，本案合同的签署方为甲方，即昆明某经济信息咨询有限责任公司，即本案被申请人，乙方是香港某有限公司。该合同签字页落款处有甲乙双方公司的盖章及其法定代表人的签字。香港某有限公司在本案合同中持有合资公司

51% 的股份。

此外，申请人作为乙方，与作为甲方的香港某有限公司签署的《股份转让协议书》中明确约定，申请人与香港某有限公司洽商，申请人以港币 50 万元整，收购香港某有限公司持有 51% 股权的内地企业云南西部某策划有限公司。双方签署协议书，申请人即支付香港某有限公司港币 50 万元整，香港某有限公司必须配合申请人办理合资公司股份转让手续。云南省对外贸易经济合作厅于 2002 年 12 月 25 日作出的云外经贸资〔2002〕357 号《关于同意云南西部某策划有限公司，变更投资者暨增资的批复》中明确批复“同意你公司外方投资者变更为香港某创业股份有限公司”。

通过上述《股份转让协议书》的约定，申请人取得了本案合同项下香港某有限公司在合资公司所持有的全部股份，且该股份转让已经得到了审批部门的批准。本案中，被申请人并未提交任何证据证明在申请人受让香港某有限公司在合资公司的全部股权时，被申请人有明确反对的情形，因而可视为被申请人实际上认可香港某有限公司在合资公司中的全部股权由成为合资公司股东的申请人实际上承继。尽管申请人在成为合资公司股东后，没有证据表明申请人与被申请人重新签署新的合资合同，但申请人成为合资公司股东后实际上已经成为本案合同的当事人，并开始履行作为合资一方的职责，在被申请人于本案仲裁前未明确表示反对的情况下，申请人应受本案合同中的仲裁条款的约束。

因此，本案合同项下的仲裁条款对受让人，即申请人有效。申请人应为本案的适格当事人。

第三节 仲裁反请求

案例 15：申请人与被申请人房屋租赁合同纠纷案

【基本案情】

申请人称：2003 年 12 月 22 日，申请人与被申请人之间签订了一份《房屋租赁合同》。合同约定的主要内容为：(1)被申请人将在其拥有的经批租的位于某市金鸦中路与琵琶路交汇处的土地上兴建一座三层商业用房；被申请人将其中的22300平方米的房屋出租给申请人作商业经营用。(2)被申请人出租给申请人的房屋需达到一定的要求并具备相关配套设备、设施，包括房屋应系框架结构，地面承重力不低于450千克/平方米；有经当地消防主管部门验收的消防系统，3000KVA供电容量及相关变压器、配电柜、与房屋配套的中央空调系统、货梯等。(3)第一年至第三年租金按建筑面积以每平方米人民币18元计算，第四年递增5%，此后每满三年递增5%，申请人需自起租日起每月10日前支付当月租金。(4) 2004年1月10日前，被申请人以其所有的位于某市中商广场购物中心七楼的电子游艺设备及该设备的收益作担保，向申请人提供定金及预付租金的保证，经申请人认可后，申请人支付定金人民币200万元，工程达到正负零时申请人预付租金人民币100万元。(5)被申请人应于2004年6月30日前完成出租物业的土建及相关工程，通过有关政府主管部门的验收并与申请人办理出租物业的交付手续。合同签订后，申请人依约履行了合同义务，向被申请人支付了合同定金人民币200万元及预付租金人民币100万元，但是，被申请人迟迟不能交付出租物业，直至2005年下半年，距离被申请人应交付物业的2004年6月30日达一年之久，被申请人仍无法向申请人交付符合条件的出租物业，而此时，市场已发生了重大变化。由于被申请人的严重违约行为，导致申请人无法实现合同目的，为避免双方的损失进一步扩大，申请人于2005年11月11日致函被申请人解除了双方之间的《房屋租赁合同》，被申请人收到申请人解除合同的函件后，至今没有任何异议，但却一直拖延不还申请人已支付的定金及预付租金。申请人多次派人去函催要，但被申请人拒绝归还。申请人的仲裁请求是：(1)被申请人双倍返还申请人所付定金人民币400万元及预付租金人民币100万元，共计人民币500万元；(2)被申请人承担本案的仲裁费用及其他相关费用。

被申请人辩称：(1)本案所涉房屋是被申请人根据申请人的要求建设的，其具体要求包括建筑物结构、配套设施、装饰等。出租屋特性表明该合同是租赁和定作性质混合的合同。因申请人承诺长期租用该房屋，被申请人才建设该楼房。(2)租赁合同约定，申请人无故解除合同，定金人民币200万元属于被申请人，因此人民币200万元无返还依据。(3)关于物业迟延交付的责任在申请人。双方对建筑物图纸进行了会审，申请人派人参与该建筑物的监督施工，房屋的建设均是按照申请人的要求进行的。承揽工作需要定作人协助的，定作人有协助的义务。定作人不履行协助义务致使承揽工作不能完成的，承揽人可以顺延履行期限。(4)申请人以一系列行为认可交付时间的变更。在合同约定交付时间后半年内，申请人支付了租金人民币100万元，大楼建成后，申请人派人进驻成立招商办公室，并发生了电费。2005年5月23日，申请人要求被申请人预留管线。根据《最高人民法院贯彻执行〈中华人民共和国民法通则〉若干问题的意见》第六十六条的规定，从支付款项到设立办公室说明：申请人没有对交付时间提出异议。综上，申请人不具备单方解除合同的条件。若申请人要求解除合同，申请人应向被申请人赔偿相应的损失。

被申请人反请求称：双方签订的《房屋租赁合同》约定：(1)被申请人在自有的土地上兴建一座三层商业用房，将其中约22300平方米出租给申请人作商业经营用，前三年租金以每月每平方米人民币18元计算。(2)被申请人签约后将建筑物图纸提交申请人，由双方对建筑物建设、装修方案及标准进行商讨，并对相关图纸进行会审。(3)被申请人同意建筑物交付申请人之前，申请人可对出租物业交叉装修施工。(4)在建筑物建设期间，申请人可派人参与监督施工，以便双方诚意商讨建筑物施工建设符合设计图纸及申请人经营要求。在施工中，被申请人应根据申请人的要求，设置分隔，并对管线、明、暗沟进行预留，建筑物内天顶、地面、墙面由申请人装饰。(5)申请人于2004年元月10日前向被申请人支付定金人民币200万元，并在被申请人工程达到正负零时向被申请人预付人民币100万元租金。(6)被申请人应于2004年6月30日之前完成出租物业的土建及相关工程，与申请人办理出租物业的交付手续。合同签订后，被申请人依约履行了合同义务，积极组织施工，并向政府有关管理部门办理各种手续。然在建工程因申请人原因未在合同约定时间交付申请人。但是，申请人依然于2004年12月25日向被申请人预付租金人民币100万元，并于2004年年底派驻工作人员进场接收物业，开设招商办公室、安装超市设备。申请人又于2005年7月1日致函被申请人，表明在被申请人办理单项验收手续后接收该物业的履约意思表示。被申请人认为：申请人的上述行为足以表明其同意对合同约定的物业交付时间予以变更。2005年10月24日，被申请人已办理完工程各项竣工验收手续，符合合同约定的物业交付条件。为此，书面通知申请人进场装修，申请人却于2005年11月11日书面告知被申请人不再履行合同。综上所述：申请人的无故终止合同行为已严重违反合同给申请人造成重大经济损失，导致被申请人无法实现签订本合同时的预期利益。被申请人的反请求是：(1)申请人赔偿因其违约行为给被申请人造成的经济损失人民币4816800元；(2)仲裁费用由申请人承担。

申请人针对反请求，提出如下答辩意见：(1)被申请人提出的反请求已经超过了法定的仲裁时效，依法应当予以驳回。申请人于2005年11月11日致函被申请人告知双方之间的《租赁合同》自函件到达时解除，也就是说，2005年11月被申请人就明确地知道申请人已依法行使合同解除权。但被申请人并没有对合同的解除提出任何异议，也没有向申请人主张过任何权利，因此，被申请人于2008年1月25日提出申请人违约对其造成损失，这一请求已经超过了法定的两年仲裁时效。⑵被申请人在反请求申请书中陈述“2005年10月24日已办理完各项竣工验收手续，符合合同约定的物业交付条件”，这一说法与事实不符。现有证据已充分显示出租物业的竣工验收和消防验收均在2005年12月完成。⑶申请人与被申请人之间的《房屋租赁合同》合法有效，在2005年11月11日申请人依法解除合同之前，双方当事人均应继续依约履行合同义务，被申请人以为申请人支付预付租金的行为“足以表明其同意对合同约定的物业交付时间予以变更”，这种观点是没有事实和法律依据的。《房屋租赁合同》第十八条已明确约定“有关本合同的修改及补充，必须以书面进行，并由双方合法授权代表签署并加盖公章后才有效”。《房屋租赁合同》第三条已约定：“被申请人应于2004年6月30日之前按合同要求完成出租物业的有关土建及相关工程，通过有关政府主管部门的验收并与申请人办理出租物业的交付手续。出租物业因被申请人的原因未能如期交付，其单方违约的事实已无可更改。”依照《中华人民共和国合同法》（以下简称《合同法》）第一百零七条的规定：“当事人一方不履行合同义务或者履行合同义务不符合约定的，应当承担继续履行、采取补救措施或者赔偿损失等违约责任。”因此，2004年6月30日之后，被申请人依法仍应承担继续履行合同的责任。虽然合同约定的交付时间已经超过，但是只要《房屋租赁合同》没有解除，合同仍对双方当事人具有法定的约束力，因此，申请人在2004年11月25日依约履行了预付人民币100万租金的合同义务。2005年6月29日，被申请人在出租物业没有达到合同约定的交付标准的情况下致函要求申请人进场装修，申请人于2005年7月1日回函表示，出租物业尚未达到合同约定的标准，申请人依约不能接收。上述情况只能说明2004年6月30日之后双方有继续履行合同的行为，但不能改变被申请人存在违约行为的根本事实。⑷申请人单方解除合同的行为是依法行使合同解除权的合法行为，而不是被申请人所说的“无故终止合同的违约行为”。根据我国《合同法》第九十四条的规定，当事人一方迟延履行债务或者有其他违约行为致使不能实现合同目的，当事人可以解除合同。本案中，根据《房屋租赁合同》的约定，被申请人应于2004年6月30日之前按合同要求向申请人交付出租物业。但事实上，被申请人迟延履行上述合同义务，直到2005年11月11日仍未能向申请人交付符合合同要求的出租物业，此时的市场状况以及申请人面临的经营环境等都发生了巨大的变化。此外，现有证据显示，在2005年12月7日出租物业获得消防验收之前，第三人新一佳超市就已经事实上接收了该物业并进行了开业的装修和筹备。也就是说，此时，被申请人的违约行为已经从迟延交付出租物业转变为不能交付出租物业，上述违约行为直接导致申请人意图承租该物业经营超市获取商业利益的合同目的不能实现。据此，申请人依法享有单方解除合同的权利。综上所述，被申请人的反请求既没有事实和法律依据，也超过了法定的仲裁时效，依法应予驳回。

申请人就本请求向仲裁庭提交了5份证据材料；就反请求向仲裁庭提交了4份证据材料。被申请人就本请求和反请求一并向仲裁庭提交了17份证据材料。

仲裁庭经审理查明：2003年12月22日，申请人与被申请人签订一份《房屋租赁合同》，合同约定：被申请人在某市金鹗中路和琵琶路交汇地块兴建一座三层商业用房，被申请人将其中的约22300平方米房屋出租给申请人作商业性用房，租期二十年，前三年租金按建筑面积以每月每平方米人民币18元计算，第四年递增5%。此后，每满三年递增5%。2004年1月10日前，被申请人以其所有的位于某市中商广场购物中心七楼的电子游艺设备及该设备的收益作担保向申请人提供定金及预付租金的保证函，经申请人认可后，申请人支付定金人民币200万元，工程达到正负零时申请人预付租金人民币100万元，被申请人应于2004年6月30日前完成出租物业的土建及相关工程，通过有关政府部门的验收并与申请人办理出租物业的交付手续，如果被申请人不能按时交付出租物业超过一个月的，应承担违约责任，每逾期一天，按申请人已付定金及预付租金千分之三计收违约金，如果申请人无故提前终止合同，申请人支付被申请人的定金归被申请人所有，但须返还申请人支付的预付租金，如果被申请人无故提前解除合同，被申请人双倍返还申请人支付的定金，并返还申请人支付的预付租金。合同约定的出租物业正式交付前，申请人可以进场从事交叉装修施工，另外，合同还对出租物业的建设标准、室内布局、室外停车等事项作出明确约定。

合同签订后，被申请人投资兴建这一商业大厦，2003年破土动工，2005年12月7日实行了裙楼建筑工程消防验收，14日实行了建设工程规划竣工验收，申请人按照合同约定向被申请人先后支付定金人民币200万元，预付租金人民币100万元，并一度进场着手安装设备，启动社会招商筹备工作。2005年6月29日，被申请人以《关于请中商集团进场装修的函》为题，催申请人尽快组织人力、物力进场进行室内装修。7月1日申请人回函说被申请人仍未完成出租物业消防系统、中央空调系统和电梯等工程，待上述相关工程完工且经验收合格后办理物业交接手续，尔后，被申请人多次敦促申请人进场从事装修施工。2005年10月31日，被申请人再次函告申请人，鉴于申请人未就是否进入金虹大厦予以明确答复，8月份将用于开业用的货架、冷库等超市设备全部运离，被申请人将另行处置金虹大厦裙楼。2005年11月11日，申请人书面回告被申请人表示由于被申请人不能依照约定在2004年6月30日前完成出租物业的有关土建及相关工程及政府主管部门相关验收手续，已经严重违约，双方签订的《房屋租赁合同》在本函件到达时解除，同时，要求尽快返还已付定金人民币200万元、预付租金人民币100万元及利息，致使双方终止了合同的履行。随后，该物业用于了社会出租，其中一部分由新一佳超市承租使用，并于2005年12月18日对外开张营业。

仲裁庭经过审理，认为：⑴本案合同的性质属房屋租赁合同而非承揽合同。⑵被申请人未能如期交付出租物业，属严重的违约行为；申请人在合同的解除上有明显的过错。⑶被申请人应按照合同返还定金和预付租金给申请人。⑷被申请人反请求申请人赔偿人民币4816800元经济损失的主张，仲裁庭不予支持。据此，仲裁庭遂作出如下裁决：

⑴被申请人向申请人返还定金人民币200万元，返还预付租金人民币100万元；

⑵驳回申请人的其他仲裁请求；

⑶驳回被申请人的仲裁反请求；

⑷本案本请求仲裁费人民币××元，由申请人承担人民币××元，由被申请人承担人民币××元；

⑸本案反请求仲裁费人民币××元，由被申请人承担。

因本请求仲裁费已由申请人预交，故被申请人应将其承担的本请求仲裁费连同上述第⑴项裁决款项共计人民币××元，于本裁决书送达次日起15日内一并支付给申请人。

本裁决为终局裁决，自作出之日起生效。

【问题】

1. 从实体上看，本案合同的性质是什么？被申请人和申请人的违约责任如何认定？被申请人是否应双倍返还定金和预付租金给申请人？被申请人反请求申请人赔偿人民币4816800元经济损失的主张，仲裁庭是否应予支持？

2. 从程序上讲，本案被申请人是否有权提出反请求？提出反请求应具备哪些条件？

【案例解析】

本案是一起房屋租赁合同纠纷案。根据《仲裁法》第二十七条的规定，被申请人享有提出仲裁反请求的权利，正是基于《仲裁法》第二十七条赋予被申请人提出仲裁反请求的权利，本案被申请人某置业有限公司于2008年1月25日向仲裁委员会提交《仲裁反请求申请书》，仲裁庭决定接受，仲裁委员会依法受理，并于2008年1月31日将被申请人的《仲裁反请求申请书》副本送达申请人。这表明，本案被申请人不仅行使了《仲裁法》所赋予的仲裁反请求权利，而且也实现了该权利，因为其仲裁反请求已经被仲裁委员会依法受理，而且仲裁庭也对其进行了审理并作出了裁决。那么，被申请人要想实现自己的仲裁反请求权利，必须得到仲裁委员会的受理，而被申请人的仲裁反请求要想得到仲裁委员会的受理，就必须具备提出仲裁反请求的条件。下面拟结合本案，分析本案被申请人提出仲裁反请求具备了其应该具备的条件。

（一）具备《仲裁法》第二十一条规定的条件

《仲裁法》第二十一条规定："当事人申请仲裁应当符合下列条件：（一）有仲裁协议；（二）有具体的仲裁请求和事实、理由；（三）属于仲裁委员会的受理范围。"本案被申请人提出的仲裁反请求也符合《仲裁法》第二十一条规定的三个条件：首先，有仲裁协议，即被申请人与申请人之间《房屋租赁合同》中的仲裁条款。其次，有具体的仲裁请求和事实、理由，即具体的仲裁请求为申请人赔偿因其违约行为给被申请人造成的经济损失人民币4816800元以及仲裁费用由申请人承担，具体的事实、理由见上文"被申请人辩称"部分。最后，属于仲裁委员会的受理范围，即符合《仲裁法》第二条要求的平等主体的法人之间发生的合同纠纷。

（二）具备提起仲裁反请求的条件

1．主体要件

本案中，提起仲裁反请求的是本案被申请人即某置业有限公司，符合提起仲裁反请求的主体要件。

2．对象要件

本案中，被申请人某置业有限公司于2008年1月25日向受理仲裁申请的仲裁委员会提交了《仲裁反请求申请书》，符合提起仲裁反请求的对象要件。

3．内容要件

本案中，被申请人某置业有限公司于2008年1月25日向受理仲裁申请的仲裁委员会提交的《仲裁反请求申请书》中仲裁反请求的内容和申请人的仲裁请求属于同一仲裁协议《房屋租赁合同》中的仲裁条款中所约定的仲裁事项，符合提起仲裁反请求的内容要件。

4．关联要件

本案中，被申请人某置业有限公司提出的仲裁反请求和申请人的仲裁请求存在事实上或者法律上的联系，符合提起仲裁反请求的关联要件。

5．形式要件

本案中，被申请人某置业有限公司于2008年1月25日向仲裁委员会提交了书面的《仲裁反请求申请书》，符合提起仲裁反请求的形式要件。

基于此，本案仲裁委员会依法受理了被申请人某置业有限公司提出的仲裁反请求，并且本案仲裁庭依法对被申请人某置业有限公司的仲裁反请求进行了审理并作出了裁决。

然而，仲裁委员会依法受理被申请人提出的仲裁反请求，仲裁庭依法对其进行审理并作出裁决是一回事，而仲裁庭是支持被申请人的仲裁反请求还是驳回被申请人的仲裁反请求却是另一回事。所以，本案仲裁庭经过审理，作出了驳回被申请人仲裁反请求的仲裁裁决，这是因为仲裁庭认为被申请人提出的反请求理由不够充分：其一，被申请人提出反请求的唯一理由是申请人无故解除合同，虽然仲裁庭认定申请人在解除合同的方式上存在着一定的瑕疵，但是被申请人在合同的履行上有着严重的过错。按照合同约定的期限，被申请人交付符合约定条件的出租物业，逾期时间几乎长达一年半之久，而当申请人以“而此时，市场已发生了重大变化”为由函告被申请人解除合同时，“无故”之说自然难以成立。也就是说，被申请人的反请求缺乏“无故”这一事实依据。其二，金虹大厦落成后，当2005年12月被申请人办完竣工验收、规划验收、消防验收手续，金虹大厦可以交付使用不久，早已进场装修的新一佳超市在2005年12月18日随即开业，租金损失一说难以成立。在这种情况下，被申请人要求申请人赔偿人民币4816800元经济损失的主张，仲裁庭不予支持。另外，公民依法请求保护民事权利的诉讼时效期间为两年。《中华人民共和国民法通则》第一百三十七条规定，诉讼时效期间从知道或者应当知道权利被侵害时起计算。本案中，申请人于2005年11月11日已致函被申请人解除《房屋租赁合同》，如果被申请人认为申请人这一行为侵犯其合法权益，应当在收到解除合同函件之日起两年内提出赔偿损失的主张。在本案仲裁期间，也就是2008年1月25日提出反请求，超过了法定的仲裁时效。

综上，从程序上来看，本案仲裁委员会依法受理被申请人某置业有限公司提出的仲裁反请求，本案仲裁庭依法对其进行审理并作出裁决是正确的；从实体上来讲，本案仲裁庭作出驳回被申请人仲裁反请求的仲裁裁决也是正确的。

第四节 仲裁中的财产保全

案例16：泰国某公司与中国深圳某工贸集团公司买卖合同纠纷案

【基本案情】

泰国某公司（卖方）与中国深圳某工贸集团公司（买方）于1999年11月4日在深圳签订了关于买卖10000吨（首批3000吨）泰国3号烟胶片（优质橡胶）的《订购合同》（以下简称合同）。合同仲裁条款规定，遇有争议不能协商解决的，提交北京中国国际经济贸易仲裁委员会仲裁。

买方于1999年11月6日委托星华公司及星华公司的合作伙伴达阳公司按合同规定对外开出以申请人为受益人的信用证。1999年12月7日和8日，卖方将首批3000吨货物交付承运人中国远洋运输公司，取得了承运人签发的货物提单，并立即将装船情况电传通知了买方和达阳公司，卖方将所有单据（提单、装箱单、发票和产地证等）交付泰国议付行。买方收到卖方的装船通知后，即找中国对外贸易运输总公司青岛分公司（以下简称青岛外运）商议报关及提货事宜。1999年12月12日买方和星华公司共同委托青岛外运办理相应手续。

首批货物抵达青岛口岸后，买方在没有向开证行赎取正本提单的情况下，以委托书、随船副本提单和保函的方式，通过青岛外运办理了3000吨货物的进口报关和提货手续，将其中2000吨货物卖给了山东某橡胶厂，将另外148.55吨货物在青岛就地销售。因买方欠付青岛海关部分税款，其余851.45吨货物在青岛海关扣留监管。

买方的开证行于1999年12月15日收到了卖方经议付行提供的全套单据。开证行审查单证后，认为议付单证中有些不符点，议付行对此作了解释，认为单证是相符的。买方和开证行不接受议付行的解释，没有支付3000吨货物的货款，信用证于2000年3月15日到期失效，而正本提单等议付单据，买方一直没有从银行赎取。

买方收到了货物并已转售，但卖方却不能得到货款，于是卖方于2000年5月下旬向中国国际经济贸易仲裁委员会深圳分会申请仲裁，但买方拒不答辩。卖方重新于2000年6月15日向中国国际经济贸易仲裁委员会申请仲裁，仲裁委员会当即受理此案。

在仲裁申请中，申请人（卖方）诉称：被申请人（买方）不向开证行赎单，提取并销售申请人发运的货物，违反了国际贸易惯例；被申请人的提货、卖货行为已表明其实际上接受了单证不符点，因此有向银行付款赎单的义务，被申请人拒不赎单系对其付款义务的违反。此外，被申请人不开出其余7000吨货物的信用证，给申请人造成了重大损失，申请人要求被申请人偿付货款和其他损失计2839104.48美元。

申请人在提出仲裁申请的同时，还向仲裁委员会提交了《仲裁保全申请书》，申请冻结被申请人价值2839104.48美元的资金或财产。深圳市中级人民法院根据仲裁委员会的提请，作出了《民事裁定书》，依法冻结了被申请人的有关资金和财产，总值不超过2839104.48美元。

在此情况下，被申请人答辩并提交了书面答辩状。

仲裁庭于2000年9月15日和9月16日在北京开庭审理本案。在查清事实的基础上，经征得双方同意，在双方自愿的前提下，仲裁庭对案件进行了调解。双方遂于2000年9月16日签订了和解协议书，由被申请人向申请人偿付1736150美元，了结此案。

【问题】

本案卖方申请财产保全是否合法？

【案例解析】

本案是一起买卖合同纠纷案，而且是一起涉外买卖合同纠纷案。卖方依照合同中的仲裁条款于 2000 年 6 月 15 日向中国国际经济贸易仲裁委员会申请仲裁，仲裁委员会当即受理此案。仲裁庭于 2000 年 9 月 15 日和 9 月 16 日在北京开庭审理本案。在查清事实的基础上，在双方自愿的前提下，仲裁庭对案件进行了调解。双方遂于 2000 年 9 月 16 日签订了和解协议书，由被申请人向申请人偿付 1736150 美元，了结此案。本案和解之后，双方都很满意。申诉人经历周折，终于收回了全部货款，并获得了一定的经济补偿。被申请人则在申请人的谅解和让步下，免于承担更大的赔偿责任。双方在达成和解协议的当天又谈妥了一笔生意。本案虽以和解结案，但卖方申请采取财产保全措施对促进本案的解决起了重大作用。那么，本案卖方申请财产保全是否合法呢？对此，拟结合《仲裁法》和 1991 年《民事诉讼法》的有关规定作如下分析：

首先，申请主体合法。根据《仲裁法》第二十八条和 1991 年《民事诉讼法》第二百五十八条的规定，仲裁中的财产保全，必须由当事人提出申请。本案中，卖方既是合同当事人，又是合同中仲裁条款的当事人即仲裁当事人，所以卖方作为仲裁财产保全的申请主体当然合法。

其次，申请条件合法。根据《仲裁法》第二十八条和 1991 年《民事诉讼法》第九十二条的规定，申请财产保全的条件是：一方当事人申请财产保全，是因为另一方当事人的行为或者其他原因可能使裁决不能执行或者难以执行的状况。本案中，买方收到了货物并已转售，但卖方却不能得到货款，这表明买方的行为可能使日后的仲裁裁决不能执行或者难以执行，那么就不可避免地损害卖方的利益，因此为了维护自己的利益，在这种状况下，卖方遂向中国国际经济贸易仲裁委员会提交了财产保全申请。可见，卖方的申请条件也合法。

再次，申请时间合法。本案中，卖方在提出仲裁申请的同时，向仲裁委员会提交了财产保全申请。

第四，提交对象合法。根据《仲裁法》第二十八条和 1991 年《民事诉讼法》第二百五十八条的规定，当事人应当向仲裁委员会提交财产保全申请，而不能直接向人民法院提交财产保全申请。本案中，卖方是向中国国际经济贸易仲裁委员会提交的财产保全申请，而不是直接向深圳市中级人民法院提交的财产保全申请，所以本案中财产保全申请的提交对象合法。

综上，本案中，申请人卖方申请财产保全符合《仲裁法》和 1991 年《民事诉讼法》的有关规定。卖方向中国国际经济贸易仲裁委员会提交财产保全申请后，中国国际经济贸易仲裁委员会将此申请又根据《仲裁法》第二十八条第二款和 1991 年《民事诉讼法》第二百五十八条的规定直接提交给被申请人买方住所地或者财产所在地的中级人民法院即深圳市中级人民法院裁定。深圳市中级人民法院根据仲裁委员会的提请，作出了《民事裁定书》，依法冻结了被申请人的有关资金和财产，总值不超过2839104.48美元。深圳市中级人民法院的裁定也是合法的。因为它符合1991年《民事诉讼法》第九十四条的规定，具体为：深圳市中级人民法院以《民事裁定书》的形式依法冻结了被申请人的有关资金和财产，符合该条第二款规定的“财产保全采取查封、扣押、冻结或者法律规定的其他方法”中的“冻结”财产保全措施；深圳市中级人民法院依法冻结了被申请人的有关资金和财产，总值不超过2839104.48美元，符合该条第一款规定的“财产保全限于请求的范围，或者与本案有关的财物”，因为本案中，卖方向中国国际经济贸易仲裁委员会申请被申请人向其偿付货款和其他损失计2839104.48美元，深圳市中级人民法院依法冻结被申请人的有关资金和财产也是2839104.48美元。

必须指出的是，1991年《民事诉讼法》和2007年修正的《民事诉讼法》都设有专章规定“涉外财产保全”，其中1991年《民事诉讼法》规定在第二十七章中，2007年《民事诉讼法》规定在第二十六章中，而2012年第二次修正的《民事诉讼法》则将“涉外财产保全”删除了，这样2012年《民事诉讼法》就将“涉外财产保全”和“国内财产保全”统一起来了，那么，有关“涉外财产保全”案件就应当根据2012年《民事诉讼法》第二百五十九条的规定，适用《民事诉讼法》有关“国内财产保全”的规范来处理。不仅如此，2012年《民事诉讼法》还新规定了“仲裁前财产保全制度”，即该法第一百零一条规定：“利害关系人因情况紧急，不立即申请保全将会使其合法权益受到难以弥补的损害的，可以在提起诉讼或者申请仲裁前向被保全财产所在地、被申请人住所地或者对案件有管辖权的人民法院申请采取保全措施。申请人应当提供担保，不提供担保的，裁定驳回申请。人民法院接受申请后，必须在四十八小时内作出裁定；裁定采取保全措施的，应当立即开始执行。申请人在人民法院采取保全措施后三十日内不依法提起诉讼或者申请仲裁的，人民法院应当解除保全。”可见，仲裁前财产保全制度包括如下内容：⑴适用条件。即利害关系人因情况紧急，不立即申请财产保全将会使其合法权益受到难以弥补的损害的，不同于仲裁中财产保全的一方当事人因另一方当事人的行为或者其他原因，可能使裁决不能执行或者难以执行的。⑵适用时间。即在申请仲裁前，不同于仲裁中财产保全的申请仲裁时或者在案件受理后，尚未作出仲裁裁决前。⑶申请对象。即被保全财产所在地、被申请人住所地或者对案件有管辖权的人民法院，不同于仲裁中财产保全的仲裁委员会。⑷申请人的担保义务。即申请人应当提供担保，不提供担保的，裁定驳回申请，不同于仲裁中财产保全的申请人没有必须提供担保的义务。⑸作出裁定的时限。即人民法院接受申请后，必须在四十八小时内作出裁定，不同于仲裁中财产保全的人民法院接受申请后，对情况紧急的，必须在四十八小时内作出裁定。⑹裁定的执行时限。即裁定采取财产保全措施的，人民法院应当立即开始执行，与仲裁中财产保全的裁定的执行时限相同。⑺请求的范围。即财产保全限于请求的范围，或者与本案有关的财物，与仲裁中财产保全的请求范围相同。⑻财产保全措施。即财产保全采取查封、扣押、冻结或者法律规定的其他方法。人民法院保全财产后，应当立即通知被保全财产的人。财产已被查封、冻结的，不得重复查封、冻结。这与仲裁中财产保全所采取的措施相同。⑼财产保全措施的解除。即申请人在人民法院采取财产保全措施后三十日内不依法提起诉讼或者申请仲裁的，人民法院应当解除财产保全，不同于仲裁中财产保全的财产纠纷案件，被申请人提供担保的，人民法院应当裁定解除财产保全。⑽申请仲裁前的财产保全错误的赔偿。即申请有错误的，申请人应当赔偿被申请人因保全所遭受的损失，与申请仲裁中的财产保全错误的赔偿相同。不过，2012 年《民事诉讼法》第二百七十二条仍然保留了 1991 年《民事诉讼法》第二百五十八条和 2007 年《民事诉讼法》第二百五十六条所规定的“涉外财产保全”管辖制度，即“当事人申请采取保全的，中华人民共和国的涉外仲裁机构应当将当事人的申请，提交被申请人住所地或者财产所在地的中级人民法院裁定”。

第五节　仲裁中的证据保全

案例 17：英瑞公司与玻纤厂合资合同纠纷案

【基本案情】

英瑞公司与玻纤厂签订协议成立合资企业南通泰慕士服装有限公司（以下简称泰慕士公司），英瑞公司根据协议约定以及不断增资与扩股，在合资企业中控大股。因出资问题，英瑞公司依据仲裁条款以玻纤厂出资不实为由向中国国际经济贸易仲裁委员会（以下简称贸仲会）申请合资争议仲裁。贸仲会予以受理，案号 V20010246。玻纤厂收到仲裁申请书后，于 2001 年 8 月 30 日向贸仲会提出证据保全申请，要求对合资企业泰慕士公司 2001 年 6 月之前的所有账册、凭证进行证据保全。玻纤厂的申请理由：仲裁焦点在于是否存在出资不实的事实，此节事实合资企业泰慕士公司账上应该清楚反映，有据可查，因此合资企业泰慕士公司的账册、凭证在仲裁中起着至关重要的作用；而合资企业目前在英瑞公司的控制下，极有可能被涂改、灭失，为维护合法权益，便于顺利仲裁和裁决公正，故申请。贸仲会收到玻纤厂的证据保全申请，根据《中华人民共和国仲裁法》（以下简称《仲裁法》）第六十八条的规定，于 2001 年 9 月 6 日将玻纤厂的证据保全申请一式一份提交给证据所在地中级人民法院——江苏省南通市中级人民法院，同时表明“是否采取措施由南通市中级人民法院根据仲裁法的有关规定予以裁定”。因本案涉及仲裁机构与法院在仲裁证据保全审查权分配上以及可否对案外第三人所持有的证据采取保全措施等法律问题，南通市中级人民法院经审查并向江苏省高级人民法院请示于 2002 年 2 月 6 日作出裁定，同意对泰慕士公司 2001 年 6 月之前的财务账册、凭证进行证据保全。鉴于财务账册、凭证数量非常多，法院采取了就地封存的方式，并通知贸仲会派人交接，贸仲会接到通知后，组织专家在法院的陪同下对所保全的财务账册、凭证进行了查看鉴定。

【问题】

此案的证据保全程序是否正确？

【案例解析】

仲裁证据保全是指在仲裁裁决作出之前，对有可能灭失或以后难以取得的证据，经当事人申请，由法院所采取的对证据加以保护的一种临时性的强制措施。证据保全在仲裁程序中具有重要的意义，其可以有效地保护能够证明仲裁案件的事实证据，防止证据灭失、被毁损等情形的发生。《仲裁法》第四十六条规定，在证据可能灭失或者以后难以取得的情况下，当事人可以申请证据保全。本案中英瑞公司向贸仲会申请证据保全符合《仲裁法》的规定，依据《仲裁法》仲裁中证据保全必须符合下列条件：⑴证据有可能灭失的危险。在仲裁程序中，有些证据如果不能及时收集、保存，就有灭失的可能，在仲裁审理中就无法有效发挥其作用。因此，证据有灭失的危险是申请证据保全的必要条件。⑵证据存在以后难以取得的情形。有些证据随着时间的推移虽不一定有灭失的危险，但存在有可能难以取得的情形。⑶申请保全的证据是决定仲裁案件事实的主要证据，如果不及时保全将影响仲裁案件的处理。证据是证明案件事实的根据，证据的灭失或者难以取得将使得负有举证责任的当事人因无法举证而承担不利的法律后果。但是，在仲裁实践中往往对证明案件事实起主要作用或者决定性作用的证据，在面临有灭失或者以后难以取得的情形时才可以申请证据保全。⑷由当事人向仲裁委员会提出证据保全的申请。证据保全必须由仲裁当事人申请，不论仲裁机构还是法院都无权直接采取证据保全措施。

第六节 仲裁中的司法鉴定

案例 18：某建筑工程公司与某房地产开发公司建设工程施工合同纠纷案

【基本案情】

2005 年 8 月，申请人某建筑工程公司与被申请人某房地产开发公司签订了一份《建设工程施工合同》，约定由申请人为被申请人建设某高级中学 3 号教学楼及 4 号实验行政楼的建设施工工程。合同生效后，申请人依合同约定完成了工程建设，并于 2006 年 8 月将工程交付使用，截至目前已经使用了两年多。但被申请人却未依约支付工程款，至今仍拖欠工程款 4880476 元。尽管申请人多次催要，但被申请人拒不支付。故申请人依照合同约定申请某仲裁委员会仲裁，请求：

一、裁决被申请人给付拖欠工程款 4880476 元人民币。

二、裁决被申请人支付欠款利息 655457 元人民币（自 2006 年 8 月 20 日起计算至 2008 年 8 月 20 日止）。

三、本案仲裁费用由被申请人承担。

被申请人辩称：申请人承接工程是事实，但本案建设工程的结算没有进行，申请人的申请没有依据，请求驳回申请人的仲裁申请。

仲裁庭查明的案件事实：

经仲裁庭审理查明：申请人与被申请人于2005年8月28日签订了《建设工程施工合同》，该合同约定由申请人作为承包人承建被申请人建设的某高级中学3号教学楼及4号实验行政楼。约定工期为2005年9月1日至2006年5月30日，共270天。工程建筑面积10290.17平方米，计划造价926.1153万元，承包方式为包工包料。被申请人按照每月进度统计付工程实际造价的50%，到竣工验收付至总造价的50%，剩余工程款计划在竣工验收后一年内分4次付清，即每3个月付剩余款的25%。被申请人在竣工验收1个月内必须完成工程结算。合同签订后，该工程2005年11月5日开工，2006年7月完成交工验收，2006年8月交付使用。被申请人先后向申请人支付工程款8898392.43元，代缴工程税金357943元，共计9256334.43元。

在审理过程中，仲裁机构委托某司法会计鉴定所对涉案工程进行工程造价鉴定。该鉴定机构先后出具了某鉴字〔2009〕012号《某司法会计鉴定所司法鉴定意见书》、某函字〔2009〕006号《关于申请人、被申请人对某鉴字〔2009〕012号司法鉴定意见书所提异议的回复》和某函字〔2010〕002号《情况说明》。

仲裁庭意见：

一、关于合同效力问题

申请人与被申请人签订的《建设工程施工合同》系双方当事人的真实意思表示，其内容没有违反国家法律的强制性规定，合法有效，双方当事人均应按约全面履行自己的义务。涉案工程已经竣工并交付使用，被申请人作为工程建设单位，应当按照合同约定及时办理工程结算，支付工程款；申请人有权按照合同约定向被申请人主张工程欠款及利息。

二、关于本案工程造价的确定问题

本案申请人以请求被申请人给付所欠工程款及利息为由提起仲裁。在案件审理过程中，申请人与被申请人未能就涉案工程的决算价达成共识，在征得双方当事人同意的基础上，仲裁庭决定对涉案工程的造价进行鉴定。经仲裁委员会委托，某司法会计鉴定所对涉案工程进行了工程造价鉴定，并于2009年7月16日出具了某鉴字〔2009〕012号司法鉴定意见书，确认按“99定额”的工程造价为10749324.42元。对于申请人提及的人工费问题，考虑到申请人实际发生的情况及政策的滞后性，故在“99定额”规定的人工费基础上参照某建〔2007〕232号文件标准予以补差，确定对申请人在涉案工程中的人工费补差价为869910.38元。该鉴定意见书出具后，双方当事人均提出了异议，被申请人还提交了材料认价单等资料。2009年8月24日，该鉴定机构出具了某函字〔2009〕006号《关于申请人、被申请人对某鉴字〔2009〕012号司法鉴定意见书所提异议的回复》，对鉴定意见书里的部分材料价格做了修改，暂按认价单中的有关价格计算后确认工程造价为8770380.24元，人工费补差为2721301.66元。但同时该回复函又称，对材料认价单的认定，的确已经超出了鉴定机构的职责范畴，应由仲裁庭根据本案具体情况依法裁决。对此，仲裁庭认为，由于申请人对被申请人提供的材料认价单坚决否认，被申请人自己也没有有效证据证明该认价单里面的内容是当时申请人提供的，所以，对该材料认价单不予采信。

2010年1月25日，鉴定机构又出具了某函字〔2010〕002号《情况说明》，认为某鉴字〔2009〕012号司法鉴定意见书的主旨是根据有关法规、工程造价管理部门编制的定额，在仲裁庭就人工费合议的基础上参照有关文件精神对工程造价进行核算。而某函字〔2009〕006号回复是考虑了双方当事人就司法鉴定意见书所提异议，依鉴定人员理解的施工合同内容，按照仲裁庭就人工费的合议决定进行的核算。最后，该鉴定机构认为，对其出具的司法鉴定意见书及其回复采信与否，请仲裁庭根据本案的具体情况依法进行裁决。对此，仲裁庭认为，鉴定机构的司法鉴定意见书相对客观、公正，所以关于工程造价的确定应以司法鉴定意见书所作出的鉴定结论为依据。

关于工程造价中的人工费补差问题。由于申请人与被申请人对合同中的结算条款的约定不明确，理解也不一致，所以双方在人工费的取费标准问题上产生严重分歧，对此，仲裁庭认为应以诚实信用原则为指导，顾及双方当事人利益的平衡，同时考虑到申请人在人工费方面实际发生的情况，同意采纳鉴定单位某鉴字〔2009〕012号司法鉴定意见书中对人工费补差的意见。

三、关于申请人主张的欠款利息问题

双方当事人在合同中约定付款方式为至竣工验收付工程总造价的50%，剩余工程款计划在竣工验收后一年内分4次付清，即每3个月付剩余款的25%。申请人在竣工验收后1个月内必须完成工程结算。由于涉案工程的实际竣工和交付使用日期为2006年8月20日，因此，双方应在2006年9月20日前完成工程结算，剩余工程款也应在2006年9月20日后一年内分4次付清。因此，申请人主张的欠款利息应当自2006年9月20日起一年内分4次以应付的工程余款的25%为基数分别计算，具体计算时间应为：2006年9月20日、2006年12月20日、2007年3月20日和2007年6月20日。为方便计算，利息以应付工程款为基数自2007

年2月16日统一计算。

处理结果：

仲裁庭基于以上意见，裁决：

一、被申请人自本裁决书送达之日起15日内一次性支付申请人工程款2362900.37元；逾期加倍支付迟延履行期间的债务利息。

二、被申请人自本裁决书送达之日起15日内支付以应付工程款2362900.37元为基数，自2007年2月16日起至本裁决书作出之日的同期人民银行贷款利息。逾期加倍支付迟延履行期间的债务利息。

裁决书送达后，被申请人未依仲裁裁决履行自己的义务。2010年4月12日，申请人向某市中级人民法院提出强制执行申请，被申请人于4月27日对该强制执行申请提出异议。2010年8月，某市中级人民法院下达〔2010〕某执裁字第49号《执行裁定书》，称双方当事人同意重新仲裁，建议仲裁机构重新立案予以审理。

2010年8月17日，申请人重新向原仲裁委员会申请仲裁，请求：

一、依法裁决被申请人限期给付拖欠申请人工程款人民币2362900.37元。

二、请求依法裁决被申请人承担欠款利息，以2362900.37元为基数，自2007年2月16日起计算到2010年8月15日止共610247.97元，直至给付之日。

三、请求依法裁决被申请人承担某仲裁字〔2008〕第某号裁决书裁决的仲裁费、鉴定费共计81879.2元。

四、本案仲裁费由被申请人承担。

被申请人对申请人向原仲裁委员会提起的重新仲裁提出异议，认为该仲裁机构对本案的重新仲裁无管辖权，其理由如下：

一、被申请人与申请人之间不存在现行有效的仲裁协议，重新仲裁的前提是双方当事人达成新的书面仲裁协议。因为：

1. 申请人与被申请人之间的原仲裁协议效力已经耗尽。依原仲裁条款作出的仲裁裁决已经被裁定不予执行，根据《民事诉讼法》第二百三十七条第五款："仲裁裁决被人民法院裁定不予执行的，当事人可以根据双方达成的书面仲裁协议重新申请仲裁，也可以向人民法院起诉。"《仲裁法》第九条第二款："裁决被人民法院依法裁定撤销或者不予执行的，当事人就该纠纷可以根据双方重新达成的仲裁协议申请仲裁，也可以向人民法院起诉。"因此，在仲裁裁决被人民法院裁定不予执行后，除非达成新的仲裁协议，当事人不得依原仲裁协议申请仲裁。

2. 被申请人与申请人之间并未重新达成新的仲裁协议。〔2010〕某执裁字第49号执行裁定书裁定"重新仲裁"的内容，仅系对双方当事人的意思表示的重述，但并不当然意味着双方当事人已经达成了新的仲裁协议或某（原）仲裁委员会对本案拥有管辖权。该“重新仲裁”的意思表示，就仲裁机构、仲裁地、仲裁规则、仲裁事项等均未涉及，根据《仲裁法》第四条“……没有仲裁协议，一方申请仲裁的，仲裁委员会不予受理。”即使认为双方当事人存在将争议提交仲裁的意图，也因《仲裁法》第十八条“仲裁协议对仲裁事项或者仲裁委员会没有约定或者约定不明确的，当事人可以补充协议；达不成补充协议的，仲裁协议无效”的规定而无效。因此，“重新仲裁”4个字并非有效的仲裁条款或协议，某（原）仲裁委员会不能以此自认拥有管辖权。

3. 仲裁裁决的不予执行并非仲裁裁决的撤销，不具备“重新仲裁”的法定效力和法律效果。《仲裁法》第六十一条“人民法院受理撤销裁决的申请后，认为可以由仲裁庭重新仲裁的，通知仲裁庭在一定期限内重新仲裁……”因此，只有在撤销仲裁裁决的程序中，人民法院才有要求仲裁庭重新仲裁的权力，本案仅涉及仲裁裁决的不予执行，仲裁裁决在形式上仍然存在，不可能直接产生“重新仲裁”的法律后果。同时，如果“重新仲裁”，应由原仲裁庭而非仲裁委员会作出，某（原）仲裁委员会就申请人再次提出的仲裁申请，已经通知当事人选择仲裁庭组成方式和仲裁员，某（原）仲裁委员会的另行组庭的行为也表明本案并非《仲裁法》意义上的“重新仲裁”。因此，〔2010〕某执裁字第49号执行裁定书“重新仲裁”的内容，并无强行性，对双方当事人并不产生法律拘束力。

二、申请人提起的仲裁事项超越原仲裁协议，要求仲裁委员会确认法律文书的效力而非就合同纠纷仲裁，无任何法律依据。即使不考虑本案是否应当由仲裁管辖的问题，申请人再次提出的仲裁申请，是要求仲裁机构对某仲裁字〔2008〕第某号裁决再次予以仲裁确认，并否定〔2010〕某执裁字第49号执行裁定书，其申请并非就纯粹的合同纠纷提请仲裁，超出了原仲裁协议约定的范围，要求仲裁机构就司法文书的法律效力再次作出法律上的评价，也超出了仲裁机构的职权范围。

另外，被申请人还提出了权利保留声明，称其就某（原）仲裁委员会送达文书的签收和仲裁员的选择，系出于对仲裁委员会的尊重和自我权益的保护，并不意味被申请人承认某（原）仲裁委员会就本案有管辖权，也不意味被申请人同意接受某（原）仲裁委员会《仲裁规则》的约束。某（原）仲裁委员会在无权仲裁的情况下组成仲裁庭并作出相关裁决，被申请人不予认可。

重新仲裁的仲裁庭意见及处理结果：

重新组成的仲裁庭审阅本案相关材料、证据后，认为本案与本会所作出的〔2008〕

第某号裁决书所裁决的案件系同一纠纷，双方当事人、仲裁请求、案件事实均无变化，双方当事人对本会〔2008〕第某号裁决书所列证据及质证意见均无变化，故在征得双方当事人同意后，于2010年11月11日开庭，仅就双方当事人关于工程款中争议最大的材料认质认价及人工费补差等问题进行了重点审理，并另请某司法会计鉴定所对本案双方当事人争议的材料价格、取费标准、人工费调整等事项进行鉴定。

2011年6月24日，在仲裁庭的主持下，双方当事人达成如下和解协议：

⑴双方最终确认由被申请人向申请人支付180万元。

⑵上述180万元分3个月由被申请人向申请人支付，2011年7月20日前支付80万元，2011年8月20日前支付50万元，2011年9月20日前支付50万元。

⑶被申请人若不能按期支付上述款项，则承担迟延给付部分双倍的同期人民银行贷款利息，并承担每迟延一个月给付申请人10000元的违约金。

⑷本协议自双方签字后生效，该协议生效后，双方就某中学3号教学楼及4号实验行政楼工程事项及本案申请事项（本案全部债权、利息及费用结清）再无其他争议。

【问题】

4份司法鉴定书在此案中的效力如何？

【案例解析】

本案是一起典型的建设工程施工合同纠纷，法律关系相对较清晰明确，虽然以当事人达成和解协议的方式结案看似圆满，但整个案件的处理过程却一波三折，法院、前后仲裁庭和鉴定机构共出具了1份裁定书、2份裁决书、4份司法鉴定书，而当中所涉及的一些法律问题也值得深入探讨。

（一）针对同一鉴定事项出具多份司法鉴定书的法律问题分析

1. 司法鉴定的基本价值，鉴定活动中鉴定人、仲裁庭的定位与分工

本案双方当事人产生纠纷的原因在于对涉案工程总造价无法达成共识，因而一直未能结算。即使在庭审过程中，双方也一直在工程总造价的确定问题上展开

着激烈的交锋。而当仲裁庭委托了某司法会计鉴定所对工程总造价进行鉴定之后，双方争议的焦点则逐渐集中在了司法鉴定中“工程材料价格确定”“取费标准”以及“人工费补差”这3个问题之上。为解决这些分歧，该司法会计鉴定所先后出具了3份司法鉴定书。针对相同的内容出具多份鉴定书的成因固然复杂，但其中很重要的原因在于当事人、司法会计鉴定所、仲裁庭对司法鉴定的性质、功能以及各自在司法鉴定中的作用的认识存在分歧。

随着社会分工的细化和科学技术突飞猛进的发展，裁判者在解决纠纷的过程中经常会遇到自己无法判断的专业性或专门性问题，需要借助具有专门知识的相关人士的力量进行鉴别和判断，而司法鉴定，就是那些具备科学知识或者专门技能的鉴定人，对案件中的具体问题作出专业分析、鉴别和判断，并将所得结论记载于司法鉴定书的法律活动。

对于司法鉴定的基本属性，学界目前存在不同认识。有观点认为，鉴定人与裁判者是辅助与被辅助的关系，鉴定人可以弥补裁判者的知识缺陷，并利用其所拥有的专业知识解决专门的问题，因而鉴定人出具的鉴定结论应该与裁判者对案件事实的认识具有相同的法律效果。另一种观点则认为，鉴定人所出具的鉴定意见只是诸多证据类型的一种，其证明力需要由裁判者根据证据规则进行独立判断。从我国《民事诉讼法》第六十三条以及最高人民法院《关于民事诉讼证据的若干规定》第二十七条、第二十八条的立法精神来看，在我国的民事裁判活动中，鉴定人的鉴定结论被认定为证据的一种类型。

如果我国的法律坚持第二种观点，那么司法鉴定活动就只能对案件中的专门性问题作出客观的事实性判断，而不能对有关事实作出相应的法律评价和价值判断，对鉴定事项、鉴定结论的证据能力和证明力等问题，只能由裁判者作出决断。由此可见，在司法鉴定活动中，鉴定人与裁判者具有明确的职责分工，前者仅能对案件中的专门性问题进行事实判断，后者则要对鉴定结论的证明力及其对案情的作用和价值进行判断和评价。

在本案的审理过程中，某司法会计鉴定所先后对同一鉴定事项出具了3份司法鉴定意见，而当事人却总是对鉴定结论持有异议，在裁决作出后向法院申请不予执行仲裁裁决，并在重新仲裁程序中另寻司法会计鉴定所谋求再次鉴定，与本案仲裁庭存在直接参与鉴定过程的情况不无关系。按照各自的分工设定，对涉案工程总造价进行鉴定是一种“专门性”的活动，应当是司法会计鉴定所的职责，仲裁庭由于不具备这方面的技能，所以不应该成为具体鉴定活动的参加者。但是，在鉴定过程中，仲裁庭向某司法会计鉴定所发出了一份信函，而该鉴定所则按照信函之中的精神出具了某鉴字〔2009〕012号司法鉴定意见书，确定了关于人工费的取费标准。在某函字〔2009〕006号的回复中，某司法会计鉴定所表示：关于涉案工程材料价格由仲裁庭根据本案具体情况依法裁决；关于取费项目等问题，尊重双方合同约定；关于人工费问题尊重仲裁庭合议决定。正是这样的关系，导致了当事人对于鉴定结论始终保持不信任的态度。

2. 仲裁庭在参与司法鉴定活动时的具体分工与合理边界

之所以要让具有专门知识技能的人参与纠纷处理，就在于这些鉴定人具备裁判者通常不具有的专业知识技能，并且这些知识是裁判者处理专门性问题的核心关键。但在实际的操作过程中，问题往往是复杂的，在司法鉴定和纠纷处理过程中，事实问题与法律问题总是混杂在一起，很难有清晰的边界，这就给裁判者参与司法鉴定活动的程度带来了模糊的空间和解释的余地。

换句话说，司法鉴定活动以鉴定材料为前提，能够在一定程度上揭示案件事实真相，但鉴定结论的可靠性取决于科学规律的稳定性和普适性，而鉴定材料的客观性、真实性及其与案件事实的关联性，则取决于鉴定人的专业技能以及客观中立的鉴定立场。在一般诸如DNA鉴定、笔迹鉴定等司法鉴定活动中，鉴定人所依据的科学规律相对而言具有较高的确定性，鉴定人的鉴定活动一般不会将价值判断包含在其中，只要没有其他因素的干扰，就能够确保鉴定活动的客观独立性。鉴定结论的可信度和可靠性一般较高，且在这类司法鉴定活动中完全排除裁判者的参与是必要且可行的。

但是，在会计类型的鉴定问题上，鉴定人从事鉴定活动所依据的并不是纯粹的自然科学规律，而是基本的人类社会生活准则，其中必然包含了人为构建以及价值判断的因素。相关的鉴定对象也不是以其物理特征为表现形式的客观物证，而是记录人主观态度的描述案件事实的书证。在这种情况下，裁判者欠缺的是相关的会计技能，无法准确揭示鉴定材料所包含的案件事实，但其却了解相关的会计鉴定准则及其意义；而鉴定人虽然掌握会计技能，却无法运用自身知识对鉴定材料的真实性、合法性、关联性作出判断。正因如此，裁判者合理参与此类司法鉴定活动是可能的，也是必要的。从另一个角度来看，裁判者虽然可以在鉴定人出具鉴定结论后，再对鉴定结论的证明力进行价值判断，但这种完全割裂两个司法环节的程序方式很有可能会在很高程度上损害当事人的程序利益，导致程序进程迟延，仲裁效率降低，不符合商事案件纠纷解决的价值追求。因此，从保护当事人的程序利益、提高仲裁效率的角度看，仲裁庭参与司法鉴定活动也有合理性。

当然，仲裁庭对司法鉴定活动的参与条件和参与程度绝不是任意的。虽然法律并没有绝对禁止仲裁庭参与鉴定活动，但必须以不影响鉴定人的独立判断为限。在本案中，仲裁庭参与了两项鉴定活动，一是人工费如何补差，提出“应当按照申请人实际给付施工队的工资进行计取”，二是对被申请人提交某司法会计鉴定所的材料认价单的认定。关于人工费如何补差，申请人主张应按市场价格（66.05 元 / 工日）计取，被申请人主张应该按合同约定的“99 定额”（20.31 元 / 工日）计取。实际上，对于此问题的处理，价值取向的差异会将结论引向完全不同的方向：如果要追求案件结果实质正义，就应按照申请人实际给付施工队的工资进行计取；而如果想要追求形式正义，尊重当事人的真实意思表示，实现民商事主体的平等保护，则应按照双方当事人在合同中的实际约定计取。对于此类问题进行价值判断，本就是法律授予仲裁庭的职权，仲裁庭作出的应该按申请人实际给付施工队的工资进行计取的结论，应当被尊重和维护。同时，涉案工程人工费的计取具体标准是鉴定人依法确定的，某司法会计鉴定所出具的某鉴字〔2009〕012 号司法鉴定意见书对此鉴定过程有明确的记载：“鉴定人员认为，随着我国社会经济的发展，建设主管部门根据建筑市场劳力实际价格增长，对综合人工单价亦有相应的调整。‘99 定额’中人工费单价为 20.31 元 / 工日，‘04 消耗量定额’中人工费单价为 25.73 元 / 工日，2007 年 11 月该省建设厅某建发〔2007〕232 号文件中将综合人工单价调整为 36 元 / 工日。本次鉴定中所涉工程其施工时间段为 2005 年 11 月至 2006 年 8 月，考虑到其实际发生的情况及政策的滞后性，建议可参照某建发〔2007〕232 号文件标准，对申请人在此工程中的人工费确认不宜超过 36 元 / 工日，然后在‘99 定额’人工费基础上对其人工费予以补差。”关于被申请人提交的材料认价单，仲裁庭则依证据法的相关规定，以被申请人不能提供有效证据证明该材料认价单的真实性为由，认定其不能采信，不能作为鉴定资料。基于此，本案仲裁庭对司法鉴定活动的这些参与是合理、必要且适当的。

3. 补充鉴定与重复鉴定程序的运用与认定

虽然在一般情况下，司法鉴定结论的可靠性较强，但该活动属于对案情这一客观历史事件的复现，由于鉴定人专业技能和科技手段的有限性、人的认识活动的主观性以及鉴定材料在记录、传递案件事实过程中的信息流失等因素，鉴定结论所揭示的案件事实只能无限接近真相，但无法完全等同于案件客观事实。

因此，为了努力提高鉴定结论与客观的、历史的案件事实的接近度，法律赋予了当事人对鉴定结论的异议权。2001 年最高人民法院颁布的《关于民事诉讼证据的若干规定》就对当事人的异议权和补充鉴定、重新鉴定作出了规定。该规定第二十七条：“当事人对人民法院委托的鉴定部门作出的鉴定结论有异议申请重新鉴定，提出证据证明存在下列情形之一的，人民法院应予准许：（一）鉴定机构或者鉴定人员不具备相关的鉴定资格的；（二）鉴定程序严重违法的；（三）鉴定结论明显依据不足的；（四）经过质证认定不能作为证据使用的其他情形。对有缺陷的鉴定结论，可以通过补充鉴定，重新质证或者补充质证等方法解决的，不予重新鉴定。”第二十八条规定：“一方当事人自行委托有关部门作出的鉴定结论，另一方当事人有证据足以反驳并申请重新鉴定的，人民法院应予准许。”

2001 年 11 月，最高人民法院颁布的《人民法院司法鉴定工作暂行规定》第十四条也对重新鉴定作出了规定：“有下列情形之一需要重新鉴定的，人民法院应当委托上级法院的司法鉴定机构做重新鉴定：（一）鉴定人不具备相关鉴定资格的；（二）鉴定程序不符合法律规定的；（三）鉴定结论与其他证据有矛盾的；（四）鉴定材料有虚假，或者原鉴定方法有缺陷的；（五）鉴定人应当回避没有回避，而对其鉴定结论有持不同意见的；（六）同一案件具有多个不同鉴定结论的；（七）有证据证明存在影响鉴定人准确鉴定因素的。”

本案鉴定机构所出具的 4 份司法鉴定意见书，既有补充鉴定，也有重新鉴定，这是当事人对鉴定结论积极行使异议权必然发生的结果，在审理过程中出现多个司法鉴定意见书，也在情理之中。

（二）中级人民法院的裁定的效力

本案在仲裁裁决书送达后，被申请人一直不按照裁决书的要求履行债务，因而申请人随后向相应的中级人民法院申请强制执行。对此，被申请人对强制执行提出异议。某中级人民法院向仲裁委员会发函：“某中级人民法院〔2010〕某执裁字第 49 号函某（原）仲裁委员会：申请人申请执行被申请人工程款纠纷一案，我院〔2010〕某执裁字第 49 号执行裁定书已发生法律效力，因该案涉及建筑工程款，为维护社会稳定，妥善解决双方当事人之间的纠纷，特建议贵会重新立案后尽快审理。”据此，申请人向原仲裁机构申请重新仲裁，被申请人则提出了重新仲裁管辖权异议，认为原仲裁机构对本案的重新仲裁无管辖权，并对其签收仲裁委员会文书和选择仲裁员的行为提出权利保留声明。

1. 被申请人与申请人之间是否存在现行有效的仲裁协议

被申请人提出重新仲裁管辖权异议的理由之一是：被申请人与申请人之间原仲裁协议的效力已经耗尽，双方之间并未重新达成新的仲裁协议。被申请人在重新仲裁管辖异议书中称：“双方当事人之间原仲裁协议效力已经耗尽……〔2010〕

某执裁字第49号执行裁定书裁定‘重新仲裁’的内容，仅系对双方当事人的意思表示的重述，并不当然意味着双方当事人已经达成了新的仲裁协议或某（原）仲裁委员会对本案拥有管辖权。该‘重新仲裁’的意思表示，就仲裁机构、仲裁地、仲裁规则、仲裁事项等均未涉及……”笔者认为，被申请人与申请人之间原仲裁协议的效力确实已经耗尽，但从某中级人民法院〔2010〕某执裁字第49号执行裁定书记载的内容来看，双方当事人之间已经重新达成了新的仲裁协议，某（原）仲裁委员会对本案的重新仲裁有管辖权。

依照《仲裁法》第十六条的规定，从该执行裁定书记载的内容中不难判断出当事人达成了重新仲裁的协议：原仲裁委员会的收函人指称明确了双方当事人选定的仲裁机构和仲裁规则，“建议贵会重新立案后尽快审理”字样明确了请求仲裁的意思表示和仲裁事项。因此被申请人的这一异议理由不成立。

2. 某中级人民法院执行裁定书的法律效力

被申请人提出重新仲裁管辖权异议的理由之二为：仲裁裁决的不予执行并非仲裁裁决的撤销，不具备“重新仲裁”的法定效力和法律后果；〔2010〕某执裁字第49号执行裁定书“重新仲裁”的内容，并无强行性，对双方当事人并不产生法律拘束力。笔者认为，被申请人的这一理由是对该裁定书内容的曲解。该裁定书尽管以“〔2010〕某执裁字第49号执行裁定书”冠名，但实际内容并不是执行裁定书，而是对双方当事人意思表示的记载，是发给仲裁委员会的函，这一点可以从该裁定书文本记载的收件人“某仲裁委员会”字样以及“函”字样判明。该裁定书的收件人不是双方当事人中的任何一方，确实对双方当事人并无“直接的”拘束力；对双方当事人有拘束力的是该裁定书记载的内容——双方当事人的意思表示。

3. 被申请人的权利保留声明

被申请人还在其重新仲裁管辖权异议书中对其签收仲裁委员会文书和选择仲裁员的行为提出权利保留声明。笔者认为，被申请人的权利保留声明无效，因为当事人在仲裁程序中实施的仲裁行为与在诉讼程序中进行的诉讼行为同样具有法定性，即这些仲裁行为的意义不能由当事人任意设定，而是由法律来明确界定。若诉讼行为、仲裁行为的意义可以由当事人任意设定，就会导致诉讼程序、仲裁程序根本无法组织、无法进行。签收仲裁委员会送达的文书和选择仲裁员的行为在法律上的意义之一就是：即使双方当事人之间没有仲裁协议，只要当事人实施了这些行为，仲裁委员会就取得了对该案的管辖权。

第七节　仲裁审理的方式

案例 19：H 省机械设备进出口公司与 H 省动力集团有限公司工矿产品订货合同纠纷案

【基本案情】

A 仲裁委员会根据《中华人民共和国仲裁法》《A 市仲裁委员会仲裁规则》以及申请人 H 省机械设备进出口公司（以下简称机械公司）与被申请人 H 省动力集团有限公司（以下简称动力公司）于 1995 年 3 月 31 日签订的《工矿产品订货合同》中的仲裁条款，受理了机械公司 2000 年 8 月 28 日提出的仲裁申请。A 仲裁委员会受理后，按双方选定的仲裁员组建了合议仲裁庭。

2000 年 9 月 20 日，仲裁庭依法按双方当事人一致意见公开开庭仲裁本案。申请人机械公司委托代理人余某、杨某，被申请人委托代理人余 ××、杨 ×× 到庭参加了仲裁活动。申请人陈述了自己的请求、事实和理由，被申请人进行了答辩，双方还分别进行举证、质证及辩论。首次开庭后，双方各自提供了新的证据。2000 年 10 月 18 日，在仲裁庭主持下，双方就新的证据进行了举证和质证。

申请人称：机械公司提供喷油器总成 30000 件及喷油嘴 5000 件给动力公司，总计金额 1306 万元。动力公司至今仍欠 326 万元货款没有支付。机械公司的仲裁请求是：⑴裁决被申请人支付所欠货款 326 万元及利息约 200 万元，共 526 万元；⑵裁决被申请人承担全部仲裁费用。

被申请人答辩称：动力公司与机械公司的订货合同是在极不正常的情况下签订的，在合同中约定的喷油器总成单价高于市场价格近一倍，该合同是一种以合法形式掩盖非法目的的无效合同。动力公司共支付 980 万元，与机械公司提供的货物价值相比，机械公司没有损失，不需要再付货款。机械公司申请仲裁的时间，已明显超过法律规定的时效，其请求不应得到支持。机械公司在供货时，喷油嘴件数比合同规定的供货数量少了一件，机械公司没有补齐，机械公司提出的利息损失计算方式违反国家规定。动力公司请求驳回机械公司的仲裁申请。

仲裁庭查明：机械公司按合同约定的产品标准供给动力公司喷油器总成 30000

件，喷油嘴4999件，供货时间有推后的情况，也有提前的情况，动力公司均予验货收货，未提出异议。动力公司共付款980万元。对余下欠款326万元双方签订了备忘录，动力公司曾作付款通知，但后来未按机械公司的催款通知付款。机械公司于2000年7月10日向A市中级人民法院起诉，8月28日又提起仲裁申请。

仲裁庭经审理后认为：合同有效，机械公司交货的时间、品质被申请人已验货收货，视为认可。被申请人答辩称合同所定价格过高，仲裁庭不予采信。被申请人从1996年12月6日起未付款视为违约且应支付逾期利息。双方在合同中约定的月息0.9%的延期利率在国家规定的逾期付款利率之内，可作为计息依据。备忘录不能作为双方计息的依据。被申请人提出申请人少供一件喷油嘴，价值140元，应从总款中扣除。被申请人认为申请人提出仲裁申请的时间超过了法律规定的时效，因申请人在法定时效内向法院提起了诉讼，时效已中断，本庭亦不予支持。被申请人欠申请人货款本金为326万元减去140元，即325.986万元，逾期利息计至2000年11月5日止，共47个月，总计利息137.898万元。

仲裁庭最后裁决被申请人支付本金、利息合计463.884万元。动力公司在本裁决书送达之日15日内支付，逾期未付，按照中国人民银行规定的同期贷款利息的两倍支付滞纳金。

【问题】

1. 从实体上看，被申请人是否应向申请人支付所欠货款及其利息？支付多少？
2. 从程序上讲，本案的仲裁审理方式是哪一种？是否合法？

【案例解析】

本案是一起工矿产品订货合同纠纷案，既涉及一些实体问题，又涉及许多程序问题。其中，所涉及的一个非常重要的仲裁程序问题是仲裁审理的方式问题，具体而言，就是本案仲裁庭采用何种仲裁审理方式来进行庭审。

《仲裁法》第三十九条规定了两种仲裁审理方式，即开庭审理和书面审理。紧接着，该法第四十条规定开庭审理又有两种方式，即不公开审理和公开审理。因此，要想了解本案仲裁庭到底采用上述哪一种仲裁审理方式来进行庭审，就必须以《仲裁法》第三十九条和第四十条的规定为依据。具体分析如下：

本案申请人机械公司于2000年8月28日依据合同中的仲裁条款向A仲裁委

员会提出了仲裁申请，经过审查，A仲裁委员会受理了该申请，之后又按照双方选定的仲裁员组建了合议仲裁庭。仲裁庭根据双方当事人协议公开开庭，确定本案仲裁审理的方式是开庭审理而非书面审理，且是开庭审理中的公开审理而非不公开审理。因为，本案当事人非但没有协议不开庭，反而协议公开开庭，所以本案仲裁庭确定本案仲裁审理的方式是开庭审理，符合《仲裁法》第三十九条的规定；同时，本案仲裁庭根据双方当事人的协议确定本案开庭审理的方式是公开审理又符合《仲裁法》第四十条的规定，因为虽然《仲裁法》第四十条规定，仲裁不公开进行，但是又规定当事人协议公开的，可以公开进行，但涉及国家秘密的除外。本案当事人协议公开，而当事人之间的纠纷属于一般性商事纠纷，并不涉及国家秘密，故仲裁庭确定本案公开审理当然合法。随后，仲裁庭确定开庭日期为2000年9月20日，开庭地点是仲裁委员会所在地，因为当事人并未约定开庭地点。根据《仲裁法》第四十一条的规定，本案仲裁委员会在仲裁规则规定的期限内将开庭日期通知了双方当事人，而当事人并未在仲裁规则规定的期限内请求延期开庭。而且，本案仲裁委员会按照规定发布了公告，包括当事人姓名、案由和开庭的时间、地点，以便群众旁听及新闻记者采访与报道。可见，仲裁庭开庭前准备工作就绪，只等开庭审理。等到开庭的这一天，申请人机械公司委托代理人余某、杨某，被申请人委托代理人余××、杨××到庭参加了仲裁活动，还有旁听的群众和采访与报道的新闻记者也参加了当天的庭审。在开庭开始阶段，首席仲裁员首先核对了双方到庭人员的身份、代理人的代理权限，并征求双方对对方出庭人员的身份是否有异议，接着宣布开庭，宣布案由，宣布仲裁庭组成人员和记录人员名单，并告知当事人有关的仲裁权利和义务，询问当事人是否提出回避申请，最后在双方当事人无异议的情况下，仲裁庭宣布正式开庭。在庭审调查和辩论阶段，申请人陈述了自己的请求、事实和理由，被申请人进行了答辩，双方还分别进行举证、质证及辩论。辩论结束后，双方当事人作了最后陈述。首次开庭后，双方各自提供了新的证据。2000年10月18日，在仲裁庭主持下，双方就新的证据进行了举证和质证。之后，仲裁庭经过评议，作出了如下裁决，即被申请人支付本金、利息合计463.884万元；动力公司在本裁决书送达之日15日内支付，逾期未付，按照中国人民银行规定的同期贷款利息的两倍支付滞纳金。

综上，本案仲裁庭开庭审理经过了以下几个阶段，即开庭前准备、开庭开始、庭审调查、庭审辩论、仲裁庭评议和作出裁决。显然，符合《仲裁法》规定的有关开庭审理的程序。其中，本案采用开庭审理的方式符合《仲裁法》第三十九条的规定；本案采用公开审理的方式又符合《仲裁法》第四十条的规定。因而，毫无疑问，本案仲裁庭仲裁审理的方式是合法的。

必须指出的是，尽管本案采用的是公开开庭审理的方式，但是《仲裁法》第四十条却规定不公开开庭审理是开庭审理的主要方式，即以不公开审理为原则。显然，此项规定与《民事诉讼法》《刑事诉讼法》和《行政诉讼法》的相应规定相反，即诉讼中实行的是公开审判原则，除非涉及当事人的隐私和国家机密。因为，司法审判是行使国家权力，为体现审判机关行使国家审判权力的公正性，规定公开原则是必要的，有利于接受社会的监督。而仲裁则不同于诉讼：一方面，仲裁权系当事人授予，从本质上讲，仲裁是一种私人裁判行为，没有必要把这种私人行为向社会公开；另一方面，当事人提交仲裁的合同纠纷和其他财产权益纠纷，会在一定程度上涉及当事人的商业秘密及其他经营秘密，从有利于当事人保守其商业秘密和经营秘密的角度出发，仲裁适宜于实行不公开审理制度。[1]

第八节 仲裁释明

案例20：孙××与楼××房屋买卖合同纠纷案

【基本案情】

申请人：孙××，男，汉族，1947年2月11日出生，住所地：××市××镇××阁×室。

申请人：孙×，男，汉族，1972年7月10日出生，住所地：××市××镇××阁×室。

被申请人：楼××，女，汉族，1967年5月16日出生，住所地：××市××区××苑×幢×单元×室。

申请人述称：申请人与被申请人于2006年10月23日依法签订了一份房屋预转让协议，被申请人将其位于杭州市××区×××路176号浙江××大厦1517、1519室的房屋出售给申请人，并约定待房屋所有权可以办理转让手续之日起交付余款。

[1] 黄进等著：《仲裁法学》，中国政法大学出版社2008年版，第117～118页。

该合同签订后，出于各种原因，被申请人迟迟没能办理好相应的手续，根据该约定，被申请人应该在签署本合同后365日内将办理登记权属资料报产权登记机关备案，被申请人显然未能做到。直到2010年10月8日，申请人通过其他途径确认该房屋可以办理产权过户了，为此申请人再次找到被申请人与其协商房屋转让事宜，并就余款如何支付缴纳征求被申请人意见，被申请人却拒绝按原协议履行，要求另行缴纳其他费用，为此双方无法达成一致意见。申请人请求裁决：

1．判令被申请人继续履行合同，依法办理所卖房屋的产权过户手续。

2．本案仲裁费由被申请人承担。

被申请人辩称：申请人的仲裁申请书中事实与理由部分第三行，明确“并约定待房屋所有权可以办理转让手续之日起交付余款”，这是申请人的理由，被申请人认为，合同中根本没有此约定，从申请人提交的证据房屋买卖合同来看，双方真实的约定是“余款待接到出卖人通知后再依当时银行政策采用一次性支付或按揭方式支付”，即申请人所依据的合同条款根本不存在，他拿了别的合同中的条款来提起仲裁，其事实和理由都不成立，故请仲裁庭充分注意。合同真正支付余款是要接到出卖人通知，本案中被申请人有证据证明已经向申请人发出过通知，因此本案真正的违约方是申请人，应当由其承担违约责任。对此，被申请人也提出了仲裁反请求。综上所述，本案是申请人粗心大意，误把别的合同拿来提起仲裁，因此申请人的仲裁请求缺乏依据，请求驳回。

被申请人反请求述称：被申请人与申请人于2006年10月23日依法签订了一份房屋预转让协议，约定被申请人将其位于××路的1517、1519室的房屋出售给申请人。协议对付款方式作了明确约定，其中第五条付款方式为“分期付款，签约当日再支付173000元整；余款待接到出卖人通知后再依据当时银行政策采用一次性支付或按揭方式支付”。第六条对逾期付款的约定为“买受人如未按照本合同规定的时间付款，逾期超过15日后，出卖人有权解除合同。出卖人解除合同的，买受人按累计应付额的1%向出卖人支付违约金”。合同签订后，被申请人于2010年3月3日向申请人发出通知，并于2010年3月16、17两日内3次电话通知办理后续的合同事宜，被申请人已经穷尽一切办法，可申请人却以资金紧张为由拒绝办理。现被申请人也已依约发函解除合同。

被申请人认为，申请人不依约履行合同，并恶人先告状，是极不诚信的行为，因此，特提出仲裁反请求：

1．确认2008年5月29日签订的《房屋买卖合同》解除（系当庭变更，原仲裁反申请书的第1项仲裁反请求是：确认《房屋预转让协议》解除）。

2. 裁决被反请求人支付违约金2730元（系当庭变更，原仲裁反申请书的第2项仲裁反请求是：裁决被反请求人赔偿损失2730元）。

3. 仲裁费用由被反请求人承担。

申请人辩称：被申请人提到"余款待接到出卖人通知后再依当时银行政策采用一次性支付或按揭方式支付"，即便根据该条，被申请人要证明申请人到底有无接到通知，是多少天之内支付？而且是按揭支付，那么产权证没有办好如何按揭？本案事实清楚，被申请人必须有所有权，有了所有权才可以办理，被申请人没有要求支付房款，反而要求解除合同，显然已经违约。被申请人的反请求没有事实和法律依据，请求仲裁庭驳回。

申请人为证明其仲裁请求，向仲裁庭提交以下证据：

1. 房屋预转让协议，拟证明房屋于2006年已经预转让，之所以预转让，是因为当时被申请人没有产权，也证明本案房屋买卖的缘由。

2. 房屋买卖合同，拟证明申请人与被申请人房屋买卖合同关系。

3. 收据，拟证明申请人已经按照约定支付房款273000元。

对申请人提交的以上证据，被申请人的质证意见如下：

对证据1的真实性、合法性、关联性无异议，但对待证事实有异议。对证据2、3的"三性"无异议。

根据上述举证和质证意见，被申请人对证据1的待证事实有异议，仲裁庭对证据作如下认定：证据1的《房屋预转让协议》已被2008年5月29日双方签订的《房屋买卖合同》所取代，能证明涉案房屋的来源，仲裁庭予以确认。被申请人对证据2、3的"三性"无异议，仲裁庭予以确认。

被申请人为反驳本请求和证明其反请求，一并向仲裁庭提交以下证据：

1. ××市房产管理局信访回复。

2. ××市建设委员会信访受理告知单及答复。

3. ××市人民政府、中共××市委信访局抄告单及附件。

4. ××市天园经济发展有限公司函件。

证据1～4，拟证明讼争房产于2009年12月14日获得批准可以办理房产登记手续，及房产登记手续办理的条件。

5. 催告函。

6. 快递单。

7. 签到表。

8. 录音（光盘）。

9. 录音（文字材料）。

证据5～9拟证明被申请人接到杭州××有限公司的办理房产登记手续的函件后通知申请人按相关政府的审批文件要求办理房产登记手续并支付合同约定的余款，但申请人未办理。

10. 公证书及公证清单，拟证明讼争房产已按政府相关文件要求公证确认业主身份及测绘面积。

11. 房产证，拟证明讼争房产已按政府相关文件办理所有权证。

12. 房产交易资金监管协议，拟证明被申请人曾经要求申请人办理房产登记手续。

13. 房屋买卖合同，拟证明申请人和被申请人之间存在合同关系。

14.〔2010〕杭江民初字第××××号判决书，拟证明申请人近亲属相同情况法院的判决。

15. 解除函。

16. 快递单。

证据15～16拟证明申请人已依法收到解除通知。

申请人对被申请人提交的上述证据质证如下：

证据1～12，真实性、合法性无异议，但与本案无关。另补充：证据5催告函，没有证据证明两申请人收到该函，从内容来讲也没有通知申请人交余款，而是签订联建合同。证据6，没有申请人的签字，没有收到过。证据7，没有两申请人的签字。证据8～9，不是两申请人的。证据10～12，与本案无关。证据13，真实性、合法性有异议，应该以申请人提交的房屋买卖合同为准，因为这份合同有涂改。

证据14，"三性"无异议，也可以说明双方之间合同是有效的。

证据15～16，解除函，认可孙××收到，但孙××没有收到过，也没有要求交房款。解除合同是在申请人提起仲裁几个月之后的，也没有要求支付房款。而且该函没有任何意义，是否解除应当由仲裁机构或人民法院判定。

根据上述举证和质证意见，仲裁庭对证据作如下认定：证据1～3能证明涉案房屋的来源和性质，以及有关产权证办理的政策等事实，本庭予以确认。

证据4～5，从内容看，证据4是杭州××有限公司于2010年2月27日给杭州××房地产咨询服务有限公司暨楼××等业主的函，希望业主委托的中介机构杭州××房地产咨询服务有限公司暨楼××，尽快敦促2008年9月前与贵单位及个人签订合约但尚未办理面积分割及业主身份确认等公证手续的各户，在3月15日前完成面积分割及业主身份确认等公证手续的办理，并重新签订联建合同，逾期本公司视作对方自动放弃产权分割登记及业主身份确认，并停止办理该公证手续。证据5是杭州××房地产咨询服务有限公司、楼××，于2010年3月3日给本案申请人的函，将上述相似的内容告知本案申请人。仲裁庭认为：证据4虽然能说明涉案房源具备办理面积分割及业主身份确认等公证手续的条件，但与本案没有直接关系，本庭不予确认；证据5，虽然没有证据证明申请人收到证据5的事实，但与本案有关，本庭予以确认。

证据6是3份快递单，申请人认为没有申请人的签字，没有收到过。仲裁庭认为：2009年10月16日的快递单与本案无关，号码为571359783934和1315275704的快递单没有申请人的签名，故证据6本庭不予确认。仲裁庭认为：证据7～9虽然没有两申请人的签名，不是两申请人接听电话，但双方当事人对《房屋买卖合同》上林××代表共同买受人孙×的签名和摁手印的效力是确认的，这就确认了林××是共同买受人孙×的代理人。故本庭予以确认。

证据10～12，申请人认为与本案无关。仲裁庭认为：由于双方当事人已确认了涉案的1517、1519号房就是变更后的1507号房，证据10、11能证明被申请人办理了涉案房屋测绘面积、业主身份确认公证、产权分割及房屋现登记在被申请人名下的事实，本庭予以确认；证据12与本案无关，本庭不予确认。

证据13由于与申请人提供的《房屋买卖合同》有区别，在第五条第2项中有涂改，仲裁庭对涂改部分不予确认。

证据14，与本案无可比性。证据14即〔2010〕杭江民初字第××号《民事判决书》；解决的是《房屋预转让协议》争议，而该案要解决的是《房屋买卖合同》争议，两案的争议指向不同，故本庭不予确认。

证据15～16，申请方认可共同买受人孙××收到，但孙×没有收到，也没有要求交房款。解除合同是在申请人提起仲裁几个月之后，也没有要求支付房款，而且该函没有任何意义，是否解除应当由仲裁机构或人民法院判定。仲裁庭认为：孙××与孙×是共同买受人，申请人孙××也确认收到该《解除合同的通知》，故对该两份证据予以确认。

另查明，林××与孙××系夫妻关系，林××与孙×是母子关系。在双方签订房屋买卖合同时，林××代表儿子孙×与另一买受人孙××一起在合同上签名并摁了指印，这一事实在庭审中得到了双方当事人的确认。这就确认了林××是共同买受人孙×的代理人。

根据上述当事人的陈述与答辩，以及经过质证的有效证据，仲裁庭查明以下事实：

2006年9月8日本案申请人之一的孙×与杭州××房地产咨询服务有限公司及代理人楼××，在××北路浙江××大厦15楼，就本案争议的房屋买卖事项，签订了《房屋预转让协议》。2008年5月29日，由楼××与孙××、孙×(由林××代理)，就《房屋预转让协议》中确定的1517、1519号房买卖事项，改签了《房屋买卖合同》。合同签订后买受人于2008年5月29日向楼××支付房款现金173000元（收据号033658），之后向杭州××房地产咨询服务有限公司支付款项100000元（工商服务业统一收款收据号0039731），共计273000元。

但因浙江××大厦属于非商品房项目，需要由权利人整体按幢领取房屋所有权证，不能进行分割办理，致使浙江××大厦业主不能办理房屋“三证”。后经××市市长批示、多家政府职能部门协调，于2009年12月14日形成了办理房屋“三证”的政策。2010年2月27日，杭州××有限公司给杭州××房地产咨询服务有限公司暨楼××等业主发函，希望业主委托的中介机构杭州××房地产咨询服务有限公司暨楼××，尽快敦促2008年9月前与贵单位及个人签订合约但尚未办理面积分割及业主身份确认等公证手续的各户，在3月15日前完成面积分割及业主身份确认等公证手续的办理，并重新签订联建合同，逾期本公司视作对方自动放弃产权分割登记及业主身份确认，并停止办理该公证手续。杭州××房地产咨询服务有限公司、楼××，于2010年3月3日给本案申请人发函，将上述相似的内容告知本案申请人，但申请人没有收到。2010年3月16、17日，被申请人楼××委托其员工徐××先后3次给孙×家打电话，均由林××接听，要求他们前去办理公证、确认业主身份、交付房款等。由于申请人筹款困难，没有在规定的时间内前去办理前述事项。2010年9月9日被申请人办理了1517、1519号房的产权登记，原房号变更为1507室。

仲裁庭的裁决：

仲裁庭认为，就本案而言，申请人与被申请人之间存在合法有效的房屋买卖合同关系，根据上述查明的事实和认定的相关证据，仲裁庭作出以下的认定：

（一）房屋买卖合同中共同买受人的确定

在双方签订房屋买卖合同时，林××代表儿子孙×与另一买受人孙××一起在合同上签名并摁了指印，这一事实在庭审中得到了双方当事人的确认，这就确认了林××是共同买受人孙×的代理人。

（二）被申请人解除房屋买卖合同的通知合法有效

被申请人（反申请的反请求人）于2010年3月16、17日3次给林××的电话录音记录，在庭审中申请人虽然认为内容有删减，但予以确认。能证明被申请人向申请人（反申请的被反请求人）主张过要求付款及办理公证、确认业主身份等，已尽到了通知付款的义务。

（三）房屋买卖合同纠纷中具体责任的分担

1. 关于被申请人要求申请人支付违约金的仲裁反请求，本庭认为，双方的房屋买卖合同第六条买受人逾期付款的违约责任第一项明确约定“买受人如未按本合同规定的时间付款，逾期超过十五日后，出卖人有权解除合同。出卖人解除合同的，买受人按累计应付款的1%向出卖人支付违约金”，本案申请人未按规定付款的行为已经构成违约，故对被申请人的该项仲裁反请求予以支持。

2. 鉴于本案申请人的仲裁请求未得到支持，其已经支付给被申请人的款项，因不属于本案审理的范围，申请人也未提出相应的仲裁请求，其可另行主张权利。

据此，根据《合同法》第九十三条、第九十六条、第一百一十四条，《仲裁法》第五十一条第一款、第五十七条的规定，裁决如下：

⑴驳回申请人孙 ×× 和孙 × 的仲裁请求。确认申请人孙 ×× 和孙 × 与被申请人楼 ×× 签订的《房屋买卖合同》解除。申请人孙 ×× 和孙 × 于本裁决送达之日起十日内向被申请人楼 ×× 支付违约金 2730 元。

⑵本案本请求仲裁费 19371 元（申请人已预交），本案反请求仲裁费 19408 元（被申请人已预交），由申请人和被申请人各自承担。

⑶本裁决为终局裁决，自作出之日起发生法律效力。

【问题】

1. 房屋买卖合同为何不能继续履行？
2. 被申请人解除房屋买卖合同的通知是否有效？
3. 该房屋买卖合同纠纷中具体责任应当如何分担？

【案例解析】

本案是一起因房屋买卖而引起的合同纠纷，在日常民事交易活动交往中比较常见。本案案情虽然比较简单，但由该案反映出的一些问题却值得分析和总结。

（一）本案关于房屋买卖合同解除的认定准确

本案双方当事人在《房屋买卖合同》第六条中明确约定：“买受人如未按本合

同规定的时间付款，逾期超过十五日后，出卖人有权解除合同。出卖人解除合同的，买受人按累计应付款的 1% 向出卖人支付违约金。”也就是说，当事人已经约定了出卖人一方解除合同的条件。根据《合同法》第九十三条第二款的规定：“当事人可以约定一方解除合同的条件。解除合同的条件成就时，解除权人可以解除合同。”此房屋买卖合同赋予了出卖人（被申请人）享有单方解除权。行使解除权的程序必须以当事人享有解除权为前提。由于解除权的性质为形成权，故这种单方解除权不必经过对方当事人同意，只要解除权人将解除合同的意思表示直接通知对方，或经过人民法院或仲裁机构向对方主张，即可发生合同解除的效果。即《合同法》第九十六条的规定：“当事人一方依照本法第九十三条第二款、第九十四条的规定主张解除合同的，应当通知对方。合同自通知到达对方时解除。对方有异议的，可以请求人民法院或者仲裁机构确认解除合同的效力。”可见，解除权人解除合同的关键在于通知义务的完成。

而本案争议点之一在于申请人是否按照规定时间付款，被申请人是否履行了解除合同的通知义务。本案中，由于申请人筹款困难，没有在规定的时间内前去办理前述事项。2010 年 3 月 16、17 日，被申请人楼 ×× 委托其员工徐 ×× 先后 3 次给孙 × 家打电话，均由林 ×× 接听，被申请人向申请人主张过要求付款及办理公证、确认业主身份等，已尽到了通知付款的义务。所以，被申请人可以依据《房屋买卖合同》的相关规定行使单方解除权。仲裁庭依据《合同法》第九十三条、第九十六条确认申请人孙 ×× 和孙 × 与被申请人楼 ×× 签订的《房屋买卖合同》解除是合理的，但是应当具体列明适用《合同法》第九十六条第二款更为妥当。

（二）关于双方当事人仲裁费用的承担份额

本案对双方当事人仲裁费用的承担份额，以“由申请人和被申请人各自承担”表述，十分简赅。一般情况下，仲裁庭在仲裁裁决中或在案件结案时，对仲裁费用的最后承担作出的决定大致包括以下情况：

⑴仲裁费用原则上由败诉方承担。同时，亦考虑到仲裁庭对当事人仲裁请求的满足程度、责任划分及其他因素，由双方当事人按比例分摊仲裁费用。

⑵如果当事人在仲裁庭调解过程中当庭或庭外达成和解时，仲裁费用将由双方当事人按其达成的和解协议分担。若当事人在和解协议中，未对仲裁费用作出约定，仲裁庭将按当事人各承担 50% 的比例进行裁定。

⑶仲裁庭还可以对预付仲裁费的一方当事人裁定由另一方当事人对其垫付费

用进行部分或全部补偿。

所以，在有反请求的情况下，本案以“申请人和被申请人各自承担”表述很简明。但问题是，既然仲裁庭支持了被申请人（即反请求人）的违约金主张，事实上还支持了被申请人（即反请求人）请求解除《房屋买卖合同》的主张，而把划分双方责任的反请求仲裁费 19408 元却要被申请人自己承担，不够精细，或者说是欠妥的。失之于简单，难以令人信服。

（三）不足

毋庸讳言，本案还有一个显著的不足，即裁决书在裁决理由中对申请人要求继续履行合同，请求依法办理所卖房屋的产权过户手续这一主张，为何不能得到仲裁庭的支持，没有阐述，仅在仲裁庭查明的案件事实中作了比较模糊的表述，即权利人整体按幢领取房屋所有权证，不能进行分割办理，因此无法过户。但是，笔者认为，仲裁庭查明的事实表述不能代替裁决书中的裁决理由，在没有相应裁决理由的情况下，即在裁决第一项中径行予以驳回，缺乏前后呼应，缺乏合乎情理与逻辑的照应，很难令人满意。更何况，本案裁决的理由部分，阐述也比较零散，不具有比较严谨的逻辑关联与推进，也是不容忽视的重要问题，应该引起仲裁员的注意和改进。

本案中，申请人的仲裁请求只有一项，即上述的继续履行合同，依法办理所卖房屋的产权过户手续。也就是说，申请人没有请求被申请人返还自己已付的 273000 元购房款，对此，仲裁庭小心翼翼地表述为“其已经支付给被申请人的款项，因不属于本案审理的范围，申请人也未提出相应的仲裁请求，其可另行主张权利”。应当说，在一般情形下，这样的裁决是无可厚非的，甚至是小心谨慎的，因为一旦超裁，会面临因一方当事人申请法院撤销仲裁裁决的现实危险。但是，为何允许反请求人（即被申请人）当庭变更二项反请求事项，而仲裁庭在明知申请人的唯一仲裁请求得不到支持的情形下，不予释明而容许申请人变更仲裁申请，申请被申请人将自己已付的 273000 元购房款全额返还，却要申请人另行主张权利。这不仅增加了申请人的讼累，还使被申请人在支出了 19371 元仲裁费并承担了给被申请人的违约金 2730 元后，无功而返，怎不令申请人由此对仲裁这一解决纠纷的方式失望？事实上，仲裁庭基于仲裁经济、便捷、公正的仲裁特质，完全可以通过释明或者提醒，在申请人变更仲裁请求的情形下一次性地、彻底地解决纠纷，拿回自己的 273000 元购房款，而不必另行提起诉讼。

可以预料，申请人经此一役，不会再和被申请人达成仲裁协议来解决这一未解决彻底的纠纷，也很难再次达成仲裁协议，那么，申请人还得再搭上人财物和时间进行一场民事诉讼，才能拿回属于自己的购房款。将心比心，于心何忍？因此，仲裁员勤勉审慎地履行职责，题中应有之意还包含了为当事人着想和彻底解决纠纷的胸怀。

唯有仲裁员倾心热爱仲裁，才能在仲裁中怀有一颗悲天悯人的博大爱心，润物无声，在仲裁的职业操守中，为仲裁点点滴滴的进步与发展，起到自己应有的作用。

第九节　多个程序问题

案例 21：黄 ×× 与杭州市 ×× 区 ×× 街道 ×× 社区居民委员会土地租赁合同纠纷案

【基本案情】

申请人：黄 ××，男，汉族，1967 年 7 月 9 日出生，×× 区 ×× 苗圃的业主，住所地：×× 市 ×× 区 ×× 街 × 号。

被申请人：杭州市 ×× 区 B 村街道 B 村花园社区居民委员会，住所地：杭州市 ×× 区 B 村街道 B 村。

申请人述称：申请人于 2001 年 1 月与被申请人杭州市 × 区 B 村街道 B 村花园社区居民委员会签订土地承包合同，承包了 50 亩集体土地用于苗木的生产，承包期限为 10 年及延续期 10 年。2010 年 ×× 牌楼 A 地块遇国家征收项目，相关部门以征收及带征的方式对申请人所承包的全部土地、房屋、生产设施予以征收。根据当事人的约定，在土地承包期限发生土地征收的，被申请人须支付给申请人每亩 20000 元的投资补偿款。但被申请人仅支付了 13. 31 亩的投资补偿，对余下的 31. 263 亩土地一直拖延补偿。

为此，申请人提出仲裁请求如下：

1. 裁决被申请人支付31.263亩土地的投资补偿费用625260元（计算方式：每亩20000元）。

2. 本案仲裁费用由被申请人承担。

被申请人辩称：

1. 该地块尚未征用，不存在投资补偿的问题。

2. 双方已经签订终止协议，申请人已实际领取相关款项，依据租赁合同和终止协议，双方已无争议，被申请人已经补偿申请人150余万元带征土地款项和80余万元苗木搬迁费，申请人应该迁移苗木，但申请人未实际迁移。

3. 被申请人准备发函致××区工商分局，根据终止协议，申请人主体应该不存在，营业执照也应当注销。

4. 根据终止协议和租赁合同，被申请人保留要求申请人对土地复耕的权利。

5. 租赁地块的合伙人共有三人，本案应当追加申请人。

6. 被申请人杭州××区B村街道C村社区居民委员会主体不适格。

申请人为证明其主张，向仲裁庭提交了如下证据：

1. 租赁合同、终止租赁土地协议书、杭州市征地补偿标准争议协调意见，拟证明申请人与被申请人之间存在土地承包关系。双方约定如果承包地在承包期间被征收，被申请人每亩地补偿申请人投资款20000元；被申请人仅补偿了13.31亩承包地的投资款。

2. 征用集体土地房屋拆迁补偿安置协议书（企业单位）（2份），拟证明44.573亩土地已经全部被征收的事实，两块土地分别涉及苗木移除和土地征用。

3. 律师函及邮寄凭证，拟证明申请人多次向被申请人催要投资补偿款，但被申请人一直未予答复的事实。

4. 杭州市××区人民法院民事判决书、浙江省杭州市中级人民法院《民事判决书》，拟证明C村苗圃所涉及的土地已经被全部征用这一事实已经得到法院认定的事实。

对申请人提交的以上证据，被申请人的质证意见如下：对证据1，因《租赁合同》为复印件，对真实性有异议，对证明对象有异议。对《终止租赁土地协议书》真实性无异议，其中第三条对带征土地有地类差别的，对增值部分另行协商补偿。对《协调意见》“三性”无异议。对证据2的真实性无异议。对证据3的“三性”有异议，被申请人没有收到过。对证据4认定的事实有异议，C村苗圃所涉土地并未全部被征用，判决书中认定此事实仅依据双方协议及双方对土地是否被征用的自由认识来认定，违背客观事实。中级人民法院的判决表述不准确，对真实性、关联性和认定事实均有异议。

被申请人为支持其抗辩理由，向仲裁庭提交了如下证据：

1. 个体工商户登记情况、申请报告及协议书。个体工商户登记情况拟证明申请人于 2010 年 6 月 7 日已经经营到期，其个体工商户资质不存在。2001 年 5 月 8 日申请报告拟证明黄 ×× 的签字与本案仲裁申请书黄 ×× 的签字不同。工商局存档的协议书拟证明双方没有约定杭州市仲裁委员会管辖。

2. 杭政函〔2002〕148 号《关于杭州市市区征地综合补偿标准的批复》和杭政函〔2009〕59 号《关于杭州市人民政府关于调整杭州市区征地补偿标准的通知》，拟证明 2009 年征地不存在补偿标准的间题，没有土地类别差价的问题。

3. 土地图纸（2 张）和照片（3 张），拟证明本案仲裁申请书中确认的地块并未被征用。

4. 周 ×× 身份证复印件、C 村苗圃股东股金缴纳证明、C 村苗圃股东证明书（2 份），〔2012〕杭西商初字第 977 号、〔2012〕商初字第 1796 号案件的民事起诉书、民事裁定书、传票和 C 村苗圃歇业协议，拟证明本案诉讼主体应当为黄 ××、金 ××、周 ×× 三人。

5. ×× 牌楼 A 地块土地图纸，拟证明经杭州市国土资源局 ×× 分局 2012 年 3 月 18 日出具，经确认 C 村苗圃所涉土地并未全部征用的事实。

被申请人提供的上述证据，申请人质证如下：

对证据 1，个体工商户登记情况和申请报告的真实性无异议，关联性有异议，对于黄 ×× 的签字的真实性问题，并不能证明本案是否是黄 ×× 提出仲裁申请的证明目的。对于被申请人所称的苗圃已经不存在的问题，与本案无关。个体工商户的权利由其个人承担，工商登记显示并未注销吊销，因此该材料不能证明被申请人的证明目的。对于协议书的真实性无异议，已经被 2001 年 6 月 18 日的协议书进行了更改，应以更改后的协议书为准。该协议书是被申请人庭审后提交的，已经超过举证期限，不能作为证据提交。对证据 2 的真实性无异议，对关联性有异议。每亩 20000 元的补偿款项性质是投资补偿，并非地类差价，因此与本案无关。对证据 3，对土地图纸的“三性”均有异议，被申请人没有提供原件，图纸的内容上也看不出案涉土地的具体位置地块，相反从第一张大图纸看，红线外的区域已经带征，只是尚未列入实际工程而已。对于照片，因当庭提交，超过举证期限，申请人对证据效力有异议，且该证据不能证明拍摄地点是否系案涉土地，且土地被征用后，国家补偿与本案无关，并非申请人的可控范围。对证据 4，对周 ×× 的身份证复印件、C 村苗圃股东股金缴纳证明、C 村苗圃股东证明书（2 份）均系复印件，申请人对其真实性有异议；个体工商户并非公司，没有股东一说，即便这些材料在，只能证明周 ×× 与黄 ×× 有内部股份分配的约定，不能证明周 ×× 有权提出仲裁主张。〔2012〕杭西商初字第 977 号民事起诉书和民事裁定书，对其真实性无异议，关联性有异议。黄 ×× 与周 ×× 存在经济纠纷，但他们的纠纷与本案中周 ×× 能否以申请人的身份加入本案是两回事，该案涉及的是苗木转让费用的问题。对〔2012〕杭西商初字第 1796 号民事起诉书，对真实性无异议，对合法性有异议，该材料系当庭提交，过了举证期限，没有证明效力；对其关联性有异议，也是针对苗木转让费用提出。相反该案件中提出的协议中明确苗木被国家全部征用，可以证明案涉苗圃被国家全部征用。协议的内容仅对苗圃费用进行了分配，与本案无关；对证据 5 的“三性”不予认可。这份证据材料是先盖章后写字的，正常程序应该是先写字，后盖章，无法证明是国土局写。在本案中，申请人已经确认土地分两块，一块正常手续征用，一部分是按照带征手续征用的。

仲裁庭经审理，对双方提交的证据，认定如下：

对申请人提交的证据 1，被申请人仅对租赁合同的真实性提出异议，其他证据的“三性”无异议，而租赁合同已被生效的法律文书确认，予以认定。对证据 2，双方均无异议，予以认定。对证据 3，被申请人虽提出异议，但该证据显示被申请人签发，予以认定。对证据 4，对真实性予以认定，其证明效力将结合其他证据综合确认。

对被申请人提交的证据 1，认定其“三性”，但不认可其证明对象。证据 2 ～ 5，认定其真实性，但不认可其证明对象。

另外，申请人、被申请人在举证期限内均向仲裁庭提交了调查取证申请。申请人请求仲裁庭向杭州市 ×× 区 ×× 街道确认“杭州市 ×× 区 B 村苗圃的全部土地面积中除了 13. 31 亩进行征用外，剩余 31. 2630 亩土地进行了带征的事实”。仲裁庭认为这一证据材料可以通过合法途径获取，是当事人的举证义务。如果确因相关部门拒绝当事人合法取证，且该证据与本案有关联性，仲裁庭可依仲裁规则调查取证。但本案当事人已经向行政机关进行了行政复议，故仲裁庭不接受其申请进行调查取证。被申请人请求仲裁庭向杭州市国土资源局 ×× 分局调查“×× 牌楼 A 地块 ×× 村苗圃所涉土地是否全部征用的相关详细土地图纸和材料文件”，拟证明 ×× 牌楼 A 地块 C 村苗圃所涉土地并未全部征用的事实。仲裁庭认为该请求与本案没有关联性，不予调取证据。

根据上述当事人的陈述与答辩，以及经过质证的有效证据，仲裁庭查明以下事实：

2001年1月，申请人向被申请人（原杭州市××区××街道C村社区居民委员会）承包了50亩集体土地用于苗木的生产，承包期限为10年及延续期10年。2010年，××牌楼A地块遇国家项目征收，相关部门对申请人租赁的相关土地、房屋、生产设施进行了征收。C村社区居民委员会按每亩20000元支付了13.31亩投资补偿款给申请人，余下的31.263亩土地投资补偿问题则发生了争议。

仲裁庭的裁决：

（一）程序上的争点

1. 被申请人主体是否适格问题。申请人申请仲裁时，以杭州市××区B村街道C村社区居民委员会为本案被申请人。经调查确认，杭州市××区B村街道C村社区居民委员会所辖C村社区已并入B村花园社区，杭州市××区B村街道C村社区居民委员会已被政府职能部门撤销，以杭州市××区B村街道C村社区居民委员会为被申请人，属主体不合格。经释明，申请人将被申请人变更为杭州市××区B村街道B村花园社区居民委员会。仲裁庭同意申请人对被申请人进行主体变更。

2. 管辖权问题。被申请人以仲裁依据的《租赁合同》没有原件，2010年2月10日签订的《终止租赁土地协议书》没有约定仲裁条款为由，对杭州市仲裁委员会管辖提出异议。仲裁庭认为，依据当事人提交的〔2006〕杭仲字第336号《调解书》可以确定，当时杭州市××区B村街道C村居民委员会向杭州市仲裁委员会提出仲裁申请，要求本案申请人支付租金的请求，依据的合同为本案涉及的《租赁合同》，对该协议的真实性当时双方均无异议，已被仲裁庭确认。2010年2月10日，双方虽签订了《终止租赁土地协议书》，但本案争议的内容仍为《租赁合同》约定的内容，杭州仲裁委员会对本案有当然的管辖权。

3. 是否追加被申请人的问题。被申请人以杭州C村股份经济合作社是本案涉及经济权利义务的实际享有者和承担者为由，提出追加杭州C村股份经济合作社为本案被申请人。仲裁庭认为：双方的意思表示是仲裁受理的法律基础，仲裁庭无权追加无合同依据的案外人杭州C村股份经济合作社为本案当事人。追加被申请人的前提是杭州C村股份经济合作社主动申请参与此案，并经申请人同意。被申请人提及的“经济权利、义务的实际享有和承担者”理由，可以通过其他途径解决，也不妨碍在法院执行过程中获得救济。故本案不宜追加杭州C村股份经济合作社为被申请人。

4. 是否追加申请人间题。被申请人以租赁地块的合伙人有三人为由，提出本案应当追加其他两个合伙人为共同申请人。仲裁庭认为，本案合同当事人一方为杭州市××区C村苗圃，××区工商局××工商所“个体工商户登记情况”显示经营者为本案申请人黄××一人，并无其他共同经营人员，故本案不宜擅自追加其他申请人。

（二）实体上的争点

1. 仲裁庭认为，申请人虽以“土地承包经营权纠纷”为案由向仲裁委申请立案，但争议的《租赁合同》内容均以土地租赁的方式进行了约定。同时2007年6月仲裁委作出的调解书及2010年2月10日双方签订的《终止租赁土地协议书》，均明确争议法律关系的基础为土地租赁法律关系而非土地承包经营法律关系。因此，仲裁认为该案以“土地租赁合同纠纷”作为本案案由较妥。双方当事人于2001年6月18日签订的《租赁合同》是合同双方的真实意思表示，为有效的合同。

2. 对另外两个争议焦点，仲裁庭认为：申请人无法提供双方达成31.263亩发生征用的投资补偿协议证据，也不能举证证明其提出的31.263亩土地投资补偿费为625260元的合法证据，故对其仲裁申请不予支持。

根据《中华人民共和国合同法》第八条、第六十条第一款和《中华人民共和国仲裁法》第五十一条第一款、第五十七条的规定，裁决如下：

⑴驳回申请人的全部仲裁请求；

⑵本案仲裁费人民币20441元（申请人已预交），由申请人承担；

⑶本裁决为终局裁决，自作出之日起发生法律效力。

【问题】

1. 被申请人主体是否适格？
2. 杭州市仲裁委员会是否有权管辖？
3. 是否追加被申请人？
4. 是否追加申请人？

【案例解析】

本案是因土地征收导致土地租赁合同提前终止而就投资补偿问题发生的纠纷，既涉及程序问题又涉及实体问题，尤其是其中的程序问题涉及仲裁的性质，值得分析探讨。

（一）是土地承包经营合同还是土地租赁合同

《仲裁法》第七十七条规定，农业集体经济组织内部的农业承包合同纠纷的仲裁另行规定。因此农业承包合同纠纷不属《仲裁法》规定的受案范围。

农业承包合同是指实行农业联产承包责任制当中，农业生产合作社等农业集体经济组织与其成员为了发包、承包农民集体所有的土地等生产资料及依法确定给农民集体长期使用的国有资源，明确相互间权利义务关系而订立的协议。农业承包合同在签订、履行、变更、解除、承担违约责任等方面与一般的合同有许多不同，不仅具有经济方面的内容，同时带有经济组织内部的行政隶属关系，因此不能用解决一般合同纠纷的仲裁方式来解决。所以我国《仲裁法》明确将之排除在受案范围之外。在我国，农业承包合同纠纷的仲裁由设区的市或其市辖区、县或不设区的市的人民政府指导设立的农村土地承包仲裁委员会负责。农业承包合同仲裁不以签订仲裁协议为要件，也不实行一裁终局制度，在诸多方面都与《仲裁法》的规定有很大差别。显然，本案是“土地租赁合同”还是“农业承包合同”关系到杭州市仲裁委员会是否对该纠纷享有管辖权，是否有权作出仲裁裁决的问题。

在本案中，申请人以“土地承包经营权纠纷”为案由向杭州市仲裁委提出仲裁申请。审查仲裁申请并决定是否立案由仲裁委员会的受理处负责。受理处对仲裁申请主要进行形式上的审查，即审查有无仲裁协议、有无具体的仲裁请求和事实理由、当事人是否适格、是否属于仲裁委员会的受案范围、是否缴纳仲裁费用等，然后决定是否立案。按《仲裁法》规定，农业集体经济组织内部的农业承包经营合同纠纷不属仲裁法规定的受案范围。该案申请人虽然以“土地承包经营权纠纷”为由向杭州市仲裁委员会提出仲裁申请，但争议的合同名为“租赁合同”而非承包合同，且因该合同发生的纠纷曾经过杭州市仲裁委员会仲裁，2010 年 2 月 10 日双方签订的《终止租赁土地协议书》也确认了他们之间的关系为土地租赁法律关系，仲裁委员会受理处根据这些表面证据确定双方当事人的法律关系为土地租赁法律关系，而非土地承包经营法律关系，从而予以立案。但《仲裁法》明确排除了对农业承包合同纠纷的管辖，因此申请人与被申请人之间的法律关系究竟是什么，还需要仲裁庭进行实质性的审查。仲裁庭认为，争议的《租赁合同》内容以土地租赁的方式进行约定，而不是农业集体经济组织内部的农业承包合同的内容，从而对当事人之间的法律关系进行了实质性的确定，也确认了仲裁庭对该合同纠纷享有管辖权。

在本案中，仲裁委员会受理处根据程序证据对申请人的仲裁申请进行形式审查并决定立案，仲裁庭对该合同的性质进行实质性的确定，认定其为土地租赁合同而非土地承包合同，是妥适的。

（二）关于主体变更的问题

本案申请人向杭州仲裁委员会提出仲裁申请时，以杭州市××区B村街道C村社区居民委员会为本案申请人。但2010年××区已将B村街道C村社区居民委员会所辖C村社区并入B村花园社区，杭州市××区B村街道C村社区居民委员会已被撤销。在这种情况下，杭州市××区B村花园社区居委会是否是仲裁协议的当事人？

2006年9月8日实施的最高人民法院《关于适用〈中华人民共和国仲裁法〉若干问题的解释》第八条和第九条规定了当事人合并、分立、死亡时，仲裁协议对继受人或继承人有效，当事人订立仲裁协议时另有约定的除外；债权债务全部或者部分转让时，仲裁协议对受让人有效，但当事人另有约定、在受让债权债务时受让人明确反对或者不知有单独仲裁协议的除外。按该司法解释，原仲裁协议当事人B村街道C村社区委员会被合并到B村花园社区居民委员会，B村花园社区居民委员会作为合并后的当事人，受仲裁协议的约束。

仲裁管辖权源于当事人的授权，只有签订仲裁协议的当事人才能成为仲裁当事人。而在如此案的法人合并的场合，合并后的B村花园社区委员会并不是仲裁协议的签字人，仲裁协议何以对其有约束力？

在法人合并或分立的情况下，仲裁协议之所以对合并或分立后的当事人有效，其法理依据正是基于仲裁协议的契约属性。由于仲裁协议的契约属性，不论是合并后的新法人，还是分立后形成的多个法人能否成为原法人担当的仲裁当事人，都适用民事实体法关于合同当事人变更的规定。我国《合同法》第九十条规定："当事人订立合同后合并的，由合并后的法人或者其他组织行使合同权利，履行合同义务。当事人订立合同后分立的，除债权人和债务人另有约定外，由分立的法人或其他组织对合同的权利和义务享有连带债权，承担连带债务。"这种责任义务继受原则，也是世界各国民事实体法普遍承认的原则。当然，如果当事人在订立仲裁协议时约定，法人合并或分立后纠纷的解决不受仲裁协议的约束，也就不会发生仲裁当事人的变更，当事人只能通过其他途径解决纠纷。这样的例外规则体现了对当事人意思自治的尊重。

在本案中，仲裁委员会办事机构根据仲裁协议的形式要件，受理了申请人的仲裁申请。而仲裁庭则对仲裁当事人的实质要件进行了审查，认为杭州市 ×× 区 B 村街道 C 村社区已被合并入 B 村花园社区，以杭州市 ×× 区 B 村街道 C 村社区为被申请人属主体不适格。在申请人变更主体后，仲裁庭同意继续仲裁，这种做法是符合最高人民法院的司法解释的。

（三）是否追加第三人的问题

庭审过程中，被申请人既提出追加杭州 A 村股份经济合作社为本案被申请人的请求，又提出追加其他两个合伙人为共同申请人的请求。对被申请人的前一请求，仲裁庭认为仲裁受理的法律基础是当事人双方的合意。本案的案外人杭州 A 村股份经济合作社并非合同当事人，同时也未主动申请参与本案，也未经申请人同意，仲裁庭不宜追加其为被申请人。对被申请人的后一请求，仲裁庭认为合同当事人一方为杭州市 ×× 区 A 村苗圃，个人工商登记显示经营者为本案申请人黄 ×× 一人，故不宜擅自追加其他二人为申请人。

就杭州 A 村股份经济合作社、其他两个合伙人与本案的关系而言，应该都属无独立请求权的第三人。在民事诉讼中，为了便于查明案件事实，简化诉讼程序，维护利害关系人的合法权益，提高诉讼效率，减少诉讼成本，各国普遍规定了诉讼第三人制度。第三人参加诉讼，既可由第三人、本诉的当事人申请，也可由法院依职权追加。

在仲裁中是否也有或应当设立类如诉讼中的第三人制度？这方面的争议较大。学界的主流观点与多数国家的仲裁立法都不支持在仲裁制度中设立第三人制度。其理由主要是基于仲裁与诉讼的不同性质。这种观点认为，诉讼以国家强制力为后盾，法院行使的是国家审判权，其管辖权的取得不以当事人的同意为必要条件。而仲裁则不同，虽然学界对仲裁的性质观点不尽相同，但都承认仲裁的最大特点是尊重当事人的意思自治，仲裁协议是仲裁管辖权的基础。仲裁协议当事人提交仲裁的争议只能是他们之间的争议，第三人不是仲裁协议的当事人，不能参加仲裁程序。尽管实践中存在着对仲裁事项有独立请求权或有利害关系的第三人，但他们没有参与仲裁条款的订立，这就意味着仲裁协议当事人无意采用仲裁的方式与之解决纠纷。没有在仲裁程序启动之前就同一仲裁事项签署仲裁协议，就不具备成为仲裁当事人的前提和基础。其次，第三人参加仲裁程序，将会获知申请人或被申请人的商业情况甚至商业秘密，这与仲裁的保密性也不相合。最后，第三人介入仲裁，还会导致仲裁程序的拖延并增加当事人的费用支出，仲裁的高效性也难以体现。[1]基于这些考虑，他们认为仲裁程序不应涉及第三人。多数国家的立法也没有对仲裁第三人作出规定。

有些国家对第三人参加仲裁的程序作出有条件的规定，但仍以尊重仲裁的意思自治原则为前提。如比利时《仲裁法》规定，仲裁的一方当事人可以要求第三方参加仲裁程序，第三方也可以自动请求加入仲裁程序。仲裁庭必须一致接受第三方的加入，而且原先的当事人和加入的当事人必须签订一份仲裁协议。日本《仲裁法》也有类似规定。在这些立法例中，与案件有利害关系的第三人参加仲裁，须以与原当事人签订仲裁协议为前提条件，仍然遵循了仲裁的当事人意思自治原则，从而与民事诉讼的第三人制度有根本的差别。

但也有一些学者认为，仲裁程序应如民事诉讼一样设立第三人制度，并对其法理依据作了阐述。一种是准司法说，认为仲裁协议的效力、仲裁员的权力、仲裁裁决的承认和执行等方面的依据，均来源于国家法律，仲裁具有准司法性，因此仲裁庭可以像法庭一样，依案件情况追加第三人参加仲裁，有独立请求权与无独立请求权的第三人均可参加到仲裁活动中。[2]但有的学者认为，尽管仲裁和诉讼都是解决民商事争议的重要方式，可以设立第三人制度，但不应不加限制地允许仲裁庭追加第三人，否则会引起仲裁程序的混乱，损害仲裁的优越性，损害当事人的合法权益。为此，他们建议区分有独立请求权与无独立请求权的第三人。有独立请求权的第三人，不论其有否与仲裁当事人签订仲裁协议，仲裁庭都应当允许其参加。对无独立请求权的第三人，如果没有仲裁协议的，则不予追加。有的学者则认为，在仲裁实践中与在诉讼中一样，客观上存在着仲裁第三人的情况。虽然第三人并非仲裁协议的当事人，但其与仲裁当事人争议的法律关系存在某种牵连关系，仲裁协议可基于特定的事由而扩张到仲裁协议当事人之外的第三人。所谓特定事由，主要指不进行仲裁协议扩张就无法继续进行等情况，另外，必须由被扩张人对仲裁协议进行认可。这样做，符合仲裁经济原则、仲裁公正原则，也使仲裁程序得以继续进行。事实上，有些国家将民事诉讼第三人的概念直接套用到仲裁过程中，承认特殊情况下仲裁第三人的仲裁主体地位，其理由正是基于仲裁协议效力的扩张。对仲裁第三人持肯定态度代表性的国家是荷兰。1986 年生效的荷兰《民事诉讼法典》中，规定了实体第三人在仲裁程序中获得救济的权利。该法第 1045 条规定：⑴根据与仲裁程

[1] 张斌生主编：《仲裁法新论》（第四版），厦门大学出版社 2010 年，第 116 ～ 117 页。

[2] 谭兵主编：《中国仲裁制度的改革与完善》，人民出版社 2005 年，第 210 页。

序的结果有利害关系的第三人的书面请求，仲裁庭可以允许该第三人参加或介入程序。仲裁庭应不迟延地将一份请求发给当事人。⑵声称第三人应予赔偿的一方当事人可以将一份通知送达第三人，并不迟延地发送给仲裁庭和其他当事人。⑶如果第三人根据他与仲裁协议的当事人之间的书面协议参加仲裁，其参加、介入或者联合索赔仅可由仲裁庭在听取当事人意见后许可。⑷一旦准许参加、介入或联合索赔的请求，第三人即成为仲裁程序的一方当事人。可以看出，荷兰法律允许第三人主动请求参加或介入仲裁程序，而无须原当事人的同意，当然也可与原当事人签订仲裁协议后参加仲裁。

我国 1995 年颁布实施的《仲裁法》没有就仲裁第三人作出规定。最高人民法院在 1998 年曾经公布一个案例，表明仲裁第三人的概念当时尚未得到我国司法实践的支持。2000 年的《中国海事仲裁委员会仲裁规则》第四十五条规定则在立法上有了一定的突破："对当事人的仲裁请求或反请求，当事人以外的利害关系人如认为案件处理结果同其有法律上的利害关系，经与双方当事人达成协议，并经仲裁庭同意，可以申请作为当事人参加仲裁。"《天津仲裁委员会仲裁规则》也作了类似的规定。从这些规定可以看出，虽然它们突破了传统的仲裁管辖制度，但利害关系人要想参加诉讼，必须与原案的双方当事人达成新的仲裁协议，该"第三人"实为新仲裁协议项下的当事人，从而与诉讼第三人制度有根本性的不同。我国目前的仲裁立法与实践都未支持与诉讼第三人类似的仲裁第三人制度。

在本案中，被申请人提出了追加非仲裁协议当事人为本案被申请人或申请人的请求。从与本案的关系分析，他们都是与本案有利害关系但无独立请求权的第三方，但他们都没有如海事仲裁委员会仲裁规则所述与当事人达成协议。被申请人提出这样的请求，可能是从民事诉讼的第三人制度出发加以考虑的，而没有很好地考虑仲裁的性质及我国法律的相关规定和司法实践。而仲裁庭则认为，仲裁受理的法律基础是当事人的仲裁协议。如果要追加被申请人或申请人，需要他们主动申请参与此案，并经当事人同意。从该案可以看出，尽管我国《仲裁法》并没有规定仲裁第三人，但我国的仲裁实践事实上已有条件地接受了仲裁第三人，而按《海事仲裁委员会仲裁规则》的相关规定予以处理。只要第三人主动申请，并有原当事人双方同意（相当于签订新的仲裁协议），仲裁庭可以接纳其为当事人。如果没有第三人的主动申请与原当事人双方的同意，仲裁庭无权仅根据原当事人一方或双方的请求，或第三人的请求予以追加，或根据案情的需要主动追加。因此，我国的仲裁实践虽然有条件地接受了仲裁第三人，但仍然尊重了仲裁的意思自治原则，从而与诉讼第三人制度有根本性的差别。

（四）关于仲裁庭自行取证问题

许多国家的仲裁立法及常设仲裁机构的仲裁规则一般都将仲裁庭的主要职责限定在审查核实证据并据此作出裁决方面，仲裁庭自行取证只是属于仲裁庭的一项自由裁量权，而不是仲裁庭的义务。

我国《仲裁法》第四十三条规定："当事人应当对自己的主张提供证据。仲裁庭认为有必要收集的证据，可以自行收集。"各仲裁委员会的仲裁规则也有类似规定，如《杭州市仲裁委员会仲裁规则》第三十三条规定："仲裁庭认为有必要或根据当事人的申请，可以自行收集证据。"《仲裁法》第四十六条则规定了当事人在证据可能灭失或以后难以取得的情况下，当事人可以申请证据保全，仲裁委员会应将当事人的申请提交证据所在地的基层人民法院。

从上述规定看，仲裁庭认为有必要或根据当事人的申请自行收集证据，属自由裁量的权力，而不是法定的义务。《仲裁法》或仲裁规则并没有明确规定在哪些情况下的证据是属于仲裁庭有必要收集的。作为民间性质的机构，仲裁机构不是公权力的行使者，《仲裁法》没有赋予其像法院一样的强制性的调查取证权，当事人以外的其他主体并没有协助仲裁庭调查取证的义务，也没有规定法院在调查取证上有协助仲裁庭的义务。仲裁庭自行调查取证的能力因此受到极大的约束。只有在证据可能灭失或以后难以取得，且经当事人申请的情况下，仲裁委员会才有义务请求法院协助以保全证据。

实践中一般认为，仲裁庭在下列情况下应当主动收集证据：⑴当事人各自向仲裁庭所提供的证据相互对立，而且根据已有的证据仲裁庭又无法作出判断。⑵某些关键性的证据，当事人及其代理人确实由于客观原因不能自行收集的。例如，有些证据属于国家有关部门保存，按照规定不能交给当事人个人，所以只能由仲裁庭通过一定的途径去收集。⑶一些专门性或技术性的问题，仲裁庭需要交由当事人约定的或仲裁庭指定的鉴定部门进行鉴定。[1]

本案中，申请人、被申请人都向仲裁庭提交了调查取证申请。申请人请求仲裁庭向杭州市 ×× 区 B 村街道确认杭州市 ×× 区 C 村苗圃的全部土地面积中除了 13. 31 亩进行征用外，剩余 31. 2630 亩土地进行了带征的事实。被申请人则请求仲

---

[1] 蒋新苗等编著：《仲裁案件举证技巧》，湖南人民出版社 2006 年，第 7 页。

裁庭向杭州市国土资源局××区分局调查“××牌楼A地块C村苗圃所涉土地是否全部征用的相关详细土地图纸和材料文件”，拟证明××牌楼A地块C村苗圃所涉土地并未全部征用的事实。就申请人的请求，仲裁庭认为，申请人申请调取的证据材料可以通过合法途径获取。只有在相关部门拒绝申请人合法取证且该证据与本案有关联性的情况下，仲裁庭才有必要进行调查取证。而本案并未出现这样的情况，所以当事人对此负有举证义务。就被申请人的请求，仲裁庭认为，被申请人申请的证据与本案没有关联性，因此不予调查取证。

从本案可以看出，仲裁庭在仲裁实践中已经就自行调查取证形成了一些规则。如仲裁庭认为，如果相关部门拒绝申请人合法取得关键性的证据，仲裁庭会依据仲裁规则进行调查取证，但举证的义务首先要由当事人负担。在本案中，申请人申请调取的证据是可以自己获取的，被申请人申请调取的证据则与本案无甚关联，仲裁庭拒绝调查取证是恰当的。

第十节　仲裁和解

案例22：某棉纺织厂和某银行某市青山支行借款合同纠纷案

【基本案情】

1999年3月19日某棉纺织厂（以下简称被申请人）和某银行某市青山支行（以下简称青山支行）签订了一份《最高额抵押合同》，约定被申请人以其所有的设备，为在1991年2月20日至2004年3月20日期间向青山支行所借贷款提供最高额抵押担保。担保范围包括主债权、利息、违约金以及贷款人实现债权及抵押权的费用。被担保的最高贷款限额为人民币11570万元。该项抵押于1999年2月28日办理了抵押登记（企业动产抵押登记证证号为××押登字第××号）。

被申请人又于1999年11月16日、2002年6月21日与青山支行分别签订《最高额抵押担保借款合同》（合同号为×银青营抵借字××年第××号）和补充协议（×

农银补××第××号），以其拥有的位于青山区某建筑面积45390.90平方米的房地产，为其在1999年11月16日至2004年11月16日之间向青山支行所借贷款提供最高额抵押担保。担保范围包括主债权、利息、违约金以及贷款人实现债权及抵押权的费用。被担保的最高贷款限额为人民币5040万元，并办理他项权利登记（房地产他项权利证明书证号为×房青他字第××号）。后被申请人于2003年5月7日向青山支行借款，借款金额为4470万元人民币（借款合同号为：×农银借字××年第××号）；借款用途为：借新还旧；借款期限：2年。年利率为6.37%。合同明确约定，借款人未按合同约定期限归还借款本金的，贷款人有权对逾期贷款根据逾期天数按日利息万分之二点一计收预期利息。但被申请人未能清偿到期贷款，亦未履行抵押担保责任。

1991年12月26日、1992年6月10日、1992年11月5日、1996年8月20日、2003年6月18日和2003年7月31日，青山支行分别与被申请人签订了4份《借款合同》和2份《借款展期协议》，按照合同和协议的约定，由青山支行先后6次向被申请人分别发放借款人民币100万元、500万元、1000万元、1000万元、370万元和200万元，合计发放借款3170万元；另1992年9月19日青山支行向被申请人发放贷款1100万元，青山支行贷出款项后，被申请人于1992年10月14日归还贷款1000万元，并就余下100万元签订了一份《借款合同》。合计3270万元贷款本金及相应利息均未偿还。另外，被申请人还于1992年4月6日向青山支行借款200万元，被申请人后归还本金200万元，尚余利息38640.00元未偿还（截至2009年8月27日）。

对上述被申请人所欠贷款和利息，青山支行多次进行催收，2005年初该债权划转至该银行江城支行，2009年3月又因该行机构整合，划转至某银行股份有限公司某支行（以下简称申请人）管理。申请人于2009年4月21日向被申请人发出《债务逾期催收通知书》，该通知依法对被申请人就本案所诉债务进行了通知和催告。被申请人在该通知书上盖章确认。

上述贷款已逾期多年，被申请人一直未予偿还，申请人依据与被申请人签订的《贷款清偿仲裁协议》，于2009年8月28日向仲裁委员会提请仲裁，请求裁决：⑴被申请人向申请人清偿贷款本金7740万元整，至2009年8月27日止，结欠利息52119636.37元，以及2009年8月27日至还清之日的全部贷款利息（按月息千分之六点三计算）；⑵被申请人为上述贷款设定的抵押房产、地产及动产抵押有效，申请人对抵押物享有优先受偿权；⑶被申请人承担仲裁费用。

申请人的理由是：被申请人从20世纪80年代就与青山支行建立信贷关系，

信用最高额过亿。2000年，青山支行将其中790万元人民币贷款、692万美元贷款剥离给某公司，将其余贷款债权于2005年年初划转至某银行江城支行，2009年因该银行机构整合，划转至江城支行，贷款于2009年3月划转至申请人管理，现贷款余额人民币7840万元，因1992年5月9日所借100万元贷款已另案起诉，本次申请仲裁本金7740万元及欠息。上述贷款均以被申请人的厂房、土地及设备设定了抵押。上述贷款金额7940万元，已偿还200万元，余额为7740万元。截至2009年8月27日，共欠息52119636.37元。上述贷款均已逾期多年，被申请人至今未予偿还。为了维护国家金融资产安全，特向仲裁委提请仲裁。申请人为支持其仲裁请求，向仲裁庭提交了12组证据。

2009年8月28日，仲裁委员会受理了双方当事人之间的借款合同争议案，并向申请人送达了《受理通知书》，向被申请人送达了《仲裁通知书》《仲裁申请书》副本，向双方当事人送达了《仲裁规则》和《某仲裁委员会仲裁员名册》等材料。为简化仲裁程序，双方当事人就仲裁过程中的有关程序性事项达成《简化仲裁程序协议》，协议约定：(1)双方均同意本案的审理时限不受《仲裁规则》的限制；(2)申请人不变更或修改仲裁请求，被申请人不提出书面答辩意见和反请求；(3)双方当事人对本案证据均无异议，不需要进行质证；(4)双方一致同意本案适用普通程序，并共同选定仲裁员；(5)双方请求仲裁庭以不开庭书面形式审理本案，并制作裁决书结案。

仲裁庭依据双方当事人达成的和解协议，于2009年9月11日经合议作出了终局裁决，裁决结果如下：

(1)被申请人自本裁决书送达之日起三日内向申请人偿还借款本金人民币7740万元及利息人民币52119636.37元（截至2009年8月27日）；从2009年8月28日起至全部债务清偿之日止本金利息，按中国人民银行规定的同期同类逾期贷款利息计算。

(2)被申请人为上述贷款设定的房地产及设备抵押有效。申请人对被申请人用于抵押的位于青山区建筑面积45390.90平方米的房地产，即对应编号为×房青他字第××号房地产他项权证项下的房地产享有抵押权（房屋所有权证号：×房房自字第××、××号；土地使用权证号：青字第××号、洪自字第××号），在被申请人未履行上述第(1)项裁决时，申请人对该抵押物折价、拍卖或变卖的价款在贷款本金人民币4470万元以及该项借款主合同项下全部利息、违约金、实现债权和抵押权的费用的总额度内享有优先受偿权。

申请人对被申请人用于抵押的自有设备，即对应编号为企业动产抵押登记证

证号为 ×× 押登字第 ×× 号他项权证项下的设备享有抵押权，在被申请人未履行上述第一项裁决时，申请人对该抵押物折价、拍卖或变卖的价款在贷款本金人民币 3270 万元以及对应借款所有主合同项下全部利息、违约金、实现债权和抵押权的费用的总额度内享有优先受偿权。

⑶本案仲裁费人民币 ×× 元，由被申请人承担。

本裁决为终局裁决。

【问题】

当事人如何通过仲裁和解解决彼此之间的争议？

【案例解析】

本案是一起借款合同纠纷案。本案中，双方当事人对其之间因贷款关系而形成的债权债务的基本事实并无争议，但对于如何解决以及通过何种途径和方式解决问题双方各有不同的考虑和关切。因此，在本案中，仲裁庭审理的重点不应当在厘清证据、查明事实上，而是要摸清双方当事人的利益关切，并从中梳理出契合点，引导当事人通过和解协议提请仲裁庭确认解决双方的利益纷争。那么，当事人如何通过仲裁和解解决其彼此之间的争议呢？

（一）当事人之间存在和解的基础

当事人之间存在和解的基础通常有三种情况，即申请人放弃自己的仲裁请求；被申请人承认申请人的仲裁请求；当事人通过协商找到了一个解决纠纷的方案。可见，本案中，当事人之间存在着和解的基础，而且是当事人之间存在和解基础的第二种情况，即被申请人承认申请人的仲裁请求，因为本案中，双方当事人对其之间因贷款关系而形成的债权债务的基本事实并无争议。既然本案当事人之间存在和解的基础，那么仲裁庭审理的重点就不应当在厘清证据，查明事实上，而是要摸清双方当事人的利益关切，并从中梳理出契合点，引导当事人通过和解解决其争议。为达此目的，仲裁庭进行了更深入的调查，并了解到，申请人关切的是：⑴本案借款日久经年，本息挂账不知何日是头；⑵被申请人对借款本息是否认账，心中无底；⑶被申请人处于资产将面临处置的不确定状态；⑷被申请人那么多职工安置事涉社会稳定，其债权的主张缓不得，其债权的实现又急不得。而被申请人考虑的是：⑴借了款是事实，生了息也不否认，但目前无力归还也是客观事实；⑵职工安置是大事，怕申请人过急或过激；⑶目前当地土地价值行情尚不足以既归还银行本息，又安置职工，但随着房地产市场行情一路走高，此目的的实现并非遥不可及。仲裁庭从双方当事人的关切和考虑中找到了契合点：从被申请人来讲，其土地要卖个好价钱，需与开发商进行洽谈，而银行的债务不确定，任何谈判都不会成功；而从申请人来讲，其真正意图并非为了立即实现债权，而是要先通过确认债权取得优势地位，待时机成熟再实现其债权。找到了契合点，就找到了促成双方和解的钥匙，因此在仲裁庭的调停下，当事人双方最终达成和解协议。仲裁庭依据双方当事人达成的和解协议，于 2009 年 9 月 11 日经合议作出了终局裁决，顺利地解决了双方当事人之间的争议。

（二）在和解的时间内

当事人和解的时间是当事人申请仲裁后到仲裁庭作出裁决之前这段时间里任何一个仲裁程序阶段中。本案中，当事人和解的时间是仲裁委员会受理案件后到仲裁庭作出裁决之前这段时间里，符合《仲裁法》所要求的仲裁和解的时间条件，即《仲裁法》第四十九条规定：当事人申请仲裁后，可以自行和解。

（三）符合和解的方式

虽然《仲裁法》第四十九条规定和解的方式只有当事人自行和解，但是《仲裁法》并未禁止和解的另一种形式即仲裁庭主持或者核准的和解，而本案仲裁委员会《仲裁规则》第五十条第二款确立了仲裁和解的这种形式，所以仲裁委员会的仲裁规则的上述规定并不违反《仲裁法》。而本案仲裁和解正是仲裁庭依据《仲裁规则》第五十条第二款的规定进行的，即在仲裁庭的调解下，当事人双方最终达成和解协议，而仲裁庭依据双方当事人达成的和解协议，经合议作出了终局裁决。显然，本案的仲裁和解符合《仲裁法》和《仲裁规则》的和解方式。

（四）和解的前提是双方当事人必须达成和解协议

对此，《仲裁法》第四十九条规定：达成和解协议的，可以请求仲裁庭根和据解协议作出裁决书，也可以撤回仲裁申请。本案仲裁委员会依据《仲裁规则》第五十条更是直截了当地规定双方当事人的和解必须达成和解协议。本案中，仲裁庭正是依据双方当事人达成的和解协议，于2009年9月11日经合议作出了终局裁决，解决了双方当事人之间的争议。

（五）和解是双方当事人的自愿行为，不需要任何第三方的参与

虽然本案仲裁和解是在仲裁庭的调解下进行，但是双方当事人之间的和解协议完全是由当事人自行达成的，仲裁庭在其中并未发挥任何作用，所以本案和解是双方当事人的自愿行为，符合《仲裁法》的规定。

综上，本案仲裁庭依据双方当事人达成的和解协议，作出了终局裁决，顺利地解决了双方当事人之间的争议，完全符合《仲裁法》和《仲裁规则》的规定，其合法性当然确定无疑。

第十一节 仲裁调解

案例23：某商品混凝土有限公司与某建筑装饰工程有限公司买卖合同纠纷案

【基本案情】

2006年4月10日，某商品混凝土有限公司（以下简称申请人）与某建筑装饰工程有限公司（以下简称被申请人）签订《商品混凝土买卖合同补充协议》（双方未签订其他合同，实为正式协议），约定由申请人向被申请人承接创业街某工程项目供应商品混凝土。协议还约定，被申请人未按协议约定付款的，需按照协议价款的日万分之五承担违约责任。协议签订后，申请人开始向被申请人提供商品混凝土。截至2009年9月30日，申请人共向被申请人提供了价值1126462.50元的商品混凝土，被申请人向申请人支付了1033700.00元，尚欠混凝土款92762.50元。

为此，申请人于2009年10月15日向仲裁委提出仲裁申请，请求裁决：⑴被申请人向申请人给付创业街某工程项目所欠混凝土款92762.50元及以1126462.50元为基数，从竣工时间2006年10月23日起至给付日止，按日万分之五即564元/日计付违约金；截至2009年10月10日，为547080.00元，两者合计639842.50元。⑵本案仲裁费用由被申请人承担。

2010年3月6日，在仲裁庭的主持下，双方当事人本着互谅互让的原则，就本案买卖合同争议达成了如下调解协议：

⑴被申请人向申请人支付混凝土款等费用人民币111020元。

⑵本案仲裁费用人民币××元，由被申请人承担；由于申请人已预交全部仲裁费，故被申请人应将其承担的仲裁费连同上述第⑴项款项共计人民币××元于本调解书送达次日起10日内一并支付给申请人。

⑶申请人放弃其他仲裁请求。

⑷双方请求仲裁庭依据本协议内容制作调解书，并在调解书中不写明争议事实和理由。

仲裁庭认为申请人和被申请人自愿达成的上述调解协议，其内容和形式均不违反国家法律法规，仲裁庭予以认可。

仲裁庭依据《中华人民共和国仲裁法》第五十一条第二款、《仲裁规则》第五十一条第二款的规定，作出本调解书。本调解书自双方当事人签收之日起生效。

【问题】

当事人如何通过仲裁调解解决其彼此之间的争议？

【案例解析】

本案是一起买卖合同纠纷案。本案双方当事人均有调解的意愿，这是调解的基础；在此基础上，仲裁调解应当充分发挥仲裁庭的主导作用，做好当事人的调解工作；紧接着，仲裁庭应当查明事实，分清是非，这样的调解才不至于是“和稀泥”；同时，仲裁庭主持调解时要做到依法、公平、公正、及时调解，以保护当事人调解的热情和积极性；而且，仲裁调解应当用心去做；此外，仲裁调解还应当注意把握时机。只有这样，仲裁调解才能成功。

（一）仲裁调解必须充分尊重当事人的意愿

仲裁机构仲裁实践表明，调解必须从程序上到实体上都充分尊重并体现当事人的意愿，只有这样，才是我国法律所规定的真正意义上的调解，也只有这样，才能实现真正意义上的调解结案，达到调解解决争议的目的。这表明，调解必须充分尊重当事人的意愿。尽管调解不同于和解在于其应在仲裁庭的主持下，但是调解与和解一样仍然建立在当事人同意的基础上，亦即没有当事人的同意就没有调解，因此，任何忽视、轻视当事人程序上、实体上的意愿与权利的调解、片面追求结案率的调解、为了调解而进行的调解等做法，都是错误的。本案中，仲裁庭在充分尊重并体现双方当事人在仲裁程序上的意愿与权利的同时，既充分尊重并体现了申请人尽快要回货款与违约金的意愿，又充分尊重并体现被申请人尽快解决争议但在违约金上又不失公正的意愿，通过循循善诱、以理服人、有张有弛等行之有效的方法，促使双方当事人自愿达成了《调解协议》。特别应当注意的是，对于尊重当事人的意愿，不能作机械的理解，尊重当事人的意愿，是指尊重当事人是否同意调解的意愿。这里的尊重，不能仅仅理解为尊重当事人的最初的意愿。经仲裁庭劝导、启发，当事人在仲裁过程中产生的新的意愿，仍然是当事人的意愿，尊重当事人最新的意愿，才最能体现仲裁调解尊重当事人意愿的要求。因为，当事人可能最初不同意调解，但是后来当事人却又同意调解，此时仲裁庭应当注意保护当事人愿意调解的积极性和热情，及时、主动主持调解，不要错失良机。

（二）仲裁调解应当充分发挥仲裁庭的主导作用

仲裁调解是当事人自主处分自己的权利，与对方当事人本着互谅互让的原则解决纠纷。但是，除了当事人自行调解及和解之外，仲裁庭应当发挥主导作用，引导当事人朝着解决纠纷的方向前进，提出自己可接受的调解方案。就本案，如调整违约金，则全盘皆活，如不调整违约金，则双方都受困。但是，调整违约金到何种程度，这不单是当事人应当考虑的，也是仲裁庭应当考虑的。适当、合适，则有可能为双方所接受，不恰当、不可接受，则通途可能因一石所阻。在双方当事人博弈之间（当事人依然希望在调解中实现利益最大化），仲裁庭也应当有所考虑。正是基于此，仲裁庭在调解中，在适当的时候提出了适当的建议，并且分别当着申请人和被申请人之面，为各方进行分析，分析对于自己的利弊，以及对于对方当事人的利弊。由于仲裁庭的分析、建议，不带任何偏向，设身处地为当事人考虑，当事人基于对仲裁庭的信赖，愿意调整自己的心理尺度，最后达成了共识。仲裁庭的主导作用还体现在以下方面：⑴宣扬和谐，达到双赢。一要向双方当事人讲明仲裁调解的优势和好处，突出和谐；二要向债权方讲明可由此避免对方当事人不当地利用人民法院的监督程序，拖延债务的偿付，易于自动履行；三要向债务方说明在解决此纠纷后与对方继续合作或尽快抓住其他获取新效益的机遇，从而达到“双赢”。⑵掌握案情，理清责任。掌握所仲裁案件的案情，以及在认识上梳理清楚是谁方的过错与应承担多大的责任，是仲裁庭在调解中用以抓住“软肋”与“契机”，“暗示”各方当事人，使其互谅互让，达成和解的重要依据。⑶适时居中，平衡利益。仲裁调解，主要是协调双方当事人讲利益，而不是评判是非，也不是简单地“和稀泥”。既不能以牺牲一方的经济利益来达到和解，也不能以牺牲效率花过长的时间来寻求所谓公正。其中，所谓适时，就是要注意掌握仲裁调解中的进度与时机，在双方的方案及底线差距过大，经过反复工作不能接近时，应及时终止调解程序，果断转入合议庭裁决阶段。所谓平衡利益，主要是在分析双方的核心利益、可让步利益或共同利益的基础上，引导双方理性地权衡自身利益，互谅互让，从而试探模糊的或具体的方案。⑷劝导双方当事人不计较细节，着眼于双方业务合作的未来。本案中，在调解时，针对双方各自所主张的观点，仲裁庭先是让双方各自将自己的意见充分表达出来，在仲裁庭征求双方意见、双方均同意由调解处理争议的基础上，告诫双方，不要过分地强调争议过程中的细节与法律的原则规定，而要着眼双方未来合作可能的前提下，暂时放下各自所坚持的原则与对对方过错的计较：不要紧盯对方在合同履行与争议产生中的过错，一味地强调对方应该承担的具体责任，而要放下争议本身，看到双方未来共同合作的更大益处，更不可因本次争议就恶化了双方间的长期合作的基础，就中断了未来业务合作的渠道。仲裁庭明确地表示：既然双方在合同文本中将争议处理方式选定为仲裁，说明双方是希望在争议出现后，能在一种平和、不激化矛盾的环境下来妥善地化解争议、解决矛盾。为此，仲裁庭希望双方在既要解决本次争议，又能不影响今后合作的基础上，以一种积极的态度来解决争议，为双方最终能调解处理纠纷，营造了较好的氛围。在这些方面，仲裁庭的主导作用当然是毋庸置疑的。

（三）仲裁调解应当做到查明事实，分清是非

双方当事人如果对于基本事实存在分歧，就很难进行调解。而基本事实需要

充分的证据予以证明，因为事实真相终究只有一个，不可能存在两种决然对立的事实。因此，要让双方当事人充分举证，充分说理。在证据面前双方当事人对这一基本事实才有可能达成共识，案件才有了调解的基础。而只有在搞清事实真相再讲道理地做工作，双方当事人才听得进，才能心平气和地接受调解。这就告诉我们，调解也要尊重事实，要以事实为前提。本案的案情和事实均比较清楚，其争议标的表面上看有 639842.50 元，但货款只有不到 10 万元，其余 50 多万元为违约金，这是本案的基本事实。调解虽然尊重双方当事人的自愿，但离不开基本事实。仲裁庭如果忽视了这一点，而仅仅强调当事人自愿原则，很多案件恐怕都难以调解。事实清楚了，矛盾的焦点自然也就出来了。本案争议的焦点就是违约金的计算问题。庭审时，双方代理人果然围绕违约金问题展开了激烈的辩论，而对货款本身没有异议。违约金到底应当如何计算是本案争议的实体焦点。实体焦点找准了，调解的方向就确定了，调解工作的重点在申请人也就明确了。仲裁庭首先对违约金问题初步交换了意见，仲裁庭一致认为违约金的约定过高，如果被申请人要求对协议约定的违约金进行调整，仲裁庭可以作适当的调整。而且，被申请人也明确提出协议约定的违约金过高，要求仲裁庭予以调整。仲裁庭意见一致后，就开始就违约金问题与双方当事人进行沟通，特别是与申请人进行了较充分、耐心的沟通。希望申请人尊重事实，正确认识和理解当事人的合法权益。通过仲裁庭耐心、细致的工作，申请人同意对违约金进行调整，而且，同意作比较大的调整。申请人在违约金问题上的变化，为调解奠定了比较好的基础，调解结案出现了曙光。

（四）仲裁调解应当做到合理合法，公平公正

当事人虽有调解的热情和积极性，但其调解方案一定是合法、公平的，否则，就会破坏当事人的调解热情和积极性。本案的调解结果从表面上看，申请人主张的违约金从 54 万元调整到不到 2 万元，似乎申请人作出了较大的牺牲，调解牺牲了申请人的利益，对申请人似乎不太公平。但如果仔细研究案情，我们发现申请人关于违约金的仲裁请求确实过高，其法律依据也不充分。相反，被申请人要求对违约金进行调整是有法律依据的。即使是仲裁庭作出裁决，也会大幅度地调整违约金。因此，该调解结果并不是以牺牲申请人的利益为前提的。从最终的调解结果来看，是合法合理的，也是公平公正的。这也是双方都能接受调解结果的根本原因。所以，公平公正原则是仲裁案件的天平，亦是仲裁案件的灵魂。因为，

公平公正不仅是案件的天平，更是当事人心目中的天平。而只有做到合法，才有可能做到公平公正。

（五）仲裁调解应当用心去做

调解虽然是仲裁程序，但调解本身是当事人自己的事情，仲裁庭只要组织就好，调解成功与否，仲裁庭可不必花费太大的气力。这不能不说也是一种调解心态。调解虽然受制于案件的具体情况、当事人之间的关系等诸多因素，但对于仲裁庭来说，调解解决纠纷，应当也是能力的一种体现。既然调解并非无关仲裁庭的痛痒，仲裁庭就应当用心去做，在了解双方纠纷的形成原因及经过，双方的对立程度、利益的针对性、过往关系、合作前景、双方期望、差距大小等纠纷解决难易程度关联的诸多因素之后，仲裁庭就应当进入案件当中，寻找纠纷的突破口及矛盾的弥合点，并应当基于准确的判断，持续不断地努力，推动当事人朝着调解解决纠纷的方向前进，绝对不可以浅尝辄止，知难而退。只要对于案件的总体分析和把握不出偏差，仲裁庭的努力是可以感动当事人的，也是可以影响当事人的，只要当事人有信心，当事人不轻言放弃，调解协议是有望达成的。

（六）仲裁调解应当注意把握时机

调解的方法多种多样，不胜枚举，也不能一成不变，总的来讲，应该因地制宜，因案而异，因人而定。所谓仲裁调解应当注意把握时机中的“时机”，是指双方当事人在案件中对调解的认识程度，即双方当事人通过对案情的了解、对证据的分析、对仲裁庭引导的思考，认识到调解于己有利无弊或利大于弊，主观上想调解或愿意调解的想法。及时发现并准确把握“时机”是实现仲裁调解应当特别注意的方法，“时机”未到，因条件不具备，想调也调不成；“时机”已过，因错失良机再调为时已晚；只要“时机”一到，就应因势利导进行调解，方能实现调解。本案中，通过庭前会见和开庭时双方当事人对争议处理的态度，仲裁庭发现双方当事人都愿意调解结案。被申请人在答辩时就明确提出，希望在仲裁庭主持下与申请人进行和解。仲裁庭在征求双方当事人关于调解的意见时，双方当事人均表示同意调解。既然双方当事人都有调解的意愿，仲裁庭就应当把握时机，努力促成双方当事人达成调解协议，顺势调解。仲裁庭趁热打铁，及时与双方当事人沟通，一方面希望申请人在违约金问题上正确对待，作出较大的调整。另一方面，希望被申请人承认违约事实，同意承担部分违约金，特别是在仲裁费用上要主动承担责任，争取申请人的理解。仲裁庭在2010年3月6日开完庭后就及时再次进行了调解，并在最短的时间内促使双方当事人达成了调解协议，使本案调解成功。

第十二节 先行裁决

案例24：某城建公司与某学校签订建设工程施工合同纠纷案

【基本案情】

2006年3月12日，申请人某城建公司与被申请人某学校签订《建设工程施工合同》，约定由申请人为被申请人建设学生公寓楼8栋。合同约定开工日期为2006年3月12日，竣工验收日期为2006年8月18日，合同总工期日历天数为159天；合同总价款为98199758.32元。合同第二部分通用条款第33条约定竣工结算，其中第33.1条约定工程竣工验收报告经被申请人认可后28天内，申请人向被申请人递交竣工结算报告及完整的结算资料，双方按照协议书约定的合同价款及专用条款约定的合同价款调整内容进行工程竣工结算。第33.3条约定被申请人收到竣工结算报告及结算资料后28天内无正当理由不支付工程竣工结算价款，从第29天起按银行同期贷款利率支付拖欠工程欠款的利息，并承担违约责任。合同第三部分专用条款第九条约定竣工验收与结算：竣工结算经被申请人委托审价机构审定后，60日内一次性付清除预留的5%保修金外的全部工程款。

合同签订后，申请人于2006年3月12日进场开工，2006年10月8日经建设单位、监理单位、施工单位和设计单位竣工验收，工程合格，并于同日交付使用。2008年9月被申请人基建部门开始接收申请人报送的总造价为1.4亿元的8栋公寓楼的竣工结算资料。2009年3月16日，被申请人接收完全部工程结算资料，其基建部门负责人在数额为106604561.65元的结算资料上签名盖章，被申请人支付工程款94570000元。后被申请人依照合同专用条款的约定委托4家社会机构对该工程造价进行审计，在依合同约定扣除申请人迟延交付工程所造成的损失后，审计结果为93948520.56元，被申请人据此未再向申请人支付工程款。申请人认为被申请人在106604561.65元结算资料上签章即为对该数额的确认，应当按照该数额支付工程款，遂依照合同约定的仲裁条款于2009年9月29日向仲裁机构申请仲裁。在仲裁申请书中，申请人提出如下仲裁请求：

一、请求被申请人支付所欠申请人工程款12034561.65元人民币及被申请人迟延支付工程款的利息7537124.93元，共计19571686元人民币。

二、仲裁费用由被申请人承担。

在庭审过程中，被申请人提出反请求，认为申请人未按照合同约定的期限交付工程，违约在先，应当承担违约责任，并提出如下反请求：

一、反请求被申请人返还超付的工程款计人民币62.15万元。

二、反请求被申请人承担本案仲裁费。

针对申请人提出的仲裁请求，被申请人提出了相应的辩解，主要有以下几点：

一、对申请人送交的结算资料的签章确认，是双方职能部门之间初步的审价，是学校基建部门的初审意见，没有经过学校的确认，确认的盖章是学校内部的基建章而不是学校对外的公章，因此该确认行为不能约束学校。

二、合同的专用条款效力高于通用条款，专用条款约定必须进行审计。且依照有关政策，在全省高校范围内50万元以上的项目必须要社会上的审计机关审查后再进行决算。因此，被申请人才会在接收完全部工程资料后委托4家社会机构对该工程进行审计。况且依合同的约定应以被申请人最终审计的结果为付款标准。

针对被申请人提出的仲裁反请求，申请人提出如下辩解：

一、未按期完工系因被申请人未向申请人提供合同约定的施工用电条件，导致工程2006年4月20日才开工。系被申请人先违约造成。

二、学校基建部门的盖章即代表学校的真实意思。该签章是被申请人所属的两个部门及其负责人的签章，是经过不同部门及负责人审核后签章确认的结果。因此被申请人与申请人都认可了承包人向发包人提供的竣工结算资料，发包人审计完后在结算书上签章即说明是对结算数额的认可，即应按照认可的数额付款。

三、被申请人委托的4家社会机构未通知申请人，是其单方审计的结果。申请人是在收到反请求后才知道其委托了其他单位审计。因此该审计结果的真实性存疑，不予认可。

仲裁庭意见：

在该案审理过程中，因双方当事人对工程款的审计数额争议较大，难以达成一致意见。后经仲裁庭做了大量工作，并充分说明鉴定对查清案件事实的重要性后，双方才一致同意并 申请在仲裁庭主持下对部分没有争议的款项和具体数额的确定办法进行先行调解，同意由仲裁庭委托司法鉴定机构进行鉴定，待鉴定完毕后由仲裁庭依据鉴定后的价款以及相关法律进行裁决。双方自愿无条件接受最终的裁决结果。

根据委托的司法鉴定机构作出的最终鉴定结果，仲裁庭认为：

一、关于《建设工程施工合同》的效力

申请人与被申请人于2006年3月12日签订的《建设工程施工合同》是申请人与被申请人在自愿的前提下协商签订，依法有效，对双方均具有法律约束力。

二、关于申请人要求被申请人支付工程款及利息的请求

申请人主张涉案工程的工程结算价为106604561.65元。被申请人仅支付工程款94570000元，尚欠12034561.65元未付，被申请人的行为已构成违约，应向申请人支付利息7537124.93元。被申请人则抗辩称涉案工程经中介事务所初步审定造价为93948520.56元，被申请人已付94570000元，超付工程款621500元，申请人应返还该超付部分的工程款。

因双方同意对工程造价鉴定，经仲裁庭委托司法鉴定机构鉴定，鉴定结论为：工程造价为104571362.88元。双方同意此鉴定结果。根据《合同法》第一百零九条规定，仲裁庭认为扣除被申请人已付的工程款94570000元，被申请人还应向申请人支付剩余工程款10001362.88元。

关于利息：根据合同通用条款第33.3条约定，被申请人收到竣工结算报告及结算资料后，28天内无正当理由不支付工程竣工结算价款，从第29天起按银行同期贷款利率支付拖欠工程价款的利息，并承担违约责任。本案中，被申请人已于2009年3月16日接受全部竣工结算资料，但在28天内未委托审价机构审定造价，且在结算资料上签名，被申请人应在2009年4月14日前支付工程款，其未按约定支付即构成违约。因此申请人要求被申请人支付利息有合同和法律依据，按照鉴定结论，利息以10001362.88元为本金，按照中国人民银行规定的同期贷款利率计算，从2009年4月14日起计至裁决作出之日。

三、关于被申请人要求申请人返还超付工程款621500元的反请求

如前述仲裁庭裁决被申请人应向申请人支付工程款10001362.88元。因此，被申请人要求申请人返还工程款621500元的反请求没有事实和法律依据，不予支持。

四、本案仲裁费用

因本案由被申请人违约引起，根据仲裁费用分担原则，仲裁费由申请人承担

20%，被申请人承担 80%；被申请人的反请求未获仲裁庭支持，因此反请求的仲裁费用由被申请人承担。

五、依据双方达成的先行调解书，鉴定费用由被申请人承担。

处理结果：

一、被申请人向申请人支付工程款 10001362.88 元。

二、被申请人向申请人支付逾期给付工程款利息（利息以 10001362.88 元为本金，按中国人民银行规定的同期贷款利率计算，从 2009 年 4 月 14 日起计至本裁决作出之日止）。

三、对被申请人的反请求不予支持。本案鉴定费用由被申请人承担。本案仲裁费 144830 元，由申请人承担 28966 元，被申请人承担 115864 元。反请求仲裁费 19195 元由被申请人承担。

【问题】

1. 被申请人基建部门及其负责人的签章是否属于发包人对承包人送交的工程款结算数额的认可，该签章是否对被申请人发生法律效力？

2. 合同约定的付款条件是否成就？

【案例解析】

这是一起由建设工程施工合同所引发的典型民商事纠纷，根据案件的基本法律关系，可以从以下几个方面进行重点的理论分析：

（一）被申请人下属的基建部门以及相关负责人的签章行为是否对被申请人有约束力

在本案中，被申请人始终认为，基建部门所使用的印章是学校内部所使用的基建章，并非用于学校对外项目。所以，相关的签章行为不能代表被申请人的意思，也就不能对被申请人产生约束。根据民法的相关原理，该种理由不能成立。本案中，被申请人下属的基建部门及其相关负责人的基本职责就是处理被申请人校园基础设施的规划建设工作。在合同履行过程中，部门的负责人一直代表被申请人与申请人进行工程合同的谈判、磋商、签约以及工程建设后期的验收、资料接收等事项。由此可以看出，上述行为符合了代理行为的全部外观，在此情况下，申请人作为承包方有充分的理由相信对方实施的合同行为就是履行职责的职务代理行为。基建部门及相关负责人的特殊职责身份以及一系列代理行为，都让申请人对其享有被代理人授权的事实深信不疑。正是基于此，申请人从始至终都是直接和被申请人的基建部门进行关于合同履行方面的合作，并且在工程验收合格、合同履行完毕之后向其送交结算资料。因此，该基建部门及其负责人的上述行为完全符合表见代理的构成要件，除非申请人在合同生效之初就接到了被申请人就相关情况发出的特别说明，否则申请人对基建部门及其负责人享有授权的信赖即为合理信赖，应当适用表见代理的相关规定。

（二）被申请人签章行为的法律效果

申请人在庭审过程中提出，被申请人曾经在记载了1.06亿元金额的结算资料上签章，所以认为被申请人已经对工程造价为1.06亿元的事实予以确认，进而合同所约定的付款条件也就成立了，被申请人应当按照这一数字支付工程款。该主张值得商榷。如果对建设工程合同的法律关系进行分析，就会发现，承包人依合同约定交付工程，发包人依合同约定支付工程款是其最基本的内容。我国《合同法》在第二百六十九条明确规定：建设工程合同是承包人进行工程建设，发包人支付价款的合同。将其代入本案，申请人既然已经向被申请人交付了工程，而被申请人也已经表示验收合格，那么被申请人就应当按照合同的约定及时支付工程款。但是，由于本案当事人对于签章行为法律效果有不同的认识，也对合同中付款条件约定的内容有不同的理解和解释，导致双方对签章行为是否达到合同约定的付款条件产生争议。

本案被申请人的签章行为的法律效果究竟如何，应当结合建设工程合同的基本特点予以分析。在实践中，承包人向发包人交付工程之后，还需要向发包人递交记载有工程造价的结算资料，作为发包人支付工程款的依据，而发包人则会相应地向承包人提供已经收到结算资料的书面凭证。这一书面凭证既可以是一张独立的签收单，也可以是结算资料上的书面记载。同时，由于工程款往往数额较大，发包人常常需要根据结算资料对工程的造价进行仔细的审核，并出具专门的、明确记载诸如“同意结算资料报价”等文字的书面凭证，或通过结算资料上的明确记载予以表达。也就是说，在实务操作中，发包人认可承包人提供的工程造价数额，应当以明确的书面方式作出相应的意思表示。如果发包人没有出具相关凭证，仅凭在结算资料上的签章，则不宜直接认定该签章行为是对结算资料上记载的工程造价的认可，而只能认定为对结算资料的签收。所以，这一签章行为仅发生确认收到结算资料的法律效果，不能据此认定发包人已经认可了结算资料上的工程造价，本案的被申请人并没有对结算资料中 1.06 亿元的工程造价予以认可。

同时，还应当注意的是，在一般的建设施工合同法律关系中，发包人对于结算文件是否认可的意思表示应当在约定期限或合理期限内明确作出，如果期限内未作答复，则应当视为其已经认可竣工结算文件的内容。对此，最高人民法院在《关于审理建设工程施工合同纠纷案件适用法律问题的解释》第二十条中明确规定：当事人约定，发包人收到竣工结算文件后，在约定期限内不予答复，视为认可竣工结算文件的，按照约定处理。

从仲裁程序的运用和案件裁判的实际效果来看，本案的重要意义在于仲裁庭运用了先行裁决的方式对鉴定确定的方案予以确认。在仲裁过程中，双方当事人对工程的实际造价存在严重分歧。申请人坚持认为被申请人已经确认了 1.06 亿元的结算额，只有在对这一事实予以确认的基础之上才同意进行调解；而被申请人则坚持认为，本案的工程造价是自己经审计确定的 93948520.56 元，并提出反请求，认为自己先前已经向申请人支付的 94570000 元，比工程款的实际金额多付了 621500 元，要求返还超付部分，并拒绝调解。面对双方难以达成共识的情况，仲裁庭反复协调，充分向当事人解释了司法鉴定结论的运用对双方利益保护的重要性，两方最终同意并申请由仲裁庭委托司法鉴定机构对本案工程造价进行鉴定。仲裁庭考虑到本案当事人在事实认定上存在严重分歧，采用了先行裁决的方式，针对鉴定的结果先作出裁定，为查清案件争议的事实，保护双方的合同利益，以及保证案件得到及时、公正的裁决奠定了基础，无疑是对仲裁实践的一次创新。

我国《仲裁法》第五十五条规定：仲裁庭仲裁纠纷时，其中一部分事实已经清楚，可以就该部分先行裁决。根据该条规定，在仲裁实践活动中，先行裁决可以运用于案件已经清楚的一部分事实。对于案件的客观事实，当事人原本存在争议，但在部分事实已经有充分证据证明，或者双方当事人均承认该事实存在的情况下，仲裁庭可以选择性地适用先行裁决，先行裁决的适当运用，对于简化案件关系、保证裁决效果具有重要意义。在此需要补充强调的是，先行裁决只能适用于案件的部分事实，而不是案件的全部事实。

仲裁庭的裁判过程，需要充分运用形式逻辑的方法得出结论，在裁判的思路中，法律规定是大前提，事实认定是小前提，仲裁结果即是得出的结论，必须在两个前提全部为真的情况下，才能保证结论的正确。仲裁活动中，仲裁庭需先分析案件事实，后引用法律规定，然后再作出裁决结果。案件事实的认定作为推论的小前提，对裁决结果极具重要性，直接影响裁决的正确与否。本案中仲裁庭正是基于事实认定的这种重要性，才认为有必要采用先行裁决的方式对部分事实进行确定，目的是在认定事实的范围内定分止争，以确保最终结论的准确、可信。

本案中，仲裁庭对确定的部分事实及方案先行裁决，其实质就是将经仲裁庭调解双方当事人同意并由仲裁庭委托司法鉴定机构对本案工程造价鉴定这一方法以仲裁裁决的方式作出确认。本案仲裁庭对鉴定审价这一双方认可的方案以先行裁决的方式予以确认，对工程款的结算进行了固化——由仲裁委员会委托司法鉴定机构对双方争议的工程款进行鉴定，其结果对双方均具有约束力，并由仲裁庭依此结论作出最终裁决。该方式避免了通常处理该类案件时当事人对鉴定机构的不信任以及当事人之间的对立情绪，促成了纠纷的平和解决，收到了良好的效果。

第十三节 缺席裁决

案例 25：某物业管理公司与周某物业管理合同纠纷案

【基本案情】

申请人某物业管理公司，受被申请人周某所在地业主委员会（以下简称业主委员会）委托管理清华园小区物业。申请人一直按物业管理合同提供物业服务。按合同约定，业主按物业建筑面积缴纳物业服务费，但被申请人自 2006 年 1 月至 2006 年 12 月共拖欠申请人物业管理服务费 2082 元。经申请人管理人员多次催要，被申请人仍未交纳。为此，申请人要求被申请人：(1)交纳拖欠的物业管理费人民币 2082 元（2006 年 1 月 1 日至 2006 年 12 月 31 日止）；(2)承担本案的仲裁费用。

被申请人经仲裁庭两次书面通知无正当理由未到庭，也未委托代理人出庭。申请人提交了相关证据，其认为：(1)业主委员会是根据物业管理条例的规定依法成立的，被申请人为该小区居民；(2)双方当事人就物业管理规定的内容协商一致，双方的权利义务关系清晰。申请人依合同约定提供了物业服务，有权向被申请人按人民币 1.05 元 /m^2 收取物业管理服务费，被申请人共拖欠物业管理费人民币 2082 元。

仲裁庭经过审理，认为：(1)本案《物业管理合同》合法有效；(2)申请人有权向被申请人收取物业管理费，且被申请人应向申请人支付自 2006 年 1 月 1 日至 2006 年 12 月 31 日止的物业管理费人民币 2082 元。据此，仲裁庭作出如下裁决：

(1)被申请人向申请人交纳拖欠的物业管理服务费人民币 2082 元；

(2)本案仲裁费用人民币 ×× 元，由被申请人承担。

本裁决为终局裁决，自作出之日起生效。

【问题】

1. 从实体上看，本案《物业管理合同》是否合法有效？申请人是否有权向被申请人收取物业管理费？收取多少？

2. 从程序上讲，仲裁庭所作出的缺席裁决是否合法？

【案例解析】

本案是一起物业管理合同纠纷案，涉及一些实体和程序问题，以下拟从实体和程序两个方面对本案分别作一评析。

（一）实体上的评析

合同解除的非任意性，决定其不能归为委托合同，也不属于需要交付工作成果的承揽合同。《物业管理合同》实质上是与旅游合同、储蓄合同类似的、《合同法》没有类型化的新型无名合同。其与普通的民事合同相比较，有以下不同特征：一是合同内容的公共性，涉及对小区秩序的维护。二是合同主体的限制性，只能是业主委员会与物业公司（不包括前期物业）。三是合同效力的强制性和广泛性，不受签约主体的限制，排除了合同的相对性原则；效力自动适用购买小区物业的业主及其共同居住人甚至出入小区的人，并排除了个体业主的合同解除权等。

本案中，业主委员会代表全体业主与物业公司签订了《物业管理合同》，但业主委员会在物业服务合同中的法律地位应视作全体业主通过民主选举、管理小区公共事务的代理人，并不独立享有该合同的任何一项权利或承担任何一项义务。

该合同实际享有权利和承担义务的双方当事人就是全体业主和物业公司。故仲裁庭依据《物业管理合同》中的仲裁条款受理此案，并适用《合同法》总则规定裁定被申请人交纳物业管理服务费及仲裁费用，是正确的。

（二）程序上的评析

本案案情较为简单，被申请人未到庭提出主张，仲裁庭裁决支持了申请人请求。显然，本案仲裁庭作出的是缺席裁决。那么，本案仲裁庭作出的缺席裁决是否正确呢？《仲裁法》第四十二条第二款规定了缺席裁决有以下两种具体情形：一是被申请人经书面通知，无正当理由不到庭的；二是被申请人未经仲裁庭许可中途退庭的。本案中，被申请人经仲裁庭两次书面通知无正当理由未到庭，也未委托代理人出庭，属于《仲裁法》第四十二条第二款规定的第一种具体情形的缺席裁决，因此这种缺席裁决当然是合法的缺席裁决。

在仲裁实践中，对于《仲裁法》第四十二条第二款规定的第一种具体情形的缺席裁决中的“无正当理由”应作灵活理解。例如，2012 年 3 月 5 日，申请人与被申请人签订了《经销合同》，双方约定被申请人购买申请人的轮胎在某县销售。至此，申请人与被申请人之间的经销合同关系依法成立。之后，申请人陆续向被申请人供货，总货款为 731118 元，但被申请人在接到货后拖延支付货款，经申请人多次催收后。被申请人分别于 2012 年 6 月 6 日和 2012 年 6 月 22 日向申请人出具两张欠条共计 294286 元，余下的 436832 元因被申请人关押而由被申请人的妻子李某于 2012 年 7 月 10 日代被申请人签名写下第 3 张欠条，同时上述 3 张欠条均约定了还款期限以及逾期付款的违约金和银行同期贷款利息。对于上述 3 张欠条，被申请人对前 2 张欠条无异议而对第 3 张欠条却有异议。当得知被申请人被关押后，申请人与被申请人妻子李某取得联系商谈货款支付的事宜。李某明确表示，鉴于其夫妻经营的销售部目前情况，已无力支付拖欠的货款，但为挽回申请人的损失，同意将销售部库存的轮胎返还给申请人，以抵扣部分货款。于是，申请人遂将部分轮胎拖回。经将拖回的轮胎的货值与被申请人的欠款金额进行抵扣后，起初申请人认为被申请人仍欠货款人民币 20 万元，且该笔货款被申请人妻子李某明确表示无力支付。但是，在庭审过程中，申请人经核实认为拖回的轮胎的货值是 599963 元，加上硫化机折旧与故障胎货值共 13963 元，与被申请人的欠款金额 731118 元抵扣后被申请人仍欠货款 117192 元。据此，申请人当庭将仲裁请求变更为：被申请人向申请人支付其所欠付的货款人民币 117192 元以及承担本案的仲裁费。同时，该案是在关押被申请人的地方进行的庭审，其依据是该仲裁委员会的仲裁规则，即该仲裁委员会的仲裁规则规定仲裁委员会可以决定开庭地点。据此，仲裁委员会决定开庭地点是在关押被申请人的地方。那么，本案仲裁庭能否在仲裁委所在地对该案进行缺席裁决？笔者认为可以。本案中的缺席裁决应当属于《仲裁法》第四十二条第二款规定的第一种具体情形的缺席裁决，亦即仲裁庭可以以被申请人经书面通知，无正当理由不到庭而进行缺席裁决。而问题在于被申请人是否有正当理由不到庭呢？笔者认为，本案被申请人无正当理由不到庭。因为，被申请人虽然失去了人身自由，但是他仍然具有民事权利，这样，一方面，被申请人有权向关押他的机关申请去参加在仲裁委员会所在地进行的仲裁庭审，如果该机关同意他的申请，他就可以到仲裁委员会所在地参加仲裁庭审；另一方面，被申请人有权委托代理人到仲裁委员会所在地参加仲裁庭审。但是，本案被申请人既未向关押他的机关申请去参加在仲裁委员会所在地进行的仲裁庭审，也未委托代理人到仲裁委员会所在地参加仲裁庭审，因此可以认定被申请人经书面通知，无正当理由不到庭，于是，仲裁庭完全有权根据《仲裁法》第四十二条第二款的规定，进行缺席裁决。

第十四节　仲裁中的送达程序

案例 26：项 × 与沈 ×、沈 ×× 房屋买卖合同纠纷重新仲裁案

【基本案情】

申请人：项 ×，女，汉族，1982 年 10 月 24 日出生，住杭州市 × 区 × 路 × 号。

第一被申请人：沈 ×，男，汉族，1963 年 5 月 19 日出生，住杭州市 × 区 × 路 × 号。

第二被申请人：沈 ××，男，汉族，1953 年 10 月 5 日出生，住杭州市 × 区 × 路 × 号。

申请人述称：申请人与吴 ×× 于 2005 年 5 月 16 日登记结婚，于 2010 年 12 月

31日经杭州市××区人民法院判决离婚。2009年8月21日吴××与被申请人沈×(即出卖方)、沈××（即担保方）共同签订了《二手房屋买卖合同》，并于当日支付购房款人民币130000元，第一被申请人与第二被申请人共同出具“收条”一份；吴××于2009年9月11日支付购房款人民币174000元，第二被申请人出具“收条”一份。根据《二手房屋买卖合同》第三条的约定，第一被申请人应在2010年5月30日交付房屋，并于2011年5月30日前办理产权变更登记。但第一被申请人至今未履行该义务。另，申请人与吴××离婚后，于2011年7月13日通过××市人民法院达成《民事调解书》，将以上《二手房屋买卖合同》相关权利确定由申请人向两被申请人主张。申请人认为，第一被申请人未按照合同约定履行交付房屋及办理产权变更登记的义务，已经构成了违约，该违约行为严重侵害了申请人的合法财产权益。根据《二手房屋买卖合同》第六条、第八条的约定以及合同法的相关规定，申请人有权解除合同，并由两被申请人共同返还购房款人民币304000元，且向申请人支付违约金共计人民币312800元。为此，申请人依据仲裁条款向仲裁委员会申请仲裁。

申请人提出如下仲裁请求：

1. 裁决解除落款日期为2009年8月21日的《二手房屋买卖合同》。

2. 裁决两被申请人共同向申请人返还购房款人民币304000元。

3. 裁决两被申请人共同向申请人支付违约金人民币312800元。

4. 由两被申请人共同承担本案一切仲裁费用。

庭审时，申请人明确和部分变更其仲裁请求如下：

1. 裁决解除落款日期为2009年8月21日的《二手房屋买卖合同》。

2. 第一被申请人返还购房款人民币304000元，并向申请人支付违约金312800元。

3. 第一被申请人承担本案仲裁费用。

4. 由第二被申请人对上述仲裁请求承担连带责任。

两被申请人均未到庭，也未向仲裁庭提交任何书面答辩意见，仲裁庭视为其放弃答辩。

申请人为证明其主张，向仲裁庭提交了如下证据：

1. 二手房屋买卖合同，证明：⑴2009年8月21日吴××与第一被申请人（卖方）、第二被申请人（担保方）共同签订《二手房屋买卖合同》的事实；⑵根据该《二手房屋买卖合同》第三条的约定，第一被申请人应在2010年5月30日交付房屋，并于2011年5月30日前办理产权变更登记；⑶根据《二手房屋买卖合同》第六条及第八条的约定，申请人有权解除合同，并由被申请人共同返还购房款人民币 304000 元，且向申请人支付违约金共计人民币 312800 元；⑷根据《二手房屋买卖合同》第九条的约定，申请人有权向杭州仲裁委员会申请仲裁。

2. 落款日期为 2009 年 8 月 21 日的收条、落款日期为 2009 年 9 月 11 日的收条，共同证明：⑴ 2009 年 8 月 21 日申请人向两被申请人交付购房款人民币 130000 元，由两被申请人共同出具“收条”一份的事实；⑵ 2009 年 9 月 11 日申请人又交付购房款人民币 174000 元，由第二被申请人出具“收条”一份的事实。

3. 〔2010〕杭拱半民初字第 465 号《民事判决书》生效证明、〔2011〕杭建寿民初字第 118 号《民事调解书》，共同证明：⑴申请人项 ×× 与吴 ×× 于 2005 年 5 月 16 日登记结婚，于 2010 年 12 月 31 日经杭州市 ×× 区人民法院判决离婚的事实；⑵申请人与吴 ×× 通过 ×× 市人民法院达成《民事调解书》，将《二手房屋买卖合同》相关权利协议由申请人向两被申请人主张的事实。

两被申请人经本仲裁庭依法通知均未到庭，视为放弃质证权利。

仲裁庭经审理，对案件当事人提交的证据，认定如下：

申请人项 ×× 提交的所有证据，经仲裁庭核对原件，认定如下：对证据 1，对其真实性、合法性、关联性予以确认。对证据 2，对其中落款日期为 2009 年 8 月 21 日的收条的真实性、合法性、关联性予以确认。对其中落款日期为 2009 年 9 月 11 日的收条的真实性、合法性予以确认，对其关联性不予确认。对证据 3，对其真实性、合法性、关联性予以确认。

根据以上有效证据和申请人的陈述，本庭查明如下事实：

2009 年 8 月 21 日，申请人前夫吴 ×× 与第一被申请人沈 × 签订了《二手房屋买卖合同》，第二被申请人沈 ×× 为第一被申请人沈 × 履约提供了担保。吴 ×× 于当日支付了购房款人民币 130000 元，两被申请人共同出具“收条”一份；后吴 ×× 于 2009 年 9 月 11 日支付人民币 174000 元，第二被申请人沈 ×× 出具“收条”一份。按照《二手房屋买卖合同》第三条的约定，第一被申请人沈 ×× 应在 2010 年 5 月 30 日交付房屋，并于 2011 年 5 月 30 日前办理产权变更登记。但第一被申请人沈 ×× 至今未履行该义务，至今下落不明。

另，申请人项 ×× 与吴 ×× 于 2005 年 5 月 16 日登记结婚，于 2010 年 12 月 31 日经杭州市 ×× 区人民法院判决离婚。申请人项 ×× 与吴 ×× 离婚后，于 2011 年 7 月 13 日通过 ×× 市人民法院达成《民事调解书》，将以上《二手房屋买卖合同》相关权利确定由申请人项 ×× 向两被申请人主张，申请人项 ×× 据此向本仲裁委员会申请仲裁。

仲裁庭的裁决：

仲裁庭认为，2009 年 8 月 21 日吴 ×× 与第一被申请人签订了《二手房屋买卖合同》，第二被申请人为第一被申请人履约提供了担保。该《二手房屋买卖合同》系各方真实意思的表示，内容没有违反法律、行政法规强制性规定，是合法有效合同，各方理应遵守。根据最高人民法院《关于适用〈中华人民共和国仲裁法〉若干问题的解释》第九条“债权债务全部或者部分转让的，仲裁协议对受让人有效，但当事人另有约定、在受让债权债务时受让人明确反对或者不知有单独仲裁协议的除外”。申请人自前夫吴 ×× 处受让该《二手房屋买卖合同》的权利义务，且向仲裁委员会申请仲裁，默认该仲裁条款的效力。该《二手房屋买卖合同》的具体落实履行尚待相关《房屋拆迁补偿安置协议》签订履行时，签订正式的《房屋买卖合同》以明确房屋确切的坐落地点。《二手房屋买卖合同》其性质是预约合同，但《二手房屋买卖合同》签订后，第一被申请人并未履行合同义务，且至今下落不明，已构成预期根本违约，申请人据此提出要求解除合同，符合《中华人民共和国合同法》的规定和合同的约定，仲裁庭予以支持。申请人据此要求返还落款日期为 2009 年 8 月 21 日的收条所载明的购房款 13 万元，仲裁庭也予以支持。但落款日期为 2009 年 9 月 11 日的收条所载明的 174000 元款项，因第一被申请人并未认可收到，此款仅表明申请人与第二被申请人之间存在收条所载明金额的债权债务关系，并不能证明支付的就是购房款，因此，申请人要求返还此款项的请求，仲裁庭难以支持。由于被申请人违约，申请人要求支付违约金共计人民币 312800 元，考虑到申请人因房价上涨部分的损失已远远大于请求支付的违约金数额，仲裁庭予以支持。申请人要求第二被申请人对第一被申请人的义务承担担保责任，符合法律规定，仲裁庭予以支持。

综上所述，根据《中华人民共和国合同法》第九十四条、一百一十四条，《中华人民共和国担保法》第十七条，《中华人民共和国仲裁法》第五十一条第一款、第五十七条之规定，裁决如下：

(1)解除落款日期为 2009 年 8 月 21 日的《二手房屋买卖合同》。第一被申请人沈 ×× 于本裁决书送达之日起十日内向申请人项 ×× 退还购房款人民币 130000 元，并支付违约金人民币 312800 元。

(2)驳回申请人项 ×× 的其他仲裁请求。第二被申请人沈 ×× 对上述第二、第四项承担连带责任。

(3)本案仲裁费用 25403 元、公告费 1200 元（申请人均已预交）申请人承担

4452 元，由第一被申请人沈 × 承担 22151 元。第一被申请人沈 × 应于本裁决书送达之日起十日内径直支付给申请人项 ××。

⑷本裁决为终局裁决，自作出之日起发生法律效力。

【问题】

1. 仲裁协议对合同债权债务受让人的适用效力如何确定？
2.《二手房买卖合同》的性质及被申请人的违约责任如何确定？
3. 如何确保被申请人缺席仲裁的公正性？

【案例解析】

这是一起因二手房买卖引起的纠纷仲裁案件。本案被申请人因故未能参与仲裁庭的庭审活动，也未向仲裁庭提交任何书面的答辩意见，仲裁庭在此情形下就案件的焦点问题进行了必要阐释与正确处理，依法对申请人的仲裁请求作出了公正合理的裁决。现就本案中合同债权债务概括转让后仲裁协议的效力、被申请人缺席仲裁的仲裁原则如何确立的焦点问题评析如下：

（一）仲裁协议对合同债权债务受让人的适用效力如何确定

合同转让，在法律上可通过法律规定和合同当事人约定两种途径发生。法律规定的转让是特殊情况下的合同转让，包括仲裁条款在内的合同权利义务一并转让给第三人无须取得另一方合同当事人的同意。当事人约定的合同转让，法律对其权利和义务的转让有不同条件的规制。例如，依据我国《合同法》第八十条、第八十四条、第八十八条、第八十九条的规定，合同债务转让，需合同另一方当事人的同意；合同权利转让的，通知债务人即可；合同权利义务的概括转让，应获得合同另一方当事人的同意。对于合同权利义务转让的不同情形，合同中的仲裁协议的效力又该如何认定呢？根据最高人民法院《关于适用〈中华人民共和国仲裁法〉若干问题的解释》第九条的规定，转让时当事人有排除仲裁协议适用的约定、在受让债权债务时受让人明确反对或者不知有单独仲裁协议的，则该仲裁协议不具有适用的效力，反之则有其适用的效力。本案申请人项 ×× 与吴 ×× 因离婚受让《二手房屋买卖合同》中的吴 ×× 权利义务，并经法院达成《民事调解书》，该《二手房屋买卖合同》中的权利义务转让可以称得上是法定转让的一种，包括仲裁条款在内的合同权利义务一并转让给受让人项××，而无须取得另一方合同当事人的同意即可适用。这就是说，即使受让人项××受让时并不知有单独仲裁协议存在的，也可认为该仲裁协议对其具有约束力。仲裁庭依据该《二手房屋买卖合同》中的仲裁协议对案件纠纷进行了仲裁裁决，具有法律依据。不过，本案仲裁庭认为申请人自前夫吴××处受让该《二手房屋买卖合同》的权利义务，且向仲裁委员会申请仲裁，默认该仲裁条款的效力，而适用该仲裁协议的，并没有明确上述法定合同转让的仲裁条款适用的法定性，似乎显得并不准确。

（二）如何确保被申请人缺席仲裁的公正性

仲裁当事人若能基于各自利益最大化，就争议焦点充分举证、辩论，则有利于仲裁庭凭借专业知识和办案经验，探明案件事实真相，切实做到“兼听则明”，公正裁决。然而实践中，仲裁案件当事人因各种原因，不参加仲裁庭审活动的事例并不鲜见。对于当事人缺席仲裁庭审的情形，我国《仲裁法》第四十二条明确规定：“申请人经书面通知，无正当理由不到庭或未经仲裁庭许可中途退庭的，可以视为撤回仲裁申请。被申请人无正当理由不到庭或未经仲裁庭许可中途退庭的，仲裁庭可以缺席裁决。”这一立法规定对被申请人不到庭的情形虽然作出了可以缺席仲裁的规定，但对如何通过仲裁庭审活动探明案件事实，公正作出裁决的标准与原则并未作出具体规定。对此，理论上有关被申请人缺席仲裁案件该如何仲裁的问题，存有两种不同的主张：

一种观点认为，被申请人不出席仲裁庭审活动，可认定其放弃一切答辩、举证、质证的权利，完全承认申请人主张的事实与请求。仲裁庭可以据此支持申请人的仲裁请求。另一种观点，认为当事人缺席仲裁庭审活动，仲裁庭应根据出席方已辩论的事实、已调查的证据或缺席方所提供的案件纠纷资料作为裁决的基础，依法公正地对申请人的仲裁请求作出裁决，而不得因当事人缺席便当然对其作出不利的裁决。

这两种观点比较而言，第二种主张更为可取，因为仲裁庭裁决案件应以查明事实作为前提，而不是武断地推定缺席方承认对方主张的事实和请求，这也符合我国《仲裁法》第七条规定的“仲裁应当根据事实，符合法律规定，公平合理地解决纠纷”的立法精神。本案中，仲裁庭并没有完全支持申请人的仲裁请求，而是在查明案件事实的基础上，否定了申请人请求第一被申请人沈×返还落款日期为2009年9月11日的收条所载明的174000元款项，依法对申请人的请求作出了公正的裁决，并没有因被申请人的缺席而当然对其作出不利的裁定。仲裁庭的此种裁决，既有其理论根据，也符合有关立法精神，可谓是合理合法，值得称道。

第五章 仲裁司法监督

第一节 申请撤销仲裁裁决

案例 27：某市松江申陆床上用品厂申请撤销仲裁裁决案

【基本案情】

申请人某市松江申陆床上用品厂（以下简称申陆厂）诉被申请人某市安彤时装有限公司（以下简称安彤公司）申请撤销仲裁裁决一案，某市第一中级人民法院于2014年3月17日立案受理后，依法组成合议庭进行了审理。本案现已审理终结。

申请人申陆厂诉称：(1)仲裁庭以安彤公司的虚假质证意见为依据，对申陆厂提交的2011年8月23日1002277号磅码单不予认定，对该部分仲裁请求也不予支持，此后果比裁决所依据的证据是伪造的性质更加严重。(2)仲裁审理违反了法定程序：2013年11月15日庭审时，因申陆厂的财务账册已归档，故代理人未能出示证据原件。仲裁庭遂规定双方在一周内补充提交证据原件。此后，按规定的期限申陆厂提交原件给仲裁庭审查，仲裁庭应再次组织证据质证，但仲裁庭没有组织质证。据此申请人要求撤销S仲裁委员会〔××××〕×仲案字第×号仲裁裁决。

被申请人安彤公司辩称，仲裁庭审后，安彤公司收到了仲裁委寄送的、与原件核对无异的磅码单证据，并对磅码单发表了书面质证意见。1002277号磅码单对应的货物，安彤公司没有收到过，也没有发出过这单订货。上面的签名不能证明是安彤公司的客户收到了货物。申请人的申请理由不能成立，应予驳回。

本院经审理查明：申陆厂依据其与安彤公司签订的《工矿产品购销合同》中的仲裁条款，向S仲裁委员会（以下简称仲裁委）申请仲裁。申陆厂的申请事项为：⑴安彤公司向其支付货款人民币 103762 元（以下币种相同）；⑵安彤公司向其支付逾期付款损失赔偿（自 2012 年 1 月 25 日起至裁决作出之日止，按中国人民银行同期贷款利率 4 倍计算）；⑶安彤公司承担本案仲裁费。仲裁庭审中，安彤公司对申陆厂提供的有关 2011 年 8 月 23 日的证据质证称：2011 年 8 月 23 日的业务没有送货单，有异议；在 1002277 号磅码单上签名的“李银华”不是案外人上海鹤舞时装有限公司（注：安彤公司工厂）的员工；对申陆厂提交的安彤公司要求供货的函，安彤公司质证称要求看原件再质证。鉴于申陆厂未能在仲裁庭审时予以出示全部证据的原件，仲裁庭在庭审中告知双方庭后的安排：根据申陆厂提交的 2011 年购销合同，安彤公司向申陆厂发出的订单 / 送货凭证，以及安彤公司手写的送货要求单，请申陆厂在庭后七日内提交原件，并由仲裁委转发给安彤公司在限期内书面质证。申陆厂、安彤公司对此安排表示无异议。

仲裁庭审后，申陆厂向仲裁庭出示了四份磅码单原件及《2011 年发安彤公司货物明细》一份。仲裁庭经核对，将与原件一致的证据复印件交换给安彤公司。安彤公司书面质证称：1002277 号磅码单上的签字，查无此人，不予认可等。

仲裁庭对双方的证据进行了审查认定，其中，对于 1002277 号磅码单的证据能力予以了排除，并于 2014 年 2 月 18 日裁决：⑴安彤公司向申陆厂支付价款 30592 元。⑵安彤公司向申陆厂支付逾期付款损失赔偿额 4321.04 元。⑶仲裁费 6899 元，由申陆厂承担 5099 元，安彤公司承担 1800 元。上述三项裁决主文中安彤公司应支付款项合计人民币 36713.04 元，应于裁决作出之日起 15 日内一次性支付给申陆厂。

本案审理中，申请人申陆厂向本院提供如下证据：落款 2011 年 8 月 19 日的传真、增值税专用发票若干、2011 年货物对账明细表格、1002277 号磅码单、2014 年 3 月 4 日调查笔录（系本案中新提供的证据）。被申请人安彤公司提供了 2013 年 12 月 6 日的书面质证意见及其附件：2013 年 12 月 3 日案外人上海鹤舞时装有限公司提供的说明。关于申陆厂新提供的 2014 年 3 月 4 日调查笔录证据，安彤公司认为不能证明 1002277 号磅码单项下记载的货物已经签收。由于该调查笔录内容涉及货物是否签收的事实问题，不是本案撤销仲裁裁决的审查范围，因此本院不予认定为本案证据。

本院认为，当事人申请撤销仲裁裁决的案件，人民法院应当根据《中华人民共和国仲裁法》第五十八条的规定进行审查。申陆厂关于仲裁违反了审理程序的主张，仲裁委《仲裁规则》在“举证和质证”一条中规定：仲裁庭可以另行开庭进行质证，也可以要求当事人在规定期限内提交书面质证意见。本案仲裁庭审时，仲裁庭告知申陆厂庭后提供证据原件，以书面质证的方式质证，申陆厂、安彤公司均表示无异议。因此，申陆厂主张仲裁庭应就其补充提交的证据进行庭审质证，没有事实和法律依据，本院不予采纳。另，申陆厂关于仲裁庭未将安彤公司的书面质证意见再交换回申陆厂的意见，系申陆厂对仲裁庭进行书面质证的流程方面提出意见，并不涉及仲裁庭违反某项具体的仲裁规则。关于裁决所依据的证据是伪造的意见，申陆厂主张安彤公司对磅码单的质证意见虚假，仲裁庭不应采信该质证意见进行裁判。对此，本院认为，仲裁庭对磅码单证据不予采信，系仲裁庭在听取申陆厂的举证和安彤公司的质证意见后，运用证据规则对磅码单的证据效力所作判定。仲裁庭并未依据该磅码单作出裁决，因此不符合裁决所依据的证据是伪造的规定。申陆厂的其余理由，指向仲裁庭的仲裁审查权及其裁决权，不属于本案审查范围。综上所述，申请人申陆厂的申请理由，均不能成立，本院不予支持。据此，依照《中华人民共和国仲裁法》第五十八条第一款及《最高人民法院关于适用〈中华人民共和国仲裁法〉若干问题的解释》第十七条之规定，裁定如下：

(1)驳回申请人某市松江申陆床上用品厂要求撤销S仲裁委员会〔××××〕×仲案字第×号裁决的申请。

(2)本案案件受理费人民币400元，由申请人某市松江申陆床上用品厂负担。

(3)本裁定为终审裁定。

【问题】

本案中，人民法院应作出驳回撤销仲裁裁决申请的裁定还是应作出撤销仲裁裁决的裁定？

【案例解析】

本案是一起工矿产品购销合同纠纷案。由于仲裁庭所作出的仲裁裁决没有能够完全满足申请人的仲裁请求，申请人申陆厂于是向仲裁委员会所在地的中级人民法院申请撤销仲裁裁决。该法院经过审查，作出了驳回撤销申请的裁定。那么，该法院所作出的裁定是否正确呢？现拟结合有关申请撤销仲裁裁决的理论和法律规定以及本案，作如下分析：

（一）申请主体合格

根据《仲裁法》第五十八条第一款的规定，申请撤销仲裁裁决的主体仅限于当事人，既包括仲裁申请人，也包括仲裁被申请人。本案中，申请人申陆厂由于对仲裁庭作出的仲裁裁决不服，于是向法院提出了撤销仲裁裁决的申请。可见，本案申请主体是仲裁申请人，是合格的。

（二）申请事由不合格

当事人申请撤销仲裁裁决的事由应是提出证据证明裁决有《仲裁法》第五十八条第一款规定的6种情形，即没有仲裁协议；裁决的事项不属于仲裁协议的范围或者仲裁委员会无权仲裁；仲裁庭的组成或者仲裁的程序违反法定程序；裁决所根据的证据是伪造的；对方当事人隐瞒了足以影响公正裁决的证据；仲裁员在仲裁该案时有索贿受贿、徇私舞弊、枉法裁决行为中至少一种情形是确实存在的。本案中，申请人向法院提出了撤销裁决的申请，其理由：⑴仲裁庭以安彤公司的虚假质证意见为依据，对申陆厂提交的2011年8月23日1002277号磅码单不予认定，对该部分仲裁请求也不予支持，此后果比裁决所依据的证据是伪造的性质更加严重。⑵仲裁审理违反了法定程序：2013年11月15日庭审时，因申陆厂的财务账册已归档，故代理人未能出示证据原件。仲裁庭遂规定双方在一周内补充提交证据原件。此后，按规定的期限申陆厂提交原件给仲裁庭审查，仲裁庭应再次组织证据质证，但仲裁庭没有组织质证。后来，法院经审查认为，本案仲裁裁决并不具有申请人所述的《仲裁法》第五十八条第一款规定的两种情形即第三项“仲裁的程序违反法定程序”和第四项“裁决所根据的证据是伪造的”，并依此裁定驳回撤销申请。可见，本案申请事由不合格。

（三）申请对象合格

根据《仲裁法》第五十八条第一款的规定，申请人只能向仲裁委员会所在地的中级人民法院提出撤销仲裁裁决的申请。本案中，申请人申陆厂正是向仲裁委员会所在地的中级人民法院提出撤销仲裁裁决的申请。所以，本案申请对象合格。

（四）申请期限合格

根据《仲裁法》第五十九条的规定，当事人申请撤销仲裁裁决的期限，应当是自其收到仲裁裁决书之日起6个月。本案中，仲裁裁决作出的时间是2014年2月18日，当申请人申陆厂提出撤销申请后，本案法院经审查于2014年3月17日立案受理，显然，申请人申陆厂申请撤销仲裁裁决的期限，应当是在自其收到仲裁裁决书之日起6个月内。因此，本案申请期限合格。

（五）法院审查合格

人民法院对申请人撤销仲裁裁决申请的审查包括：⑴审查的组织形式是合议庭；⑵审查形式分为程序上的审查和实体上的审查两种形式；⑶审查内容是人民法院主要通过对申请人所提供的证据进行审查核实。本案中，仲裁委员会所在地的中级人民法院组成合议庭对仲裁裁决进行了程序上的审查和实体上的审查，主要是通过对申请人所提供的证据进行审查核实。最后经审查认为，申陆厂关于仲裁违反了审理程序的主张，仲裁委仲裁规则在“举证和质证”一条中规定：仲裁庭可以另行开庭进行质证，也可以要求当事人在规定期限内提交书面质证意见。本案仲裁庭审时，仲裁庭告知申陆厂庭后提供证据原件，以书面质证的方式质证，申陆厂、安彤公司均表示无异议。因此，申陆厂主张仲裁庭应就其补充提交的证据进行庭审质证，没有事实和法律依据，法院不予采纳。另外，申陆厂关于仲裁庭未将安彤公司的书面质证意见再交换回申陆厂的意见，系申陆厂对仲裁庭进行书面质证的流程方面提出意见，并不涉及仲裁庭违反某项具体的仲裁规则。关于裁决所依据的证据是伪造的意见，申陆厂主张安彤公司对磅码单的质证意见虚假，仲裁庭不应采信该质证意见进行裁判。对此，法院认为，仲裁庭对磅码单证据不予采信，系仲裁庭在听取申陆厂的举证和安彤公司的质证意见后，运用证据规则对磅码单的证据效力所作判定。仲裁庭并未依据该磅码单作出裁决，因此不符合裁决所依据的证据是伪造的规定。申陆厂的其余理由，指向仲裁庭的仲裁审查权及其裁决权，不属于本案审查范围。综上所述，申请人申陆厂的申请理由，均不能成立，法院不予支持。据此，依照《中华人民共和国仲裁法》第五十八条第一款及《最高人民法院关于适用〈中华人民共和国仲裁法〉若干问题的解释》第十七条之规定，裁定如下：驳回申请人某市松江申陆床上用品厂要求撤销S仲裁委员会〔××××〕×仲案字第×号裁决的申请。所以，本案法院审查合格。

综上所述，本案法院作出的驳回撤销申请的裁定是正确的。

案例28：优雅诗家居用品（东莞）有限公司申请撤销仲裁裁决案

【基本案情】

申请人：优雅诗家居用品（东莞）有限公司。

被申请人：浙江新地贸易有限公司。

申请人优雅诗家居用品（东莞）有限公司不服广州仲裁委员会东莞分会〔2006〕穗仲莞案字第636号仲裁裁决，向法院提出撤销仲裁裁决的申请。

申请人优雅诗家居用品（东莞）有限公司申请称，广州仲裁委员会东莞分会〔2006〕穗仲莞案字第636号仲裁裁决书系枉法裁决，原因如下：

⑴仲裁裁决书裁令申请人向被申请人支付律师费20000元，系适用法律错误。根据《仲裁规则》第七十六条规定："仲裁庭有权在裁决书中裁定败诉方应当补偿胜诉方因为办理案件所支出的合理费用，但补偿金额最多不得超过胜诉方所得胜诉金额的百分之十。"在本案中，被申请人向仲裁庭提出高达1962842.2元（含反请求的律师费20000元）的仲裁请求，申请人提出了1265917. 22元（含本请求部分律师费65000元）的仲裁反请求，仲裁庭以被申请人的仲裁请求得到部分支持为由，裁令申请人支付其仲裁反请求部分律师费20000元，违反了《仲裁法》及《仲裁规则》。首先，在仲裁反请求部分被申请人没有所得胜诉金额，因为仲裁庭没有支持申请人的反请求，并不意味着被申请人得到了胜诉金额，如果说反请求没有被支持，就可以裁令反申请人支付律师费，那么，在被申请人提出的1962842.2元仲裁请求中，仲裁庭仅支持了其中的587325元，还有高达1375517.2元没有被支持，仲裁庭是否就应当裁决被申请人按未获得支持的金额比例支付申请人本请求部分律师费65000元；其次，从仲裁费的承担比例上来看，被申请人承担本案仲裁费21174元，申请人仅承担9070元，说明被申请人的申请仅得到少部分的支持，仲裁庭裁令申请人支付律师费也与《仲裁规则》不符。

⑵仲裁裁决未裁令被申请人返还申请人11735.18元，系遗漏裁判事项。在仲裁庭开庭时，申请人与被申请人均确认申请人向被申请人送的货物价值711735.18

元，在被申请人预付的1200000元中，扣除500000元的保证金后，被申请人实际仅付款700000元，被申请人就应当返还申请人11735.18元，仲裁庭未对此作出裁决，是遗漏裁项，应当依法纠正。

⑶仲裁裁决以双方没有约定保证金的性质，合同解除或终止后，保证金属于不当得利应当返还为由，裁令申请人返还保证金500000元，系适用法律错误。本案中，虽然合同双方没有约定保证金的性质，即便不能认定为定金之性质，但是保证金作为保证合同顺利履行的性质足以认定。那么在被申请人严重违约、单方终止合同、使合同无法正常履行的情况下，申请人有权利要求被申请人承担违约责任，并没收保证金，故该申请人占有保证金并非没有合同及法律依据，不属于不当得利。

⑷被申请人第一次向申请人订购1412642.40元的货物，违反约定，实际购货量低于其计划的60%，及其在合同期内存在向优雅诗家居用品（东莞）有限公司以外厂商进货的行为构成根本违约。

被申请人浙江新地贸易有限公司未提供书面答辩，在听证会上提出答辩意见如下：

⑴关于律师费问题，仲裁庭就律师费的裁决是符合《仲裁法》和《仲裁规则》的，因为申请人的反请求没有得到支持，申请人并没有胜诉，这意味着被申请人胜诉。

⑵关于仲裁遗漏裁决事项的问题，按不告不理的原则，申请人没有提出返还款项的申请，仲裁庭没有对此作出裁决是正确的。

⑶关于保证金问题，按最高人民法院的司法解释，该保证金不具有定金的性质，裁令返还没有错误。

⑷关于合同的履行，被申请人在仲裁过程中已经提交了证据，不再详细陈述。

⑸申请人申请撤销仲裁裁决的同时，不能提供该裁决违反法律规定的证据，应当承担举证不能的责任。

申请人和被申请人均未提交新的证据。

本案审理过程中，法院调阅了广州仲裁委员会东莞分会〔2006〕穗仲莞案字第636号仲裁案全部卷宗材料，于2006年12月13日召开了听证会。经审理，法院就本案认定如下事实：

签订协议情况：本案申请人和被申请人于2004年9月26日签订《代理经销协议》及《补充协议》，《代理经销协议》约定由被申请人代理销售申请人的产品。《补充协议》约定了授权经销有效期为2004年10月1日至2005年12月31日；

经销商（本案被申请人）的经销范围为中国地区省级、二级城市，区域经销商在经销范围内独家经营；2004年10月1日至2005年12月31日本案被申请人购进合同产品至少1500万元；被申请人同意保留每月最低不少于人民币50万元的保证金；为协助被申请人开拓市场，申请人按开店面积每平方米补贴人民币250元，以50平方米为最高上限。

履行协议情况：上述协议签订后，被申请人于2004年10月13日向申请人支付了人民币100万元（其中保证金50万元、货款50万元），于2004年12月14日向申请人支付了货款人民币20万元；之后，被申请人在部分城市发展加盟商销售协议约定的产品。在履行协议过程中，被申请人认为申请人变更合同价格，发送的产品不符合协议的约定，影响了被申请人的销售业绩；申请人在报纸杂志上发表招商广告，另行发展代理商，违反了独家授权的协议。被申请人于2005年12月1日向申请人发出电报通知申请人解除协议。申请人认为被申请人未能按照协议计划完成销售任务，购货量低于计划的60%，违反了协议的约定。申请人至今未向被申请人退还保证金人民币50万元，亦未向被申请人支付装修补贴款。

仲裁情况：被申请人向广州仲裁委员会东莞分会提出仲裁申请，广州仲裁委员会东莞分会于2006年6月14日受理该申请，并于2006年10月9日作出〔2006〕穗仲莞案字第636号裁决书。

法院认为《中华人民共和国仲裁法》撤销仲裁裁决的6种情形，属程序违法问题或仲裁裁决违反公序良俗情形。申请人提出申请撤销仲裁裁决的第一点理由是对律师费裁令的适用法律问题，第三点理由是返还保证金问题的适用法律问题以及第四点理由是对违约问题的认定问题，均属实体的认定和实体的处理问题，属于仲裁机构自主行使仲裁权的范畴。申请人提出的第一点和第三点理由认为裁决适用法律错误，法院认为，申请人未提供任何证据证明，而仅从裁决适用法律的正确与否来推定裁决为枉法裁决显然是不够的。第二点遗漏裁项问题，法院认为，在仲裁阶段中，申请人和被申请人均未就该款项提出请求或反请求，仲裁庭不对此作出裁决并无不当。法院经对本案仲裁裁决事项进行审查，认为该裁决并未违背社会公共利益，亦未损害第三人利益。申请人提出撤销广州仲裁委员会东莞分会〔2006〕穗仲莞案字第636号仲裁裁决的证据不足，理由不充分。法院依照《中华人民共和国仲裁法》第六十条、《最高人民法院关于适用〈中华人民共和国仲裁法〉若干问题的解释》第十七条的规定，裁定驳回申请人优雅诗家居用品（东莞）有限公司撤销广州仲裁委员会东莞分会〔2006〕穗仲莞案字第636号仲裁裁决的申请。

【问题】

本案是否符合申请撤销仲裁裁决的条件？

【案例解析】

（一）申请撤销国内仲裁裁决的法定情形

1. 没有仲裁协议

有效的仲裁协议是仲裁庭获得案件仲裁权的依据，缺乏有效仲裁协议的仲裁裁决是违法裁决、无效裁决，当事人有权申请撤销，管辖法院也有权裁定撤销。根据《仲裁法解释》第十八条的规定："仲裁协议被认定无效或者被撤销的，视为没有仲裁协议。"另外，根据《仲裁法解释》第二十七条的规定，当事人以仲裁协议无效为理由主张撤销仲裁裁决的，必须在之前的仲裁程序中依法对仲裁协议的效力提出了异议且未获支持。

2. 裁决的事项不属于仲裁协议的范围或者仲裁委员会无权仲裁

从逻辑上讲，"裁决的事项不属于仲裁协议的范围"只是"仲裁委员会无权仲裁"的情形之一，二者之间不应是并列关系，而应是被包含与包含的关系。根据立法的现有规定，"裁决的事项不属于仲裁协议的范围"是指裁决的事项虽然符合《仲裁法》对事的效力范围但超出了仲裁协议的范围。"仲裁委员会无权仲裁"则指裁决的事项不符合《仲裁法》对事的效力范围，或指裁决的事项虽符合《仲裁法》对事的效力范围和仲裁协议的范围但超出了当事人请求的范围，或指裁决的事项虽符合《仲裁法》对事的效力范围、仲裁协议的范围和当事人请求的范围但超出了某特定仲裁委员会的受案范围。

3. 仲裁庭的组成或者仲裁的程序违反法定程序

仲裁庭如何组成和仲裁的程序如何进行是《仲裁法》的重要构成，《仲裁法》的相关规定对仲裁当事人和仲裁机构实施特定的行为具有约束力，违反这些程序规则往往会严重影响仲裁裁决的公正性。

4. 裁决所根据的证据是伪造的

证据是仲裁裁决正当的最根本所在，在没有证据或证据不充分的情况下而作出的仲裁裁决毫无公正性可言。伪造是证据的重大瑕疵，依据伪造的证据而作出的仲裁裁决也不可避免地具有重大瑕疵，应予撤销。

5. 对方当事人隐瞒了足以影响公正裁决的证据

出于趋利避害的本能，当事人在仲裁程序中隐瞒不利于己方而有利于对方的证据的情形时常可见。提出撤销仲裁裁决之申请的一方当事人若在仲裁程序中隐瞒了证据，即使被隐瞒的证据足以影响裁决的公正性，基于责任自负原则，这不能成为其撤销申请的正当理由。“证据被隐瞒”成为撤销仲裁裁决的正当理由，要求这一行为的实施者必须是撤销申请提出者的对方当事人，且其隐瞒行为从结果来看已经达到了“足以影响公正裁决”的程度。

6. 仲裁员在仲裁该案时有索贿受贿、徇私舞弊、枉法裁决行为

公道正派是仲裁员的聘任条件之一。要求所有的仲裁员总是无偏私、有良知地依法仲裁案件，是一种理想，也是一种假定。对仲裁员在实施了索贿受贿、徇私舞弊或枉法裁决的严重违法行为后作出的仲裁裁决之公正性的怀疑无法合理排除，此类仲裁裁决应被撤销，当无异议。

（二）申请撤销涉外仲裁裁决的法定情形

根据我国《仲裁法》第七十条和《民事诉讼法》第二百五十八条第一款的规定，申请撤销涉外仲裁裁决的法定情形包括如下 4 项：⑴当事人在合同中没有订有仲裁条款或者事后没有达成书面仲裁协议；⑵裁决的事项不属于仲裁协议的范围或者仲裁机构无权仲裁；⑶仲裁庭的组成或者仲裁的程序与仲裁规则不符；⑷被申请人没有得到指定仲裁员或者进行仲裁程序的通知，或者由于其他不属于被申请人负责的原因未能陈述意见。前三项法定情形可与申请撤销国内仲裁裁决的前三项法定情形作等同处理，二者之间不存在实质性差异，只是在表述和用语上略有不同，因此不再具体展开。

本案中，根据本案申请人申请撤销仲裁裁决的理由，本案的争议焦点有两个：一是申请人认为仲裁机构适用法律错误是否构成枉法裁决；二是仲裁裁决遗漏裁项是否为程序违法。下面就这两个问题分别分析：

1. 申请人认为仲裁机构适用法律错误是否构成枉法裁决

关于撤销仲裁裁决的情形，《仲裁法》第五十八条第一款和第三款作了具体规定和严格限定，第五十八条第一款规定的 6 种情形均属程序违法问题，不包括实体错误问题，第三款规定的是仲裁裁决违反公序良俗情形。申请人提出申请撤销仲裁裁决的理由是广州仲裁委员会东莞分会〔2006〕穗仲莞案字第 636 号仲裁裁决书系枉法裁决。申请人提出的第一点和第三点理由认为裁决适用法律错误，是

否因此而构成枉法裁决的问题。本院认为，枉法裁决应当是仲裁员在仲裁活动中故意违背案件事实和违反法律规定作出裁决的行为，其构成应包括主观和客观两方面的要件，即仲裁员在主观上要具有枉法的故意，在客观上要具有《仲裁法》第五十八条第一款第六项规定的索贿受贿、徇私舞弊、违反法律裁决等行为，二者缺一不可。《仲裁法》第五十八条同时规定了当事人需提出证据证明仲裁裁决具有可撤销的情形，从该规定来看，申请撤销仲裁裁决的举证责任在于申请人，法院在审理这类案件中没有主动收集证据的义务，法院只负责审查当事人提供证据的真实性及其能否证明法定撤销情形的存在。本案中，申请人并未提供任何证据证明，而仅从裁决适用法律的正确与否来推定裁决为枉法裁决显然是不够的。

2. 仲裁裁决遗漏裁项是否为程序违法

遗漏裁项本属程序违法，遗漏裁项的程序违法有一个前提，就是当事人在仲裁阶段提出了申请的事项，而仲裁庭没有作出相应的裁决。但本案在仲裁阶段中，申请人和被申请人均未就该 11735.18 元提出过请求或反请求，按照不告不理的原则，仲裁庭不对此作出裁决并无不当。另外，法院经对仲裁裁决事项进行审查，未发现该裁决有违背社会公共利益、损害第三人利益的情形。

综上，法院认为申请人证据不足，理由不充分，不支持其提出撤销仲裁裁决的申请是正确的。

第二节　仲裁裁决的执行

案例 29：三洋国际贸易公司申请执行仲裁裁决案

【基本案情】

1996 年 9 月 13 日，三洋国际贸易公司（下称三洋公司）与住所地设在北京的某省对外贸易公司（下称省外贸公司）在某市签订一项购销制造乳胶手套合同。合同规定：三洋公司向省外贸公司出售一套乳胶手套制造设备，价格为 530000 美元，其中 75% 即 397500 美元以信用证支付，25% 即 132500 美元以产品补偿。此外，合同中还约定了出现争议提交中国国际经济贸易仲裁委员会仲裁的条款。合同签订后，三洋公司交付了设备，省外贸公司支付了75%的货款。后来，双方就设备投产后的产品质量及补偿产品的价格等问题产生争议。付款期限过后，三洋公司在多次催要剩余货款，省外贸公司始终拒付的情况下，于1999年1月19日，依照合同中的仲裁条款，向中国国际经济贸易仲裁委员会申请仲裁。1999年11月12日，仲裁委员会作出裁决：省外贸公司于2000年1月15日前分两次支付给三洋公司货款132500美元，逾期加计年利率为12.5%的利息。2000年2月21日，因省外贸公司未按仲裁裁决履行，三洋公司依据《中华人民共和国民事诉讼法》第二百五十九条的规定，向北京市中级人民法院申请执行，北京市中级人民法院接到三洋公司申请执行书后，经审查认为该申请符合《中华人民共和国民事诉讼法》第二百五十九条的规定，决定予以执行。该院首先向被执行人省外贸公司发出执行通知，后于2000年3月1日派员前去执行。在执行中，被执行人提出，它是代理某合成纤维厂进口设备，该厂是实际用户，产生的纠纷应由该厂承担责任；被执行人并据此拒绝履行裁决中确认的其应当履行的义务。鉴于此种情况，执行人员明确指出：依据双方所签合同，与三洋公司签订购销设备合同的买方是省外贸公司，仲裁中的被申请人和裁决中的义务承担方也是省外贸公司，因此，省外贸公司应当承担和履行裁决义务；并告知被执行人，如不履行义务，法院将强制执行。3月2日，省外贸公司将货款及逾期利息共计138053.96美元和应承担的申请执行费人民币2693.64元，用支票汇往北京市中级人民法院。同年4月3日，北京市中级人民法院将执行的货款及利息交付申请执行人三洋公司。

【问题】

本案中，人民法院应否执行仲裁裁决？

【案例解析】

本案不仅是一起买卖合同纠纷案，而且是一起涉外买卖合同纠纷案。卖方依照合同中的仲裁条款于1999年1月19日向中国国际经济贸易仲裁委员会申请仲裁，仲裁委员会当即受理此案，并于1999年11月12日作出裁决。但是，被申请人省外贸公司并未按期履行仲裁裁决，于是申请人三洋公司于2000年2月21日，依据《中华人民共和国民事诉讼法》第二百五十九条的规定，向北京市中级人民法院申请执行。那么，北京市中级人民法院应否执行仲裁裁决呢？这当然取决于申请人三洋公司的执行申请是否符合法定条件。对此，作如下分析：

（一）符合前提条件

申请执行仲裁裁决的前提条件是义务方当事人不履行仲裁裁决。本案中，当仲裁庭作出仲裁裁决后，义务方当事人省外贸公司并未按期履行仲裁裁决，在这种情况下，根据《仲裁法》第六十二条和1991年《民事诉讼法》第二百一十七条第一款的规定，权利方当事人三洋公司就有权依法向有管辖权的人民法院申请执行。可见，三洋公司申请执行仲裁裁决符合仲裁裁决执行申请的前提条件。

（二）符合主体条件

申请执行仲裁裁决的主体条件是必须由当事人提出申请。本案中，当义务方当事人省外贸公司并未按期履行仲裁裁决时，权利方当事人三洋公司遂依法向北京市中级人民法院申请执行，而三洋公司正是本案当事人之一的申请人，可见三洋公司申请执行仲裁裁决符合仲裁裁决执行申请的主体条件。

（三）符合期限条件

申请执行仲裁裁决的期限条件是当事人必须在一定期限内提出申请。本案中，仲裁庭于1999年11月12日作出仲裁裁决，裁定省外贸公司于2000年1月15日前分两次支付给三洋公司货款132500美元，逾期加计年利率为12.5%的利息，但是被申请人省外贸公司并未按期履行仲裁裁决，于是申请人三洋公司于2000年2月21日向北京市中级人民法院申请执行。而1991年《民事诉讼法》第二百一十九条规定："申请执行的期限，一方当事人是公民的为一年，双方是法人或者其他组织的为六个月。前款规定的期限，从法律文书规定履行期间的最后一日起计算；法律文书规定分期履行的，从规定的每次履行期间的最后一日起计算。"本案双方是法人，按照该条款规定，申请执行的期限应为6个月，该期限从仲裁裁决书规定履行期间的最后一日起计算。本案仲裁裁决书规定履行期间的最后一日是2000年1月15日，而申请人三洋公司于2000年2月21日提出执行申请，显然在申请执行的6个月期限内。可见，三洋公司申请执行仲裁裁决符合仲裁裁决执行申请的期限条件。

（四）符合管辖条件

申请执行仲裁裁决的管辖条件是当事人必须向有管辖权的人民法院提出申请。本案中，申请人三洋公司于2000年2月21日向北京市中级人民法院申请执行，北京市中级人民法院正是本案负责受理执行申请的有管辖权的人民法院。因为，根据1991年《民事诉讼法》第二百一十七条第一款的规定，对依法设立的仲裁机构的裁决，一方当事人不履行的，对方当事人可以向有管辖权的人民法院申请执行。那么，本案有管辖权的人民法院是哪家人民法院呢？因本案是涉外案件，根据1991年《民事诉讼法》第二百五十九条的规定，经中华人民共和国涉外仲裁机构裁决的，当事人不得向人民法院起诉。一方当事人不履行仲裁裁决的，对方当事人可以向被申请人住所地或者财产所在地的中级人民法院申请执行。而被申请人省外贸公司住所地在北京，所以，北京市中级人民法院就是本案负责受理执行申请的有管辖权的人民法院。可见，三洋公司申请执行仲裁裁决符合仲裁裁决执行申请的管辖条件。

（五）符合执行对象条件

申请执行仲裁裁决的执行对象条件是当事人申请执行的仲裁裁决必须是具有法律效力的裁决。本案中，仲裁庭于1999年11月12日作出仲裁裁决，而根据《仲裁法》第五十七条的规定，该裁决一经作出立即生效，况且被申请人省外贸公司在本案仲裁裁决书规定履行期间的最后一日2000年1月15日尚未履行裁决义务，不得已，申请人三洋公司只得于2000年2月21日向北京市中级人民法院申请执行。可见，三洋公司申请执行仲裁裁决符合仲裁裁决执行申请的对象条件。

综上所述，申请人三洋公司的执行申请符合申请执行仲裁裁决的法定条件，所以根据《仲裁法》第六十二条和1991年《民事诉讼法》第二百一十七条第一款的规定，北京市中级人民法院应当执行。可见，本案中，申请执行人向北京市中级人民法院申请执行，北京市中级人民法院予以执行，符合《仲裁法》第六十二条和1991年《民事诉讼法》第二百一十七条第一款和第二百五十九条的规定，是正确的。不仅如此，北京市中级人民法院在之后的执行程序中的执行行为符合1991年《民事诉讼法》第二百二十条的规定，也是正确的。

必须指出的是，2012 年《民事诉讼法》相比 1991 年、2007 年《民事诉讼法》的规定（执行员接到申请执行书或者移交执行书，应当向被执行人发出执行通知，责令其在指定的期间履行，逾期不履行的，强制执行）而言，虽然仍保留了执行通知制度，但是却删除了执行通知制度中履行期限的规定，其第二百四十条规定："执行员接到申请执行书或者移交执行书，应当向被执行人发出执行通知，并可以立即采取强制执行措施。"那么，2012 年《民事诉讼法》第二百四十条之所以删除了执行通知制度中履行期限的规定，是因为执行通知制度在设立之初就饱受争议，经过 1997 年《最高人民法院关于人民法院执行工作若干问题的规定（试行）》与 2007 年《民事诉讼法》的修改，仍然存在理论上的争议与实践中的困惑。引发上述问题的原因就在于执行通知制度中关于指定履行期限，并在该履行期间未满前一般不能强制执行的规定。为了彻底消除执行通知制度的弊端，这次民事诉讼法修改将该制度中的上述内容全部予以删除。[1] 这样一来，必然就涉及如何正确适用与执行通知相关的司法解释，因为执行通知是以 2012 年《民事诉讼法》第二百四十条规定为基础，由相关多条司法解释共同构成的制度，如《民事诉讼法适用意见》第二百五十四条、第二百七十九条，《最高人民法院关于人民法院执行工作若干问题的规定（试行）》第二十四至二十六条、《最高人民法院关于适用〈中华人民共和国民事诉讼法〉执行程序若干问题的解释》第三十条等。而这些条款的规定与 2012 年《民事诉讼法》第二百四十条的规定有所不同，因此也就产生了相关司法解释的适用问题。在实践中应当注意，相关司法解释中凡是以执行通知中的履行期限及履行期限内不能采取强制措施为基础的条文都不得再予适用，但是那些有关执行通知的时间要求、内容要求（除履行期限外）等与 2012 年《民事诉讼法》第二百四十条现行规定没有冲突的司法解释条文仍然是现行执行通知制度的重要组成部分，仍然应当予以严格遵守。[2]

---

[1] 江必新主编：《〈中华人民共和国民事诉讼法〉修改条文解读与应用》，法律出版社 2012 年版，第 453 ～ 454 页。

[2] 江必新主编：《〈中华人民共和国民事诉讼法〉修改条文解读与应用》，法律出版社 2012 年版，第 455 ～ 456 页。

第三节 仲裁裁决的不予执行

案例30：某食品有限公司申请不予执行仲裁裁决案

【基本案情】

某建筑工程公司与某食品有限公司建筑工程合同纠纷一案，2007年6月8日，经某仲裁委员会作出裁决，由于被执行人某食品有限公司不予履行，申请执行人某建筑工程公司于2007年6月16日向某市中级人民法院申请强制执行。

法院在执行过程中，被执行人向法院提出了不予执行的申请，其理由：(1)本案仲裁庭的组成违反法定程序，申请人选定的仲裁员余某与申请人的代理人魏某系同学关系，仲裁委未按规定披露仲裁员的资料，为此对仲裁结果的公正性产生怀疑；(2)本案认定的事实主要证据不足，缺少工程变价变更报告等；(3)本案裁决中没有引用相关法律条文，且对部分实体权利的处分适用了《仲裁法》明显属于适用法律错误，同时被执行人向本院提供了仲裁员余某与申请人的代理人魏某系某市某大学法学院同学关系，及法院在审理之中的同学生日聚会照片，某市某大学法学院档案馆提供的毕业生花名册以及同学通讯录等证据予以证明。法院为了查明案件事实，依法组成合议庭，通知双方当事人及某仲裁委员会到庭对本案进行了执行听证。在执行听证中，因双方当事人对认定的事实未能向本院提供新的证据，合议庭主要针对仲裁庭的组成是否违法和适用法律是否确有错误进行审查。在听证中，申请执行人对被执行人提供的证据未予否认。

法院经审查认为，本案中某仲裁委员会未向当事人尽到告知和披露的义务，仲裁庭的组成违反了法定程序，导致被执行人对裁决的公正产生合理性的怀疑，且在对当事人权利义务的认定和处分上明显缺乏法律依据，对申请人要求支付违约金的请求其适用《仲裁法》第四十三条第一款的规定进行裁决，属于适用法律确有错误，依据《中华人民共和国民事诉讼法》第二百一十七条第二款第三项、第五项的规定，裁定如下：

⑴申请执行人某建筑工程公司申请强制执行的某仲裁委员会作出的裁定，本院不予执行。

⑵申请执行费 3642 元由申请执行人某建筑工程公司交纳。

⑶本裁定为终审裁定。

【问题】

本案中，人民法院作出不予执行的裁定是否合理？

【案例解析】

本案是一起建筑工程合同纠纷案。由于被执行人不予履行仲裁庭作出的仲裁裁决，申请执行人于是向某市中级人民法院申请强制执行。而该法院在执行过程中，被执行人却向该法院提出了不予执行的申请。该法院经过审查，作出了不予执行仲裁裁决的决定。那么，该法院所作出的裁定是否正确呢？现结合有关仲裁裁决不予执行的理论和法律规定以及本案，作如下分析：

（一）申请主体合格

根据 1991 年《民事诉讼法》第二百一十七条第二款的规定，不予执行申请的主体只能是仲裁裁决执行案件的被执行人。本案中，在申请执行人某建筑工程公司向法院申请强制执行后，法院在执行过程中，被执行人某食品有限公司向法院提出了不予执行的申请。可见，本案申请主体合格。

（二）申请对象合格

根据《仲裁法解释》第二十九条的规定，被执行人只能向执行法院提出不予执行仲裁裁决的申请，具体是被执行人住所地或者被执行财产所在地的中级人民法院。本案中，被执行人某食品有限公司正是向执行法院提出的不予执行仲裁裁决的申请。所以，本案申请对象合格。

（三）申请期限合格

虽然《仲裁法》对被执行人提起不予执行仲裁裁决申请的期限没有作明确规定，但是一般认为应是仲裁裁决已被申请执行之后，执行法院采取执行行动之前。本案中，被执行人某食品有限公司是法院在执行过程中即仲裁裁决已被申请执行之后，执行法院采取执行行动之前，向法院提出了不予执行的申请。因此，本案申请期限合格。

（四）申请条件合格

根据1991年《民事诉讼法》第二百一十七条第二款的规定，被执行人申请不予执行的条件应是提出证据证明裁决有《民事诉讼法》第二百一十七条第二款规定的6种情形即当事人在合同中没有订有仲裁条款或者事后没有达成书面仲裁协议；裁决的事项不属于仲裁协议的范围或者仲裁机构无权仲裁；仲裁庭的组成或者仲裁的程序违反法定程序；认定事实的主要证据不足；适用法律确有错误；仲裁员在仲裁该案时有贪污受贿、徇私舞弊、枉法裁决行为中至少有一种情形是确实存在的。本案中，被执行人向本院提出了不予执行的申请，其理由是：⑴本案仲裁庭的组成违反法定程序；⑵本案认定的事实主要证据不足，缺少工程变价变更报告等；⑶本案裁决中没有引用相关法律条文，且对部分实体权利的处分适用了《仲裁法》明显属于适用法律错误。后来，法院经审查认为，本案仲裁裁决具有《民事诉讼法》第二百一十七条第二款规定的两种情形即第三项“仲裁庭的组成或者仲裁的程序违反法定程序”和第五项“适用法律确有错误”，并依此裁定不予执行仲裁裁决。可见，本案申请条件合格。

（五）法院审查合格

前已述及，人民法院对被执行人不予执行仲裁裁决申请的审查包括：⑴审查的组织形式是合议庭；⑵审查形式分为程序上的审查和实体上的审查两种形式；⑶审查内容是人民法院主要是通过对被执行人所提供的证据进行审查核实。本案中，执行法院组成合议庭对仲裁裁决进行了程序上的审查和实体上的审查，主要是通过对被执行人所提供的证据进行审查核实。最后经审查认为，本案中某仲裁委员会未向当事人尽到告知和披露的义务，仲裁庭的组成违反了法定程序，导致被执行人对裁决的公正产生合理性的怀疑，且在对当事人权利义务的认定和处分上明显缺乏法律依据，对申请人要求支付违约金的请求其适用《仲裁法》第四十三条第一款的规定进行裁决，属于适用法律确有错误，依据《中华人民共和国民事诉讼法》第二百一十七条第二款第三项、第五项的规定，裁定：申请执行人某建筑工程公司申请强制执行的某仲裁委员会作出的裁定，本院不予执行。所以，本案法院审查合格。

综上所述，本案法院作出的不予执行仲裁裁决的裁定是正确的。

必须指出的是，2012 年《民事诉讼法》第二百三十七条第二款第四项、第五项分别规定为“裁决所根据的证据是伪造的”“对方当事人向仲裁机构隐瞒了足以影响公正裁决的证据的”，取代了 1991 年《民事诉讼法》第二百一十七条第二款第四项、第五项和 2007 年《民事诉讼法》第二百一十三条第二款第四项、第五项的规定即“认定事实的主要证据不足的”“适用法律确有错误的”。这一修改意味着，2012 年《民事诉讼法》第二百三十七条关于无涉外因素的国内仲裁裁决不予执行的条件，与 1994 年《仲裁法》第五十八条关于无涉外因素的国内仲裁裁决撤销的条件相同，从而改变了撤销与不予执行的“双轨制”；虽然法院在前述执行仲裁裁决时还涉及实体审查，但审查的范围已大大缩小。毫无疑问，这一修改将在理论与实践上产生深远的影响。[1]

[1] 宋连斌、彭丽明：《中国商事仲裁年度观察（2013）》，载《北京仲裁》2013 年第 83 辑。

第六章　涉 外 仲 裁

第一节　涉外仲裁程序的法律适用

案例 31：××× INDUSTRIAL PERU SAG 与丹 ×× 国际商务有限公司买卖合同纠纷案

【基本案情】

申请人 ××× INDUSTRIAL PERU SAG 于 2005 年 9 月 12 日向被申请人丹 ×× 国际商务有限公司发出了一份由业务经理辛某签名的《售货确认书》作为要约，其中没有对产品的规格尺寸提出要求，也无质量检验条款；后由被申请人方吴某、陈某签名的反要约邮件，明确约定了货物的规格尺寸，并将质量异议期确定为 30 天。最后申请人委托其在中国的公司代表赵某和被申请人的代理人陈某于 2005 年 9 月 12 日在被申请人办公室当面正式签订了本案《售货确认书》，9 月 14 日还签订了一份《补充协议》，其中有些条款对《售货确认书》作了一定的修改与补充。

本案的申请人作为买方、被申请人作为卖方在《售货确认书》中包含如下与本案争议有关的条款：⑴货物名称为野餐垫。规格 DY201 175（135cm 数量 1700PCS），规格 DY202 175（130cm 数量 1600PCS），规格 DY203150（130cm 数量 1200PCS），规格 DY205 170（130cm 数量 1500PCS）；单价 USD3.083/PC FOB 上海；总价 USD22505.90；预付 30% 后 30 天内发货。⑵买方必须于 2005 年 10 月 8 日前银行电汇给卖方，电汇金额为合同金额的 70%。⑶品质数量异议：如买方提出索赔，凡属品质异议须于货到目的地口岸之日起 30 天内提出，凡属数量异议须于货到目的地口岸之日起 15 天内提出。

2005 年 9 月 14 日，双方签订了《补充协议》，对编号为 HS×9001 的《售货确认书》作了如下的补充和修改（甲方为被申请人、乙方为申请人）：⑴乙方预付甲方人民币50000元，甲方立即安排生产，定金后30天交货。乙方在验货合格时，甲方安排出货事宜，甲方出货后制作好整套提货单据，保证单据符合客人合理要求，乙方付清金额181622-50000=131622人民币之后，甲方同时把整套海关单据交与乙方。⑵待B海×有限公司电汇100%的美元给甲方后，甲方5天内退回赵某代付的全部款项和商定的1万元佣金（此均指人民币，赵某在庭上解释1万元佣金是解决减价问题）。⑶如乙方最后不电汇100%的美金给甲方，将造成甲方不能核销退税，甲方有权拒付那额外的1万佣金。

双方在履行《售货确认书》和《补充协议》过程中就货物的尺寸发生过争议。经协商不能解决，申请人遂根据2005年9月12日和被申请人正式签订的《售货确认书》中的仲裁条款于2006年5月24日向中国国际经济贸易仲裁委员会（以下简称仲裁委员会）提起仲裁，并提出如下仲裁请求：⑴解除双方签订的《售货确认书》，申请人向被申请人退货7272条野餐垫，被申请人向申请人返还货款22397.76美元；⑵被申请人向申请人退赔已由申请人交付的海运费2420美元；⑶被申请人向申请人退赔已由申请人交付的保险费50美元；⑷被申请人向申请人退赔已由申请人交付的关税6712美元；⑸被申请人向申请人退赔已由申请人交付的海关代理费1186.30美元；⑹被申请人向申请人退赔已由申请人交付的转运费375.05美元；⑺被申请人向申请人退赔已由申请人交付的海关其他费用375.05美元；⑻被申请人向申请人退赔已由申请人交付的提货费285.30美元；⑼被申请人向申请人偿付因货物短少尺寸申请人赔偿客户的费用7000美元；⑽被申请人向申请人偿付为办理本案支出的翻译费人民币2180元；⑾被申请人向申请人偿付为办理本案支出的国际特快费人民币264元；⑿被申请人向申请人支付人民币8000元以补偿申请人花费的律师费；⒀被申请人向申请人支付退货的所有费用；⒁被申请人承担本案的仲裁费；⒂被申请人向申请人支付上述第1～10项仲裁请求的利息损失（利息按中国人民银行同期利率计算，自2005年10月9日起至本案执行之日止）。

申请人诉称：合同签订后，申请人按照《售货确认书》付给了被申请人货款。2005年11月5日，申请人根据与被申请人签订确认书，又和HD签订了野餐垫买卖合同。2005年11月13日货物到达港口，申请人提货至公司，在申请人前述客户提货过程中发现被申请人所提供货物编号为DY201、DY202、DY205共计4800条，短3～5厘米。为此该客户拒绝提货，申请人赔偿了客户7000美元。由于被申请人的严重违约，申请人多次通过电话、信函等方式向被申请人提出解除合同、退还货款、赔偿损失，并以各种方式谋求和解，因被申请人并无诚意，一直未果。

仲裁委员会经审查，认为申请人的仲裁申请符合《仲裁法》和本会仲裁规则关于申请仲裁的条件，于是受理了上述合同项下的野餐垫买卖合同争议仲裁案。并且发现，双方在本案仲裁条款中明确约定了《中国国际经济贸易委员会仲裁规则》（以下简称仲裁规则）。

仲裁委员会秘书局于2006年6月12日以特快专递向被申请人寄送了仲裁通知、仲裁申请书和附件及《仲裁规则》《仲裁员名册》等材料。被申请人于2006年6月29日向仲裁委员会提交了仲裁答辩书。申请人于2006年7月5日向仲裁委员会提交了“增加仲裁请求书”。仲裁委员会秘书局于2006年7月10日向被申请人转去申请人的“增加仲裁请求申请书”，向申请人转去被申请人的答辩书。

被申请人辩称：(1)双方已经依据《售货确认书》和《补充协议》履行完毕。(2)关于《补充协议》，原订合同约定申请人预付30%的货款到被申请人账上，实际根本未按合同履行。因此，为确保合同稳妥执行，双方代理人于9月14日在丹阳外贸华日公司又签订了《补充协议》，而此份协议才是双方交易实际操作的真正依据。《补充协议》中约定“乙方在验货合格时，甲方安排出货事宜”。显而易见，申请人的代理人如验货时发现尺码短少，是绝不可能允许装箱出运、付款赎单的。(3)货物已经申请人的代理人检验合格。2005年10月13日上午，货物发运时申请人的代理人赵某在场，并对货物进行了反复抽查，特别抽查了产品的规格尺寸，经再次检验合格后才装箱发货。(4)关于品质异议索赔。根据《联合国国际货物销售合同公约》第三十九条的规定和双方的合同，收货方应在货到目的地口岸起30天内提起索赔。申请人没有及时提出异议，应当视为货物品质合格。因此，申请人提出的请求不应得到支持。(5)被申请人在产品质量方面没有违约。被申请人的供货厂是个专业外贸民营企业，视品质为生命，每单有完整的工艺制作单，所有产品经过严格检验，不可能出现尺寸短小的现象。事实上DY201、DY202、DY205三款产品的尺码大小差别为5厘米，申请人并没有要求在每件产品上标明尺码标，由于产品没有尺码标导致买方在销售时容易将这三款产品混淆，造成尺寸混乱。而且，野餐垫卷起前和卷起后测验，必定会有长短误差。退一步讲，即使DY201、DY202、DY205三个型号的产品事实上尺寸短小3～5厘米，也不构成根本违约。《联合国国际货物销售合同公约》规定的根本违约是指一方当事人违反合同，使另一方当事人蒙受损害，以至于实际上剥夺了该另一方根据合同规定有权期待得到的东西。野餐垫作为用一次就扔的易耗品，尺寸短小3～5cm不会影响产品的使用和销售，事实上申请人盲目进货，销路不好，才找借口退货。申请人要求解除三个型号的全部合同，是没有依据的。(6)申请人的异议形式不符合规定。申请人提出的产品尺码短小的情况，仅仅是申请人自己公司一方的说法，不是第三方的检验报告，不具可信性，不能作为索赔的依据。综上，申请人提出索赔请求没有事实和法律依据，不应得到仲裁庭的支持。

由于申请人与被申请人在规定的期限内未共同选定或共同委托仲裁委员会主任指定一名独任仲裁员，仲裁委员会主任根据《仲裁规则》之规定为双方当事人指定L女士担任本案独任仲裁员，于2006年7月11日成立仲裁庭，审理本案。仲裁委员会秘书局将L女士签署的《声明书》转交双方当事人，并向双方当事人发出了组庭通知。仲裁庭商秘书局决定于2006年8月21日开庭审理本案，仲裁委员会秘书局向双方当事人发出了组庭通知。

庭审当日，申请人的代理人赵某、霍某和被申请人总经理郦某及其代理人陈某、孙某均出席了庭审。庭审前，申请人向仲裁庭提交了一份增加请求金额的利息的书面申请，被申请人也提交了一份说明书和货物全部运回中国检验的申请书。在庭上双方各自陈述了自己的主张和理由，对证据进行了质证，回答了仲裁庭的提问，并作了最后的陈述。仲裁庭在征得双方的同意的基础上，对本案进行了调解，但未获成功。双方代理人在庭后向仲裁庭提交了代理词和其他补充书面意见。

仲裁庭认为本案双方争议主要集中在被申请人所交的各种型号的货物是否均缺少尺寸以及申请人是否可以以货物缺少尺寸作为解除合同全部退货的理由。仲裁庭经审理查明：

⑴ 2005年9月12日（实签日为14日）签订的《售货确认书》第八条约定：如买方提出索赔，凡属品质异议须于货到目的口岸之日起30天内提出；凡属数量异议须于货到目的口岸之日起15天内提出。⑵ 2005年9月14日签订的《补充协议》第一条约定：乙方（即申请人）在验货合格时，甲方（即被申请人）安排出货事宜。⑶被申请人在答辩书中附有供货商丹阳市××旅游用品厂及其设计科职员吴某、验收员泮某的三份证词，证明在发货前，赵某先生等二人曾两次到生产厂现场检验过货物品质、测量过产品的尺寸及检查垫子的标签。⑷申请人的代理人赵某先生在庭上和代理词中承认，曾于2005年10月8日和13日两次去过生产合同货物的丹阳市××旅游用品厂，但到厂家先是去吃饭，后是去看其规模及样品，并未对尺码进行测量，也未有过反复抽查的行为，更未进行检验。因此，对被申请人上述提供的三份证人证言提出异议。⑸申请人提供了一份2005年11月5日与其下家客户H签订的4800条“野餐垫买卖合同”。⑹ 2005年11月13日合同货物运抵B卡亚俄港，申请人将货运至其仓库，在其客户提货时，申请人才发现野餐垫短小5厘米的问题，申请人的客户由此拒收货物，赔偿共7000美元，并于2005

年12月初用电话告知被申请人并要求索赔，但未用书面正式提出，当时也未附具检验情况和检验结果。(7)申请人于2006年2月14日正式发函委托赵某先生为其代表，全权处理此纠纷。(8)被申请人于2006年4月5日函复申请人，内称："如退回的7392条毯子确有4800条短5厘米，我方将如数退回赵某货款并承担回运海运费，其他费用与我方无关。如4800条大部分短小少于5厘米，回运费用及相关费用也由B海×公司承担。"申请人对此未作回应。(9)申请人提供了一份由公司经理李××于2006年4月22日签字的、用中文书写的"野餐垫短少尺码情况"的文件，其上还有四枚用西班牙文印有不同日期的签字和印章（申请人解释此四枚印章的机构为B利马市公证处、B内政部公证处、B外交部、中国驻B大使馆领事司，但未对该文内容作出说明或解释），作为索赔依据。(10)被申请人提供了由北京市××翻译中心出具的"野餐垫短少尺码情况"文件上B公证机构公证内容的中文翻译。说明其证明的仅为申请人的公司及其李某身份的真实性，并未对本案合同项下的货物的规格缺陷进行公证。据此，仲裁庭作出如下裁决：

(1)被申请人向申请人退还货款2278.95美元。

(2)驳回申请人的其他仲裁请求。

(3)本案仲裁费为人民币21646.38元，申请人承担90%即人民币19481.74元，被申请人承担10%即人民币2164.64元。该笔费用已由申请人向仲裁委员会全额预缴，因此被申请人应将申请人为其垫付的仲裁费人民币2164.64元直接支付给申请人。

上述第(1)、(3)中被申请人应向申请人支付之款项，被申请人应在本裁决作出之日起30日支付完毕。

本裁决为终局裁决，自作出之日起发生法律效力。

【问题】

1. 你是否同意独立仲裁员的仲裁裁决？为什么？
2. 该裁决的说理部分是否充分？

【案例解析】

本案是一起买卖合同纠纷案，而且是一起涉外买卖合同纠纷案。它与国内仲裁纠纷案件有所不同的是，需涉及仲裁程序的法律适用问题。首先，仲裁庭应适用当事人协议选择的仲裁程序法或仲裁规则；其次，仲裁庭在当事人未选择时，一般适用仲裁地法；最后，仲裁庭依据“非国内化”仲裁理论，进行仲裁程序的法律适用。那么，本案中，仲裁庭应如何解决仲裁程序的法律适用问题呢？对此，作如下分析：

（一）依照当事人的选择适用

仲裁是建立在当事人的意思自治的基础之上的，涉外仲裁也是如此，其表现之一是当事人有权协议选择适用仲裁程序法或仲裁规则，本案的当事人就行使了此种权利，即当事人在仲裁条款中选择了本案仲裁委员会的仲裁规则。当事人的这种选择和我国《仲裁法》有关仲裁程序方面的规定相一致。首先，我国《仲裁法》确立了当事人自愿原则，而当事人自愿原则则赋予了当事人的这种选择权利；其次，依据 2005 年《贸仲规则》第一条的规定，本仲裁规则制定的根据就是《仲裁法》和有关法律的规定以及原中央人民政府政务院的《决定》和国务院的《通知》《批复》。因此，当事人的这种选择和我国《仲裁法》有关仲裁程序方面的规定相一致，本案仲裁庭适用当事人选择的仲裁规则是合法的。

（二）依照仲裁地法适用

本案中，仲裁庭适用了当事人选择的仲裁规则，退一步来讲，即使当事人没有选择，仲裁庭也可能适用本案仲裁委员会的仲裁规则，仲裁庭在当事人未选择时，一般适用仲裁地法，而本案的仲裁地在中国的北京，仲裁庭此时应当适用我国的《仲裁法》。不过，2005 年《贸仲规则》是根据《仲裁法》等制定的，它所规定的仲裁程序规则和《仲裁法》的规定是相一致的，而且《仲裁法》的有关条款规定有时候还应适用仲裁委员会的仲裁规则，例如《仲裁法》第四十一条规定：“仲裁委员会应当在仲裁规则规定的期限内将开庭日期通知双方当事人。”此外，2005 年《贸仲规则》第四条第二款规定，凡当事人同意将争议提交仲裁委员会仲裁的，均视为同意按照本规则进行仲裁。所以，按照此条规则，本案仲裁庭也可适用仲裁委员会的仲裁规则。

（三）依照“非国内化”仲裁理论适用

“非国内化”仲裁理论的基本观点是：当事人可以在仲裁协议中约定，仲裁程序不必遵循任何国家的仲裁程序法，而是依据当事人选择的程序规则。该理论也被有关国家的法律和有关仲裁机构的仲裁规则所接受，只不过对该理论进行了修正，即承认仲裁程序应遵循有关国家的仲裁程序法。因为从仲裁实践来看，如果仲裁程序受非仲裁地国法支配，那么仲裁员除遵守该国程序法外，还需考虑并尊重仲裁地国法中有关强制性规则和公共秩序。否则，仲裁举行地国法院有权以违反其强制性规则或公共秩序为由撤销裁决。此外，仲裁员还应保证其仲裁程序符合被申请人承认与执行裁决地国的强制性规定与公共秩序，以保证裁决的有效性和可执行性。可见，经过修正的这种理论是：当事人可以在仲裁协议中约定仲裁程序规则，如当事人未选择的，由仲裁庭直接予以确定或者依照有关法律或仲裁规则予以确定，但是不能与有关国家的强制性规则和公共秩序相违背。虽然我国尚不承认这种理论，但是这种修正后的理论和我国有关法律或有关仲裁规则的规定并没有什么差异。所以，如果按照这种修正后的理论，既然当事人选择了2005年《贸仲规则》，本案仲裁庭也就可以适用该仲裁规则。

综上，本案仲裁庭可以适用2005年《贸仲规则》，并且是合法的。当然，值得注意的是，现在施行的《贸仲规则》是经过中国国际贸易促进委员会/中国国际商会2014年11月4日修订并通过，且于2015年1月1日起施行的2015年《贸仲规则》。

第二节　涉外仲裁实体法的法律适用

案例32：×× 金属国际有限公司与 ×× 实业发展有限公司电解铜买卖合同纠纷案

【基本案情】

2005年2月21日，申请人 ×× 金属国际有限公司与被申请人 ×× 实业发展有限公司签订了电解铜买卖合同。合同约定：被申请人（买方）向申请人（卖方）购买伦敦或上海金属交易所注册的“A”级电解铜10000吨，从2005年3月到12

月在有舱位的情况下每月1000吨；交付条件为成本、保险加运费（CIF）班轮条件（LT）和/或成本、保险加运费（CIF）中国上海集装箱堆场（CY），由卖方选择；定价期为买方有权从卖方收到定金或可接受的信用证起至装船月最后一个工作日期间对未知市场定价，但需得到卖方同意，买方须告知卖方关于已定价的货物数量，以后的结算就以该定价或相互约定的价格为基准；每1000吨电解铜的价格为伦敦金属交易所的现货结算价，或按买卖双方相互约定的铜价调整期至装船月第三个星期三的价格，或交割日至装船月最后一个工作日的现货价格加每吨115美元。如果市场价与临时付款金额或信用证金额加上买方预付的定金持平或超出，则买方应在收到卖方通知后二个工作日内修改信用证以增加该信用证金额或追加（汇付）定金以补足该差额。否则，卖方有权在任何时候对合同货物定价；但卖方在运用酌处权对合同货物定价时，应尽可能使该价格与（基于信用证金额的）临时付款金额加上任何定金后的金额相近；定金条款约定，每1000吨电解铜定价为人民币1200000.00元，该定金在卖方收到信用证或收到足额货款前的任何时间应能覆盖伦敦金属交易所三个月铜价调整期至现货价和买方定价之间的差额。如果该初始定金不能充分覆盖上述差额，则卖方有权要求买方在一个工作日内汇付追加定金补足该差额，否则，买方将承担所有损失，且卖方保留向买方提起由此产生的额外损失的索赔权。支付条款约定，付款方式由买方选择，但需经卖方同意，信用证最迟须在承运船预抵卸货港前15天开具等。合同还约定了货物、重量、产权、质量争议、重量争议、不可抗力条款。

在履行7、8月份的电解铜交易中，由于市场价格变化，进口出现严重亏损等原因，被申请人不依约履行开立信用证义务。涉案合同项下2005年9月份的货物由于舱位原因推迟在10月份执行，2005年10月17日，申请人安排了9月份货物并通知被申请人开立信用证。2005年10月26日，申请人安排了10月份货物后将船期通知被申请人，并要求其按照合同规定开立信用证。2005年11月18日，申请人安排了11月份货物后将船期通知被申请人，并要求其按合同规定开立信用证，但被申请人仍不依约履行开立信用证义务。2005年10月12日，被申请人向申请人表示：涉案合同剩余的执行批次货物的点价期，将以贵公司交付7、8月批次货物的下一个月开始，逐月顺延。被申请人这个意见即无视合同的约定，又无视其不依约开立7、8月批次货物的信用证及因此给申请人造成巨大经济损失的基本事实，其目的是要将此作为拒开9、10月及以后批次货物的信用证的"理由"。

为此，申请人依据买卖合同中的仲裁条款，向中国国际经济贸易仲裁委员会（以下简称仲裁委员会）上海分会提起仲裁申请。

申请人仲裁请求如下：⑴请求裁决被申请人应赔偿因违约给申请人造成的损害人民币 8718766.41 元。⑵请求裁决终止执行 7 月至 10 月份期限内的交货。⑶请求裁决被申请人承担本案全部仲裁费。

仲裁委员会经审查，认为申请人的仲裁申请符合《仲裁法》和本会仲裁规则关于申请仲裁的条件，于是受理了上述合同项下的电解铜买卖合同争议仲裁案。并且发现，双方在本案的销售合同中明确约定，除非另有约定，《2000 年国际贸易术语解释通则》适用于本合同及买卖双方的任何争端或索赔。

被申请人提出答辩意见如下：申请人主张被申请人违约不成立，经济损失事实不清楚，损失的具体内容即计算依据不明确，被申请人无法进行针对性的答辩。此外，申请人声称 2005 年 9 月份和 10 月份均遭受了 BACK（缺货）损失和 PREMIUM（保险费）损失，但却没有明确阐述该两种损失的性质及其计算依据。申请人对于其主张的损失，未能提供任何证据予以证明。因此，申请人的主张不应得到支持，请仲裁庭驳回申请人的仲裁请求。

申请人拒绝交付 7、8 月份货物构成违约，应赔偿被申请人因此遭受的损失。申请人屡次严重违反涉案合同的约定，导致被申请人无法实现签署合同的目的，被申请人已通知解除涉案合同。申请人拒绝交付 7、8 月份货物构成重大违约。申请人在履行涉案合同项下 9、10 月份交易时继续存在重大违约行为，导致被申请人无法实现涉案合同项下目的，故被申请人有权自行解除合同，且无须向申请人承担责任。申请人要求被申请人赔偿经济损失没有合同及事实依据。

据此，被申请人提出了如下反请求：⑴申请人应赔偿因违约给被申请人造成的经济损失人民币 6391809.09 元。⑵确认解除涉案合同项下 2005 年 9 月、10 月、11 月、12 月份交易。⑶申请人返还被申请人交付的点价保证金人民币 125 万元。⑷申请人承担被申请人为参加仲裁所支付的律师费。⑸申请人承担本案仲裁费。

针对被申请人的仲裁反请求，申请人提出答辩意见如下：被申请人提出申请人拒绝履行涉案合同项下 7、8 月份交货义务的主张没有事实根据，被申请人未依约开立 7、8 月份货物的信用证是其不能受领 7、8 月份货物的根本原因；被申请人要求申请人赔偿经济损失的理由不成立。被申请人要求确认解除合同项下 2005 年 9 月至 12 月份交易的理由不成立，其行为违反了合同约定和法律规定。由于被申请人不依约履行开证义务，应赔偿因其违约行为给申请人造成的经济损失。故被申请人以没有已点价的交易（点价交易的意思是，当现货购销双方在确定现货买卖价格的时候，并不是确定一个明确的价格，而是确定一个定价公式，这个公式就是“现货买卖价格 = 期货价格 + 升贴水）为由，要求申请人返还保证金人民币 125 万元的理由不成立。被申请人支付的律师费和仲裁费应当自行承担。双方履行涉案合同项下 7 月份的交易开始的时间在 7 月初，履行 8 月份交易开始的时间在 8 月份。被申请人主张 2005 年 9 月 2 日申请人才通知 7、8 月份货物到港日期的说法不实；7、8 月份货物经双方协商同意，已经由申请人于 9 月 2 日重新指定货物，据此认为双方应从 2005 年 9 月 2 日开始履行各自义务的说法同样亦不符合事实。

仲裁委员会根据《仲裁规则》规定成立以李 ×× 为首席仲裁员，王 ×× 和赵 ×× 为仲裁员的仲裁庭，审理本案。仲裁庭于 2006 年 3 月 20 日在上海开庭审理本案。申请人与被申请人均委派仲裁代理人参加了庭审。庭审中，双方均就本案事实和法律问题作了口头陈述和辩论，就所提交的所有证据材料进行了质证，回答了仲裁庭的庭审调查提问，并进行了最终陈述。在本案仲裁程序进行中，双方又分别引用《合同法》来阐述自己的观点，并据以支持自己的仲裁请求，主张合同权利。

仲裁庭经审理，认为：(1)本案除了应当适用《2000 年国际贸易术语解释通则》外，还应当适用中华人民共和国法律。(2)被申请人到期不开立信用证的行为已违反了涉案合同的规定，构成违约，应承担违约责任。(3)申请人所主张的 7、8 月份货物的港口费用和入库费用损失赔偿是合理的、真实的，应予确认。(4)被申请人应向申请人偿付货物处理损失 767250 美元，折合人民币 6222397.5 元。(5)被申请人要求确认解除涉案合同项下 2005 年 9 月、10 月、11 月、12 月份交易的仲裁反请求予以认可。(6)被申请人要求申请人返还被申请人交付的点价保证金人民币 125 万元的仲裁反请求予以认可。(7)本案被申请人的律师费应由其自行承担；本案仲裁请求部分的仲裁费，由申请人承担 30%，被申请人承担 70%；本案仲裁反请求部分的仲裁费，由申请人承担 10%，被申请人承担 90%。据此，仲裁庭作出如下裁决：

(1)被申请人应向申请人偿付港口费用和入库费用人民币 171260.70 元；

(2)被申请人应向申请人偿付货物处理损失 767250 美元，折合人民币 6222397.5 元；

(3)确认解除涉案合同项下 2005 年 7 月、8 月、9 月、10 月、11 月、12 月份交易；

(4)申请人应返还被申请人交付的保证金人民币 125 万元；

(5)本案仲裁费由申请人承担 30%，被申请人承担 70%；

(6)本案反请求仲裁费由申请人承担 10%，被申请人承担 90%；

(7)驳回申请人其他仲裁请求；

(8)驳回被申请人其他仲裁反请求。

本裁决为终局裁决，自作出之日起生效。

【问题】

本案中法律适用，仲裁庭应尊重当事人的选择吗？

【案例解析】

本案不仅是一起电解铜买卖合同纠纷案，而且是一起涉外电解铜买卖合同纠纷案。它与国内仲裁纠纷案件有所不同的是，需涉及实体法的法律适用问题。关于此，首先，仲裁庭应适用当事人选择的仲裁实体法；其次，仲裁庭依冲突规则确定仲裁实体法或者仲裁庭直接确定仲裁实体法。那么，本案中，仲裁庭应如何适用法律呢？对此，拟作如下分析：

（一）当事人事先的意思自治

本案中，双方当事人在涉外电解铜买卖合同中明确约定，除非另有约定，《2000 年国际贸易术语解释通则》适用于本合同及买卖双方的任何争端或索赔。从而表明，本案当事人选择了争议所适用的法律。这是当事人意思自治的结果。由于当事人的这种意思自治是在争议发生之前行使的，即争议发生之前，当事人在合同中选择仲裁实体问题适用的法律，因此可称之为“事先的意思自治”。该项原则得到了我国有关法律和司法解释的确认，而且是确定涉外合同法律适用的首要原则。例如，《中华人民共和国民法通则》（以下简称《民法通则》）第一百四十五条规定：“涉外合同的当事人可以选择处理合同争议所适用的法律，法律另有规定的除外。涉外合同当事人没有选择的，适用与合同有最密切联系的国家的法律。”《中华人民共和国合同法》（以下简称《合同法》）第一百二十六条第一款规定：“涉外合同的当事人可以选择处理合同争议所适用的法律，但法律另有规定的除外。涉外合同的当事人没有选择的，适用与合同有最密切联系的国家的法律。”《中华人民共和国涉外民事关系法律适用法》（以下简称《法律适用法》）第四十一条规定：“当事人可以协议选择合同适用的法律。当事人没有选择的，适用履行义务最能体现该合同特征的一方当事人经常居所地法律或者其他与该合同有最密切联系的法律。”2007 年《最高人民法院关于审理涉外民事或商事合同纠纷案件法律适用若干问题的规定》（以下简称《规定》）第三条规定：“当事人选择或者变更选择合同争议应适用的法律，应当以明示的方式进行。”可见，本案当事人选择适用仲裁实体法符合我国上述法律和司法解释的有关规定。

（二）当事人事后的意思自治

在本案仲裁程序进行中，双方当事人又分别引用《合同法》来阐述自己的观点，并据以支持自己的仲裁请求，主张合同权利，这也是当事人意思自治的结果。只不过，当事人的这种意思自治是在争议发生之后行使的，即争议发生之后在提起仲裁的过程中，当事人选择仲裁实体问题适用的法律，因此可称之为“事后的意思自治”。该项原则也得到了我国上述法律和司法解释的确认。例如，2007年《规定》第四条规定：“当事人在一审法庭辩论终结前通过协商一致，选择或者变更选择合同争议应适用的法律的，人民法院应予准许。当事人未选择合同争议应适用的法律，但均援引同一国家或者地区的法律且未提出法律适用异议的，应当视为当事人已经就合同争议应适用的法律作出选择。”2012年《最高人民法院关于适用〈中华人民共和国涉外民事关系法律适用法〉若干问题的解释（一）》（以下简称《法律适用法解释（一）》）第八条规定：“当事人在一审法庭辩论终结前协议选择或者变更选择适用的法律的，人民法院应予准许。各方当事人援引相同国家的法律且未提出法律适用异议的，人民法院可以认定当事人已经就涉外民事关系适用的法律作出了选择。”可见，本案当事人选择适用《合同法》符合我国上述法律和司法解释的有关规定。

所以，仲裁庭有理由相信，双方对以上两项法律适用事项的意见是一致的，没有分歧。因此，根据当事人意思自治的原则，仲裁庭认为，本案除了应当适用《2000年国际贸易术语解释通则》外，还应当适用中华人民共和国法律。

综上，本案仲裁庭尊重当事人意思自治原则，认为本案除了应当适用《2000年国际贸易术语解释通则》外，还应当适用中华人民共和国法律，符合我国上述法律和司法解释的有关规定，加之，又没有《法律适用法解释（一）》第六条规定的情形，即“中华人民共和国法律没有明确规定当事人可以选择涉外民事关系适用的法律，当事人选择适用法律的，人民法院应认定该选择无效”，而且也不存在《法律适用法解释（一）》第十条规定的“当事人不能通过约定排除适用”的情形。所以，本案仲裁庭确定的法律适用是合法的，因而也是正确的。

值得一提的是，有学者对中国国际经济贸易仲裁委员会（CIETAC，以下简称为“贸仲”）于1996-2006年对外公布的101份涉外货物买卖争议案件仲裁裁决书进行了统计，发现在所有101个案件中，当事人适用其意思自治原则选择仲裁实体法的案件共有 53 个。其中，适用当事人事先的意思自治在合同中选择了解决合同争议的准据法的案件共有 29 个；适用当事人事后的意思自治在仲裁过程中依据了相关法律的案件共有 24 个。前者，占全部案件的 28.71%。在这 29 个案件中，有 24 个案件被申请人败诉。也就是说，在事先选择了法律的情况下，仲裁申请人有 82.76% 的胜诉几率。而在其他 72 个当事人未事先选择法律适用的案件中，仲裁申请人只有 77.78% 的胜诉几率。数字上的差异在一定程度上说明了当事人事先选择法律，更加有利于当事人能够事后及时有效地保护自身权益。同时，在这 29 个案件中，有 23 个案件的仲裁完全尊重了当事人的选择，占 79.31%。可见，当事人事先的意思自治得到了仲裁庭的普遍尊重。但是，另外 6 个案件，仲裁庭并没有完全依据当事人选择的法律，而是参照了其他的法律渊源，包括相关国际惯例、《联合国国际货物销售合同公约》（以下简称 CISG）和我国《合同法》。虽然如此，但是在绝大部分情况下，仲裁当事人事先通过意思自治选择的法律基本上都被仲裁庭接受作为仲裁的主要依据。后者，只有 16 个案件的仲裁庭将当事人仲裁文件中一致参照的法律作为了其仲裁的依据；在另外 8 个案件中，仲裁庭并没有依据当事人仲裁过程中所选择的法律进行仲裁。可见，在当事人事后选择了法律的情况下，并非其选择的法律均被仲裁庭采纳作为仲裁裁决的实体法。由上可知，仲裁庭对当事人的事先意思自治和当事人事后的意思自治的尊重程度是不同的，即仲裁庭一般对当事人事先的法律选择能够给予尊重，但是却对当事人事后在仲裁过程中的法律选择，不同的仲裁庭的尊重程度是不一致的。这一方面体现了仲裁灵活性的特征，但也说明了其武断性，而这种武断性可能给当事人带来巨大的风险和不可逆的后果。所以，仲裁庭对当事人事先意思自治和事后意思自治的差别待遇问题，有待于理论的进一步解释和规则的统一规范。[1]

总之，在涉外仲裁实体法的法律适用中，只要当事人选择了法律，不管是事先在涉外合同中选择了法律，还是在仲裁过程中选择了法律，仲裁庭都应该予以尊重，这不仅是有关法律和司法解释的要求，也是涉外仲裁良性发展的需要。因此。在涉外仲裁中，除了当事人的选择违背了强制性法律规定和公共秩序之外，仲裁庭应适用当事人选择的法律至关重要。

---

[1] 胡诗雪：《目际货物贸易争议实体问题之法律适用——对 CIETAC1996—2006 仲裁实例的经验研究》，载《北京仲裁》第 87 辑（2014 年第 1 辑），第 26 ～ 31 页。

第三节 涉外仲裁裁决的执行

案例33：豪华公司与斯拉夫公司购销合同仲裁执行案

【基本案情】

申请执行人：厦门豪华企业有限公司（以下简称豪华公司）。

被执行人：斯拉夫贸易和经济合作公司（以下简称斯拉夫公司）。

申请人豪华公司与被申请人斯拉夫公司签订了一份购销热轧卷板合同后，斯拉夫公司依约定提供了货物，但是申请人豪华公司发现该批货物短重、分层、生锈不符合合同标准，遂向中国国际经济贸易仲裁委员会申请仲裁。中国国际经济贸易仲裁委员会于1999年8月6日作出〔1999〕贸仲裁字第0287号裁决：(1)裁决本案被申请人所供热轧卷板中，申请人尚未动用的4144.90吨按退货处理，被申请人应该返还货款932602. 50美元，申请人退还的货物4144. 90吨热轧卷板由被申请人运走自行处理，由于退货所发生的各项运杂费用均由被申请人承担，如需办理海关、税务、运输等手续，申请人有责任予以协助安排。(2)裁决本案被申请人所供热轧卷板中，申请人业已开卷、剪裁或使用的884. 247吨不能退货，申请人应向被申请人支付的此部分货物的货款为179000美元。(3)裁决被申请人赔偿申请人各项经济损失人民币1828240元。(4)本案仲裁费人民币331256元，由被申请人承担80%，即人民币265004. 80元；申请人承担20%，即人民币66251.20元。申请人业已预付仲裁费人民币331256元，可予以冲抵上述应付的全部仲裁费，为此，被申请人应支付申请人为之垫付的仲裁费人民币265004.80元。(5)裁决本案专家调查评价费人民币33000元，由被申请人和申请人各承担50%，被申请人和申请人各自业已预付人民币16500元，予以冲抵。(6)裁决申请人指定外地仲裁员的实际费用人民币予以冲抵。以上双方各自支付的款项互相冲抵后，被申请人共应向申请人支付753602.50美元和人民币2093244.80元，此款应于本裁决作出之日起45日内支付完毕。本裁决为终局裁决。

中国国际经济贸易仲裁委员会就本案又于1999年8月19日作出〔1999〕贸仲裁字第4906号裁决书，对0287号裁决书中的第二项内容，即对裁决本案被申请人所供热轧卷板中，申请人业已开卷、剪裁或使用的884.247吨不能退货，申请人应向被申请人支付的此部分货物的货款为179000美元进行更正。裁决申请人多付的此部分货物的货款19955.58美元，被申请人应退还给申请人。以上合计被申请人共应向申请人支付952558.0美元和人民币2093244.802元，此款应于本案裁决作出之日起45日内支付完毕。

法院依法向被执行人斯拉夫公司发出执行通知，责令被执行人在1999年11月8日前履行裁决书所确定的义务。由于被执行人未按执行通知履行，法院遂查封了申请人应退还给被执行人的热轧卷板一批（重量为4144.90吨），并委托有关评估所进行评估，评估价为人民币548.95万元。因为热轧卷板属于国家限制流通物，不宜进行拍卖。另查明：(1)争议标的热轧卷板有分裂、生锈、短重现象；(2)该批货物的买受人须有外资委的批文以及贸发委的进口配额，否则不能购买；(3)作为该批热轧卷板的原购买人即本案的申请人已具备了相关手续；(4)该批货物就地查封在申请人的仓库，暂由申请人保管。考虑到上述因素，为了减少进一步损失，避免不必要的费用，依照有关法律规定，经申请人同意后，直接以评估价抵给申请人，尚余35万元人民币无法执行。由于被执行人系奥地利注册公司，在中国境内无其他可供执行的财产，法院根据《民事诉讼法》第二百三十四条第一款第五项的规定，裁定中止执行。

【问题】

此案执行程序是否正确？

【案例解析】

仲裁制度的一裁终局性避免了重复仲裁或仲裁裁决与法院判决间的相互矛盾，以此确保仲裁裁决的法律效力，但终局性没有解决如何使仲裁裁决法律效力得以实现的问题。因此，仲裁法赋予仲裁裁决以强制执行力。仲裁裁决一经作出，具有法律上的约束力，当事人应当履行裁决所确定的义务。由于仲裁机构是属于民间性质的组织，不具有国家强制的职能。因此，为了保证仲裁裁决内容能够得到实现，维护仲裁活动应有的权威性，法律将强制执行仲裁裁决的职能赋予了人民法院。当事人一方不履行义务的，对方当事人可以向有管辖权的人民法院申请强制执行。

（一）仲裁裁决的执行

仲裁裁决的实现途径有二：其一，当事人自觉履行仲裁裁决；其二，当事人申请法院强制执行。当事人自觉履行裁决，即表明仲裁裁决具有作为履行根据的效力，其效力渊源与裁决终局性效力渊源相同，都来自当事人的合意和国家法律规定，但在内容和形成时间上二者存在差异。仲裁裁决作出之后，一般情况下，义务人能够自动履行裁决，权利人的权利得以实现。如果义务人不履行义务，则权利人可以向法院申请执行仲裁裁决。仲裁裁决的执行是指仲裁裁决生效后，义务人拒不履行其义务，依权利人申请，人民法院按照法定程序，运用国家强制力量，强制负有义务的一方当事人履行义务，从而实现生效仲裁裁决所确定内容的执法活动。

强制执行仲裁裁决的条件：⑴执行根据必须是生效仲裁裁决。强制执行是人民法院实现生效法律文书的执法活动，其所据以执行的仲裁裁决必须是具有法律效力的裁决。只有这样，人民法院执行仲裁裁决实现权利人权利的活动才能具有正当性。⑵裁决书必须具有给付内容。只有当义务人所负义务是给付一定财物，作出一定行为等义务时才存在执行的问题。比如，裁决一方给付另一方违约赔偿金，或另一方腾退房屋等。该义务必须是内容范围明确、合法，具有强制执行的可能性。如果裁决书仅仅是确认了某种法律关系，并无给付内容，也不能据之申请执行。⑶当事人拒不主动履行义务。如果负有义务的一方在仲裁裁决所规定的履行期间内主动履行了仲裁裁决所确定的义务，那么不需要通过法院强制执行裁决书。只有当事人拒绝在仲裁裁决规定的期限内履行义务时，才成为强制实现仲裁权的先决条件。⑷当事人的申请。在义务人不履行义务的情况下，仲裁裁决所确定的实体权利人只有向法院提出申请，请求法院强制执行仲裁裁决所规定的内容，法院才能启动这一程序。当事人申请执行必须递交申请执行书及其他法律文件，包括申请人和被申请人的名称、地址；申请执行的依据；被执行人可供执行的财产状况；被执行财产或标的物的名称、数量及所在地等；当事人必须向有管辖权的法院申请。对涉外仲裁裁决的执行，由被申请人住所地或财产所在地的中级人民法院执行。同时，依据民事诉讼法的有关规定，只有当事人在法定申请执行期限内提出申请，人民法院才会受理。双方当事人是法人或其他组织的，申请执行的期限是六个月；双方或者一方当事人是公民的，申请执行期限为一年。该期限自仲裁裁决书规定的履行期限的最后一日之次日计算。（2012 年民事诉讼法实施后，申请执行的期限统一改为二年。）⑸法院的审查。人民法院在收到申请执行人的执行仲裁裁决的申请后，决定是否强制执行之前，要进行必要的审查，如申请人是否超过了法定的申请执行期限，执行申请书是否符合要求，是否附有仲裁协议或含有仲裁条款的合同书及仲裁裁决书正本等。[1] 但是法院不应对实体问题进行审查。

（二）执行措施

执行措施是指法院依照法定的程序，强制实现生效法律文书所确定的内容的具体方法和手段。执行措施是执行机构完成执行工作的重要保证，是国家强制力在执行程序中最集中的体现。人民法院依据当事人申请，对于不履行义务的仲裁裁决义务人采取执行措施，强制实现仲裁裁决的内容，是维护仲裁的权威性和保持仲裁长久生命力的根本保证。只有仲裁裁决能够被义务人自觉履行或者由国家强制实现其内容，发生争议的当事人才会信赖仲裁机构，才会选择将争议提交仲裁解决。由于仲裁法并未专门就执行措施作出规定，因而人民法院在执行仲裁裁决时，必须严格按照《民事诉讼法》及有关司法解释规定的程序和方式进行，根据不同的执行标的，采取相应的强制措施。

本案的被执行人没有履行金钱给付义务，根据最高人民法院《执行规定》的相关规定，被执行人无金钱给付能力的，人民法院有权裁定对被执行人的其他财产采取查封、扣押措施。因此，人民法院可以采取查封、拍卖、变卖被执行人财产的方法以实现生效的仲裁裁决书。查封是指人民法院将被执行人的财产贴上封条，就地封存，以限制被执行人或其他人转移或者处分该财产的办法。查封一般是针对不动产或者体积很大，移动不便的动产所采取的措施。人民法院对查封的财产进行变价时，应当委托拍卖机构进行拍卖。财产无法委托拍卖机构拍卖的，不适于拍卖或者当事人双方同意不需要拍卖的，人民法院可以交由有关单位变卖或者自行组织变卖。人民法院拍卖、变卖财产时，应当委托依法成立的资产评估机构进行价格评估。委托拍卖、组织变卖财产成交后，必须即时财务两清，委托

---

[1] 乔欣著：《仲裁权研究：仲裁程序公正与权利保障》，法律出版社 2001 年版，第 325 ～ 326 页。

拍卖、组织变卖财产所发生的实际费用，从所得价款中优先扣除，所得价款超出执行标的数额和执行费用的部分，应当退还给被执行人。[1]

对查封物热轧卷板是直接以物抵债还是进行公开拍卖？由于被执行人是外国注册公司，为体现公正、公平原则，我们认为，一般来说对查封物进行公开拍卖比较合适。因为拍卖是实现财产变价的最公平合理的方法，有利于最大限度地实现被拍卖财产的价值，从而最大限度地保护申请执行人与被执行人的合法权益。根据《民事诉讼法》第二百二十六条规定："财产被查封、扣押后，执行人应当责令被执行人在指定期间履行法律文件确定的义务。被执行人逾期不履行的，人民法院可以按照规定交有关单位拍卖或者变卖被查封、扣押的财产。国家禁止自由买卖的物品，交有关单位按照国家规定的价格收购。"由此规定，虽然我国《民事诉讼法》没有规定法院对查封的财产不许拍卖的情形，只是规定国家禁止自由买卖的物品，应交有关单位按照国家规定的价格收购，但是根据《拍卖法》第七条和第八条的规定，法律、行政法规禁止买卖的物品或者财产权利，不得作为拍卖的标的，据此，法院查封被执行人的财产如果属于这类财产的，不得委托拍卖企业拍卖。本案的执行标的物热轧卷板属于海关监管物资，是限制流通物，因此对此查封物不宜拍卖进入市场，而应采取以物抵债的方式。以物抵债是指在执行过程中被执行人所有的财产折价交给申请执行人抵偿法律文书确定的债务。《民事诉讼法适用意见》第三百零二条规定："被执行人的财产无法拍卖或变卖的，经申请执行人同意，人民法院可以将该项财产作价后交付申请执行人抵偿债务，或者交付申请执行人管理。"实施以物抵债措施必须满足以下构成条件：⑴被执行人无支付金钱能力。如果被执行人有现金或存款可供执行，应当直接执行其现金或存款，这不仅便利于执行，而且能使申请执行人直接实现取得金钱的权利和目的。但是，被执行人没有现金或存款可供执行，其财产又无法通过拍卖或变价程序换取价款清偿债务，这时以物抵债也就有必要，成为不得不采用的执行措施，否则，案件无法再继续执行下去。⑵被执行人的财产无法拍卖或变卖。被执行人虽无支付金钱能力，但有财产可供执行，当其财产被查封、扣押后，应当先进行拍卖或变卖，提取价款清偿债务。只有在无法拍卖或变卖时才可以强制抵债。⑶申请执行人同意。在金钱给付案件的执行中，申请执行人的权利是取得金钱并非财物，当法院将金钱给付变更为财物交付时，实际上改变了生效法律文书确定的执行内容，因此必须经申请执行人同意，否则不能强迫申请执行人接受被执行人的财物。这实

[1] 宋朝武著：《中国仲裁制度：问题与对策》，经济日报出版社2002年版，第218～219页。

际上体现了当事人有权在法律规定的范围内处分自己的实体权利和诉讼权利的原则。如果申请执行人拒绝接受，被执行人又无其他财产可供执行的，只能将财物退回被执行人，案件作中止执行处理。⑷抵债物价值已经有关部门评估。抵债物以多少价款抵债是个很重要的问题，价款过高不利于申请执行人，价款过低不利于被执行人，因而在以物抵债前，抵债物的价款要先经有关资产部门评估，然后予以抵债。[1] 征得本案申请执行人同意后，该批热轧卷板直接抵债给申请人。直接以物抵债，既避免了运输过程中发生的费用，又简化了手续，体现了及时、有效地维护当事人利益原则，取得良好的执行效果。

（三）执行中止

在正常情况下，执行程序一旦启动，就应连续进行，直至实现权利人合法权利为止。但是，如果在执行过程中出现了法定情况，执行程序应当中止。所谓仲裁裁决的执行中止，是指在执行仲裁裁决过程中，因出现某些法定原因而暂时停止执行程序，待这些原因消失后，再行恢复执行仲裁裁决的一种法律制度。

在本案中，以物抵债后，尚余 35 万人民币无法执行。因为执行程序中的以物抵债不同于破产程序中的以物抵债，它只能抵销以该物作价的那部分的债务，不能抵销全部的债务，因此，以物抵债后，作价物不足以清偿而仍有剩余债务的，则原债权债务关系仍部分存在，被执行人应继续清偿。[2] 但是，由于被执行人系奥地利注册公司，在中国境内无其他可供执行的财产，根据《执行规定》第一百零二条规定，有下列情形之一的，人民法院应当依照《民事诉讼法》第二百三十四条第一款第五项的规定裁定中止执行，其中当被执行人确无财产可供执行的，可以裁定中止执行。在中止执行期间，人民法院应当暂停一切执行活动，申请人和被申请人不得改变中止执行前的财产状况和事实状况。中止裁定效力持续到中止情形消失，中止执行不是终结执行，一旦执行中止的原因消除，如被申请人有可供执行的财产时，人民法院即可以依当事人申请或者依职权恢复执行。中止前的执行活动仍然有效。

---

[1] 金水熙著，《法院执行实务新论》，人民法院出版社 2000 年版，第 270 ～ 271 页。

[2] 齐树洁主编：《民事程序法》，厦门大学出版社 2002 年版，第 379 页。

第四节 涉外仲裁裁决承认和执行中的公共秩序

案例 34：永宁公司拒绝承认和执行仲裁裁决案

【基本案情】

1995 年 12 月 22 日，Hemofarm DD、MAG 国际贸易公司与济南永宁制药股份有限公司（以下简称永宁公司）签订《济南－海慕法姆制药有限公司合资合同》，成立济南－海慕法姆制药有限公司（以下称合资公司或合资企业）。合同第五十七条就“适用法律”约定：本合同的订立、效力、解释和履行均受中国法律管辖。合同第五十八条就“争议的解决”约定：凡因执行本合同所发生的或与本合同有关的一切争议，双方应通过友好协商解决；如果协商不能解决，应提交巴黎国际商会仲裁委员会，根据该会的仲裁程序暂行规则进行仲裁。2000 年 4 月，苏拉么媒体有限公司加入合资公司，成为公司股东。后双方当事人就履行该合同发生争议，在协商未果的情况下，2004 年 9 月 3 日，Hemofarm DD、MAG 国际贸易公司、苏拉么媒体有限公司作为共同申请人向国际商会仲裁院提起仲裁申请，永宁公司提出了反请求。对此，仲裁庭最终裁决：⑴永宁公司应负担自身的法律及其他费用；⑵永宁公司应向三申请人支付损害赔偿金 6458708.4 美元，诉讼费用 9509.55 美元，法律及其他费用 1270472.99 美元，仲裁费用 29500 美元；⑶从永宁公司获悉本仲裁裁决之日至付款之日裁决总金额 8033690.94 美元依据每年 5% 的利率计算利息；⑷申请人向永宁公司移交合资公司的公章及财务章；⑸驳回永宁公司的反请求；⑹驳回其他请求与反请求。

对于申请人 Hemofarm DD、MAG 国际贸易公司、苏拉么媒体有限公司与被申请人永宁公司之间的纠纷，国际商会仲裁院经过审理最终作出了仲裁裁决。由于被申请人没有主动履行仲裁裁决，申请人依据 1958 年《纽约公约》及我国《民事诉讼法》的相关规定，于 2007 年 9 月向济南市中级人民法院提交承认及执行仲裁裁决申请书。被申请人永宁公司提出拒绝承认和执行该仲裁裁决的申请，理由是：⑴仲裁裁决的内容超出了合营合同仲裁条款约定的范围，依据《纽约公约》第五条第一款（c）项，应不予承认及执行。依据中国法律，合营合同仲裁条款的范围应当限于合营各方股东之间合资项下的争议，而不包括永宁公司与合营企业之间的争议。本案仲裁庭不顾永宁公司的反对，将永宁公司与合资企业的争议纳入审理范围，仲裁裁决对我国法院已经明确裁决的永宁公司与合资公司之间的争议进行了实质性审查，作出了独立认定，并依据这种认定裁决永宁公司承担巨额赔偿，甚至裁决永宁公司赔偿申请人在中国诉讼的诉讼费。⑵仲裁裁决关于永宁公司财产保全违法的认定不仅超出仲裁协议范围，更超出了当事人本次仲裁项下提交仲裁的事项，而且永宁公司未能就此得到申辩机会，依《纽约公约》第五条第一款（b）、（c）项，应不予承认和执行。⑶仲裁裁决涉及了依我国法律不可仲裁的事项，根据《纽约公约》第五条第二款（a）项，理应不予承认与执行。诉讼当事人申请财产保全的权利是由我国民事诉讼法赋予的公法权利，不可仲裁。财产保全申请是否符合法律要件的裁判权，专属于人民法院，不可仲裁。⑷承认及执行该仲裁裁决违反我国公共政策，依据《纽约公约》第五条第二款（b）项，应不予承认及执行。

济南市中级人民法院受理并组成合议庭审查后，以裁决内容超出仲裁协议范围、裁决事项不可仲裁、承认和执行该裁决违反我国社会公共利益为由，拟裁定不予承认及执行，并报请山东省高级人民法院审查。山东省高级人民法院经审查同意济南市中级人民法院的意见，且请示最高人民法院予以答复。

最高人民法院经审查认为 Hemofarm DD、MAG 国际贸易公司、苏拉么媒体有限公司与济南永宁公司在《济南－海慕法姆制药有限公司合资合同》中约定的仲裁条款仅约束合资合同当事人就合资事项发生的争议，不能约束永宁公司与合资公司济南－海慕法姆制药有限公司之间的租赁合同纠纷。国际商会仲裁院在仲裁 Hemofarm DD、MAG 国际贸易公司、苏拉么媒体有限公司与永宁公司合资合同纠纷案件中，对永宁公司与合资公司济南－海慕法姆制药有限公司之间的租赁合同纠纷进行了审理和裁决，超出了合资合同约定的仲裁协议的范围。在中国有关法院就永宁公司与合资公司济南－海慕法姆制药有限公司之间的租赁合同纠纷裁定对合资公司的财产进行保全并作出判决的情况下，国际商会仲裁院再对济南永宁公司与合资公司济南－海慕法姆制药有限公司之间的租赁合同纠纷进行审理并裁决，侵犯了中国的司法主权和中国法院的司法管辖权，违背了中国的公共秩序。依据《纽约公约》第五条一款（c）项和第二款（b）项之规定，应拒绝承认和执行国际商会仲裁院第 13464/MS/JB/JEM 号仲裁裁决。

【问题】

济南中院拒绝承认和执行国际商会仲裁院作出的裁决是否正确？

【案例解析】

本案是一起合资合同纠纷案。双方当事人就履行该合同发生争议，在协商未果的情况下，2004 年 9 月 3 日，Hemofarm DD、MAG 国际贸易公司、苏拉么媒体有限公司作为共同申请人以合资合同中的仲裁条款向国际商会仲裁院提起仲裁申请，永宁公司提出了反请求。国际商会仲裁院受理了该案并组建仲裁庭，且仲裁庭经过审理作出了最终裁决。由于被申请人永宁公司没有主动履行仲裁裁决，申请人遂依据 1958 年《纽约公约》及我国《民事诉讼法》的相关规定，于 2007 年 9 月向济南市中级人民法院提交承认及执行仲裁裁决申请书。济南市中级人民法院受理并组成合议庭审查后，以裁决内容超出仲裁协议范围、裁决事项不可仲裁、承认和执行该裁决违反我国社会公共利益为由，拟裁定不予承认及执行，并报请山东省高级人民法院审查。山东省高级人民法院经审查同意济南市中级人民法院的意见，且请示最高人民法院予以答复。最高人民法院经审查认为，国际商会仲裁院的裁决超出了合资合同约定的仲裁协议的范围及违背了中国的公共秩序，因此依据《纽约公约》第五条第一款（c）项和第二款（b）项之规定，应拒绝承认和执行国际商会仲裁院第 13464/MS/JB/JEM 号仲裁裁决。人民法院拒绝承认和执行国际商会仲裁院第 13464/MS/JB/JEM 号仲裁裁决是否正确呢？对此，拟作如下分析：

（一）法律依据合格

我国《民事诉讼法》第二百八十三条规定，国外仲裁机构的裁决，需要中华人民共和国人民法院承认和执行的，应当由当事人直接向被执行人住所地或者其财产所在地的中级人民法院申请，人民法院应当依照中华人民共和国缔结或者参加的国际条约，或者按照互惠原则办理。我国于 1986 年加入《纽约公约》，为了执行该公约，我国最高人民法院 1987 年发出的《关于承认我国加入〈承认及执行外国仲裁裁决公约〉的通知》，对适用公约作了具体规定。因此，我国法院承认和执行该公约其他缔约国境内作出的仲裁裁决的主要法律依据是 1958 年的《纽约公约》。在具体的执行方式、期限等方面，则由我国《民事诉讼法》的规定进行调整。此外，我国最高人民法院以司法解释的形式，充实了承认与执行外国仲裁裁决的法律制度体系。而本案中，对国际商会仲裁院裁决的审查，无论是济南市中级人民法院，还是山东省高级人民法院，还是最高人民法院均依据的是《纽约公约》。所以，本案审查的法律依据合格。

（二）程序合格

对申请人的申请，济南市中级人民法院受理并组成合议庭审查后，以裁决内容超出仲裁协议范围、裁决事项不可仲裁、承认和执行该裁决违反我国社会公共利益为由，拟裁定不予承认及执行，并报请山东省高级人民法院审查。山东省高级人民法院经审查同意济南市中级人民法院的意见，且请示最高人民法院予以答复。最高人民法院经审查认为，国际商会仲裁院的裁决超出了合资合同约定的仲裁协议的范围及违背了中国的公共秩序，应拒绝承认和执行。这符合我国法院拒绝执行涉外仲裁裁决的报告制度。具体而言：我国法院在裁定不予执行中国涉外仲裁机构裁决和拒绝执行外国仲裁裁决时，作出此项裁定的法院必须严格依照我国《民事诉讼法》及缔结或参加的有关国际公约的规定行事，并且自 1995 年 8 月 28 日起，执行最高人民法院规定的报告制度。据此，凡一方当事人向人民法院申请执行外国仲裁机构的裁决，如果人民法院经审理后认为申请承认与执行的外国仲裁裁决不符合我国参加的国际公约的规定或者不符合互惠原则的，在裁定不予执行或者拒绝承认与执行之前，必须报请本辖区所属高级人民法院同意不予执行或者拒绝承认与执行。应将其审查意见报最高人民法院。待最高人民法院答复后，方可裁定不予执行或者拒绝承认与执行。可见，本案中，济南市中级人民法院受理并组成合议庭审查后，拟裁定不予承认及执行，并报请山东省高级人民法院审查，山东省高级人民法院经审查同意济南市中级人民法院的意见，且请示最高人民法院予以答复，其程序合格当然毋庸置疑。

（三）理由合格

本案中，对国际商会仲裁院作出的仲裁裁决，济南市中级人民法院拟裁定不予承认及执行的理由是：裁决内容超出仲裁协议范围、裁决事项不可仲裁、承认和执行该裁决违反我国社会公共利益。山东省高级人民法院同意济南市中级人民法院的意见及理由。最高人民法院裁定拒绝承认和执行的理由为：裁决超出了合资合同约定的仲裁协议的范围及违背了中国的公共秩序。上述理由看似不同，实际上是相同的，因为最高人民法院将裁决事项不可仲裁并入公共秩序中。具体言之：

1．裁决超出了合资合同约定的仲裁协议的范围

Hemofarm DD、MAG国际贸易公司、苏拉么媒体有限公司与济南永宁公司签订的《济南－海慕法姆制药有限公司合资合同》第五十七条就“适用法律”约定：本合同的订立、效力、解释和履行均受中国法律管辖。合同第五十八条就“争议的解决”约定：凡因执行本合同所发生的或与本合同有关的一切争议，双方应通过友好协商解决；如果协商不能解决，应提交巴黎国际商会仲裁委员会，根据该会的仲裁程序暂行规则进行仲裁。可见，该仲裁条款仅约束合资合同当事人就合资事项发生的争议，不能约束永宁公司与合资公司之间的租赁合同纠纷。因为依据中国法，合资合同的签约主体是中外投资者，合同中的仲裁条款也仅能约束各投资主体；合资公司既不是合资合同的签约主体，也不是仲裁条款的签约主体，涉及合资公司的争议，应不受仲裁条款的约束。然而，国际商会仲裁院在仲裁Hemofarm DD、MAG国际贸易公司、苏拉么媒体有限公司与永宁公司合资合同纠纷案件中，对永宁公司与合资公司之间的租赁合同纠纷进行了审理和裁决，显属超出了合资合同约定的仲裁协议的范围。因此，依据《纽约公约》第五条第一款（c）项[1]之规定，应拒绝承认和执行国际商会仲裁院第13464/MS/JB/JEM号仲裁裁决。

2．裁决违背了我国的公共秩序

在我国有关法院就永宁公司与合资公司之间的租赁合同纠纷裁定对合资公司的财产进行保全并作出判决的情况下，国际商会仲裁院再对永宁公司与合资公司之间的租赁合同纠纷进行审理并裁决，侵犯了我国的司法主权和我国法院的司法管辖权，具体包括以下方面：⑴仲裁裁决对永宁公司向人民法院申请财产保全的合法性进行了审理和认定，侵害了人民法院对当事人财产保全申请的审查权；⑵仲裁裁决认定永宁公司就土地租赁向人民法院起诉合资公司违反了仲裁条款，不仅否定了人民法院对诉讼管辖权异议的审查权，也直接否定了人民法院对土地租赁诉讼的管辖权；⑶仲裁裁决对永宁公司与合资公司之间的租

[1]《纽约公约》第五条第一款（c）项规定：“被请求承认或执行裁决的主管机关只有在作为裁决执行对象的当事人提出有关下列情况的证明的时候，才可以根据该当事人的请求，拒绝承认和执行该项裁决：……⑶裁决涉及仲裁协议所未曾提到的，或者不包括在仲裁协议规定之内的争执或者裁决内含有对仲裁协议范围以外事项的决定；但是，对于仲裁协议范围以内的事项的决定，如果可以和对于仲裁协议范围以外的事项的决定分开，则该部分的决定仍然可予以承认和执行。”

赁关系进行了独立审查，而依据我国法律以及人民法院已经作出的管辖异议裁定，永宁公司与合资公司之间的租赁关系纠纷应由我国法院管辖，且济南市中级人民法院已就此作出了审理；⑷作出裁决裁令永宁公司向三申请人赔偿在我国法院进行诉讼的费用，侵害了人民法院对诉讼费用负担问题的决定权。而且，本案仲裁裁决否定了人民法院生效判决、裁定的既判力，同样损害了我国的司法主权，包括以下方面：⑴在永宁公司诉合资公司的第一起财产租赁诉讼中，永宁公司向人民法院提起了财产保全申请，济南市中级人民法院审查认为永宁公司的申请符合法律规定，但是仲裁裁决却认定永宁公司提起财产保全申请没有任何法律和商业上的正当性；⑵人民法院依据永宁公司申请作出了财产保全裁定，而仲裁裁决却认定对我国法院在诉讼中作出的财产保全裁定的执行是造成合资公司失败直至最终停止运营的最直接、最迅速的原因，实际上是否定了人民法院财产保全裁定的合法性和正当性；⑶对于永宁公司和合资公司之间的前两起财产租赁诉讼，合资公司均提出了管辖权异议，人民法院已裁定驳回了异议，仲裁庭对永宁公司是否有权向人民法院起诉合资公司又进行独立审查，尽管最终未作出与人民法院生效裁定相矛盾的认定，但是仍然挑战了人民法院生效裁定的既判力；⑷对于永宁公司与合资公司之间的土地租赁诉讼，人民法院认定永宁公司的起诉符合法律规定并立案审理，在合资公司并未提出管辖权异议的情况下，人民法院已作出了生效判决，但仲裁裁决认为永宁公司向人民法院提起土地租赁诉讼违反了仲裁条款，该争议应提交仲裁解决，否定了人民法院就土地租赁诉讼所作生效判决的既判力；⑸在永宁公司与合资公司之间的四起诉讼中，人民法院已就诉讼费用的负担作出了判决，仲裁裁决却裁令永宁公司赔偿三申请人有关诉讼费用，同样否定了人民法院生效判决的既判力。而侵犯我国的司法主权和我国法院的司法管辖权也就意味着违背了我国的公共秩序，因此，依据《纽约公约》第五条第二款 (b) 项[1]之规定，应拒绝承认和执行国际商会仲裁院第 13464/MS/JB/JEM 号仲裁裁决。

综上，既然本案的法律依据合格、程序合格及理由合格，人民法院拒绝承认和执行国际商会仲裁院第 13464/MS/JB/JEM 号仲裁裁决就是正确的。

当然，值得一提的是，公共秩序在承认和执行涉外仲裁裁决中的适用是较

---

[1]《纽约公约》第五条第二款（b）项规定：“被请求承认或执行裁决的主管机关只有在作为裁决执行对象的当事人提出有关下列情况的证明的时候，才可以根据该当事人的请求，拒绝承认和执行该项裁决：……⑵承认或执行该项裁决将与这个国家的公共政策相抵触。”

为严格的，法院一般并不轻易援用公共秩序来拒绝承认和执行涉外仲裁裁决，其表现在：实践中，我国法院存在不支持外国仲裁裁决当事人公共秩序抗辩的诸多实例，例如ED&F曼氏（香港）有限公司申请承认和执行伦敦糖业协会仲裁裁决案、伊藤忠石油（香港）有限公司申请承认和执行在英国作出的仲裁裁决案、GRD Minproc有限公司申请承认并执行瑞典斯德哥尔摩商会仲裁院仲裁裁决案。

第五节 外国仲裁裁决的承认和执行

案例35：北京朝来新生体育休闲有限公司申请承认外国仲裁裁决案

【基本案情】

2007年7月20日，北京朝来新生体育休闲有限公司（以下简称朝来新生公司）（甲方）与所望之信公司（乙方）签订《合同书》约定，甲、乙双方合作经营甲方现有的位于北京市朝阳区的高尔夫球场，并就朝来新生公司的股权比例、投资金额等相关事宜达成协议。合同中写明签订地在中国北京市。合同中还约定：如发生纠纷时，甲、乙双方首先应进行友好协商，达成协议，对于不能达成协议的部分可以向大韩商事仲裁院提出仲裁，仲裁结果对于甲、乙双方具有同等法律约束力。

合同签订后，双方开始合作经营，在经营过程中高尔夫球场土地租赁合同解除，土地被收回。因土地租赁合同解除，高尔夫球场获得补偿款1800万元，朝来新生公司与所望之信公司因土地补偿款的分配问题发生纠纷。为此，所望之信公司于2012年4月2日向大韩商事仲裁院提起仲裁，请求朝来新生公司支付所望之信公司土地补偿款248万元。朝来新生公司提起反请求，要求所望之信公司给付朝来新生公司土地补偿款1100万元及利息。

大韩商事仲裁院依据双方约定的仲裁条款受理了所望之信公司的仲裁申请及朝来新生公司反请求申请，适用中华人民共和国法律作为准据法，于2013年5月

29日作出仲裁裁决：⑴所望之信公司给付朝来新生公司中华人民共和国货币1000万元整及利息；⑵所望之信公司及朝来新生公司其余之请求驳回。裁决作出后，朝来新生公司于2013年6月17日向北京市第二中级人民法院提出申请，请求法院承认上述仲裁裁决。

北京市第二中级人民法院于2014年1月20日作出〔2013〕二中民特字第10670号民事裁定书，驳回朝来新生公司要求承认大韩商事仲裁院仲裁裁决的申请。

【问题】

我国法院能否承认大韩商事仲裁院于2013年5月29日作出的仲裁裁决？

【案例解析】

我国《民事诉讼法》第二百八十三条规定，国外仲裁机构的裁决，需要中华人民共和国人民法院承认和执行的，应当由当事人直接向被执行人住所地或者其财产所在地的中级人民法院申请，人民法院应当依照中华人民共和国缔结或者参加的国际条约，或者按照互惠原则办理。因此，本案朝来新生公司要求承认大韩商事仲裁院仲裁裁决，北京市第二中级人民法院具有管辖权。我国和韩国均为《承认及执行外国仲裁裁决公约》（《纽约公约》）的成员国，本案可根据该公约内容处理。本案中，双方根据仲裁协议将纠纷提交大韩商事仲裁院进行仲裁，但是本案不具有涉外因素。根据《最高人民法院关于适用〈中华人民共和国民事诉讼法〉的解释》第五百二十二条，本案不能认定为涉外民事案件。根据我国《民事诉讼法》第二百七十一条，允许涉外经济贸易、运输和海事中发生的纠纷，提交国外仲裁机构，但我国法律未授权当事人将不具有涉外因素的争议交由境外仲裁机构或者在我国境外临时仲裁，故本案当事人约定将争议提交大韩商事仲裁院仲裁的条款属无效协议。我国和韩国均为《承认及执行外国仲裁裁决公约》的成员国，根据该公约第五条第一款（甲）项的规定，被申请人提供证据证明仲裁条款依当事人作为协定准据之法律系属无效者，可拒予承认及执行仲裁裁决，故本案所涉仲裁裁决应不予承认。

在我国，外国仲裁裁决可以作为法院强制执行的依据，但根据我国《最高人民法院关于适用〈中华人民共和国民事诉讼法〉的解释》第五百四十六条的规定，当事人应当先向人民法院申请承认。当事人仅申请承认而未同时申请执行的，人民法院仅对应否承认进行审查并作出裁定。本案中，当事人申请承认大韩商事仲裁院的仲裁裁决书，人民法院应当依法审查。我国《民事诉讼法》第二百八十三条规定，国外仲裁机构的裁决，需要中华人民共和国人民法院承认和执行的，应当由当事人直接向被执行人住所地或者其财产所在地的中级人民法院申请，人民法院应当依照中华人民共和国缔结或者参加的国际条约，或者按照互惠原则办理。根据该条文，我国承认和执行外国仲裁裁决分为三种情况：一是依照我国参加的国际条约，即联合国 1958 年《承认与执行外国仲裁裁决的公约》（以下简称《纽约公约》）承认和执行；二是依据我国缔结的双边协定的规定进行；三是依照互惠原则办理。由于《纽约公约》是“国际仲裁大厦所依赖的最为重要的一根支柱”，因此，我国法院对外国仲裁裁决的承认和执行主要依据该公约进行。

我国和韩国均为《纽约公约》的成员国，本案可根据该公约内容处理。根据该公约第五条第一款（甲）项的规定，被申请人提供证据证明仲裁条款依当事人作为协定准据之法律系属无效者，得拒予承认及执行仲裁裁决。本案中，订立《合同书》的双方当事人均为中国法人，《合同书》内容是双方就朝来新生公司在中国境内的高尔夫球场进行股份转让及合作，所涉的标的物在中国境内，合同亦在中国境内订立和履行。因此，《合同书》没有涉外民事关系的构成要素，不属于涉外合同。该合同以及所包含的仲裁条款之适用法律，无论当事人是否作出明确约定，均应确定为中国法律。那么该仲裁协议根据我国法律是否有效呢？在一国领域内发生的民商事纠纷如何解决，关系到该国的司法主权，通常为该国的公共政策所调整。当事人只能在法律准许的范围内作出约定，超出法律许可范围任意约定即应认定无效。根据《最高人民法院关于适用〈中华人民共和国民事诉讼法〉的解释》第五百二十二条的规定，本案没有任何涉外因素，不属于涉外合同纠纷。根据我国《民事诉讼法》第二百七十一条，允许涉外经济贸易、运输和海事中发生的纠纷，提交国外仲裁机构，但我国法律未授权当事人将不具有涉外因素的争议交由境外仲裁机构或者在我国境外临时仲裁，故本案当事人约定将争议提交大韩商事仲裁院仲裁的条款属无效协议，且该协议之效力瑕疵不能因当事人在仲裁程序中未提出异议而得到补正，大韩商事仲裁院对本案争议不享有管辖权。因此，本案所涉仲裁裁决应不予承认。

案例 36：奥特克公司申请执行临时仲裁庭在伦敦作出的仲裁裁决案

【基本案情】

本案申请人德国奥特克公司（以下简称奥特克公司）是拥有承运货物的船舶“塔亚号”（TANJAJACOB）的船东，通过其经纪人彼特马（Petromar）招揽生意。丸红国际石油公司（以下简称丸红公司）是本案被申请人中国外运南京公司（简称南京外运）在新加坡的经纪人。

1995 年 7 月 14 日，新加坡的租船经纪人莱夫斯（Raffles）传真给奥特克公司的经纪人彼特马一份丸红租约条款。该条款第一部分第七条规定：“共同理算 / 仲裁应于伦敦进行并适用英国法。”以此条款及 Asbatankvoy 租约格式第二十四条规定的油轮航次租船合同为基础（该合同条款除船舶要求、装货港、受载期等作了规定外，该合同格式第一部分 K 条规定：“共同理算地点和仲裁地点为伦敦 / 纽约（选择其一）”）。

1995 年 7 月 17 日 14 时 17 分，彼特马将租用“塔亚号”船舶的意见和条件（租船合同概要）传真给新加坡的租船经纪人莱夫斯。租船合同概要中载明了租船人为中国外运南京公司、装载条款等，另外载明了丸红租约条款，以及租船合同格式为 Asbatankvoy 租约格式。同日，莱夫斯将上述内容相同的条款和条件传真给丸红公司和本案申请人。1995 年 7 月 18 日，丸红公司将此租船概要传真给南京外运，注明所租船舶为申请人奥特克公司的“塔亚号”。1995 年 7 月 19 日，南京外运传真给丸红公司航次指令，内容包括装货港、商品名称、数量、供货人名称、承租人中国外运南京公司，卸货港代理南京外运船务代理公司等，但未提及通过仲裁解决争议。1995 年 7 月 20 日，共同经纪人莱夫斯将一份正式租船合同送交彼特马，后者交由奥特克公司签署了该油轮航次租船合同。该合同规定承租人为南京外运，船东为奥特克公司，船名为“塔亚号”油轮。第一部分 K 条款规定：“共同理算地点和仲裁地点为伦敦。”第 M 条款特别规定：“随附的特殊规定 M1 ～ M5 应视为本租船合同的第一部分的一部分。”特别规定的 M1 条规定，文号为内燃机油轮“塔亚号”即 95•7•17 租船合同，受载期为起始 1995 年 7 月 20 日，解约日 1995 年 7 月 22 日。合同上由申请人奥特克在船东处签字，丸红公司在承租人南京外运处签字。

1995 年 7 月 19 日，奥特克公司的“塔亚号”轮抵达新加坡，1995 年 7 月 20

日0时，船长发出书面准备就绪通知书。1995年7月22日，租船人南京外运在新加坡的经纪人丸红公司通知船东的租船经纪人取消租船合同。1995年7月31日，申请人奥特克公司与英国石油公司签订了租船合同，同时向南京外运提出书面索赔要求。

由于被申请人南京外运拒绝了申请人的索赔要求，申请人于是在1995年9月1日根据Asbatankvoy租约格式第二十四条规定的仲裁条款开始了仲裁程序，指定John Schofield为仲裁员，同时通知被申请人在20天内指定仲裁员。被申请人未能在此期限内指定仲裁员，申请人则指定Bruce David Ian Mckenzie为第二位仲裁员。这两位仲裁员又共同指定了Alan R. Rurbidge为首席仲裁员组成仲裁庭。1995年10月18日，仲裁庭致函被申请人，阐明了仲裁程序，并要求双方就其各自的仲裁请求提出书面材料。1996年1月11日，仲裁庭通知被申请人如果不能在允许的时间内（此后两周内）提出答辩要点，申请人即有权要求仲裁庭依据已有的文件作出裁决。1996年4月17日，申请人致函被申请人，要求被申请人对仲裁作出答复。被申请人未能作出答复。1996年7月2日，申请人要求仲裁庭根据其提供的材料进行裁决，1996年7月6日，仲裁庭再次要求被申请人在1996年7月31日之前提交相关材料。1996年7月31日，被申请人致函仲裁庭不存在任何有效租船合同，也不存在任何有效订租纪要。1996年8月1日，仲裁庭通知被申请人将作出裁决。

直到1996年9月10日，被申请人才对仲裁庭的管辖权提出异议，称申请人签署的租船合同中的仲裁条款对被申请人无约束力。丸红公司的电传中没有提出仲裁条款，也没有提及同意适用Asbatankvoy租约格式的油轮租船合同，组成仲裁庭不合法。

1996年9月12日，仲裁庭回复被申请人：根据英国法律租船合同有效，仲裁合法。1996年9月13日，被申请人告知仲裁庭已委托律师处理此事。1996年10月11日，被申请人再次向仲裁庭主张，该仲裁庭对被申请人无管辖权。因为被申请人并未签署租船合同，丸红公司作为经纪人在未得到被申请人的授权的情况下签署的合同对被申请人无约束力，后果应当由丸红公司承担。

【问题】

1. 什么是国际商事仲裁？
2. 代理人资格如何确定？
3. 临时仲裁机构的管辖权及其确定仲裁庭裁决在我国的承认与执行如何？

【案例解析】

国际商事仲裁，又称对外经济贸易及海事仲裁、涉外仲裁等，是指不同国家的公民、法人将他们在对外经济贸易及海事中所发生的争议，以书面的形式，自愿交由第三者进行评断和裁决。国际商事仲裁主要运用于下列案件：国际货物买卖合同中的争议；国际货物运输中的争议；国际保险中的争议；国际贸易、支付结算中的争议；国际投资、技术贸易以及合资、合作经营、补偿贸易、来料加工、国际租赁、国际合作开发自然资源、国际工程承包等方面的争议；国际知识产权保护方面的争议；海上碰撞、救助和共同海损中的争议；国际环境污染、涉外侵权行为中的争议，等等。其特点是：以双方当事人的协议为基础；仲裁机构一般是民间性的组织；提交仲裁的当事人有自由选择地点、仲裁机构、仲裁员、仲裁程序和适用的实体法；仲裁裁决是终局的，一旦作出，立即生效。

本案仲裁庭认为，根据英国法，除非当事人各方在作出裁决前的任何阶段，约定或者要求进行口头开庭审理，否则仲裁庭有权依据文件对租船合同进行仲裁。作为英国公认的惯例，在当事人各方未约定或要求口头开庭审理的情况下，应当视为当事人各方已经同意仲裁应当在不进行口头开庭审理的情况下进行。仲裁庭或申请人律师多次给被申请人提出答辩或要求口头开庭审理的机会，被申请人仍未要求口头开庭审理。故仲裁庭推定，当事人双方已同意仲裁庭在不进行口头开庭审理的情况下作出裁决，因此本案不进行口头开庭审理而进行裁决。

1998 年 1 月 23 日，仲裁庭作出裁决：被申请人南京外运立即向申请人奥特克公司支付 332052 美元以及 1995 年 9 月 1 日起至裁决之日为止按年利率 7.5% 利息，被申请人承担仲裁费 8572. 79 英镑及仲裁裁决费 2830 英镑。

裁决所依据的理由如下：

⑴租船合同使用 Asbatankvoy 租约格式，特别条文第七条规定，争议将在伦敦仲裁；

⑵“塔亚号”于 1995 年 7 月 19 日到达新加坡，并发出准备就绪通知书，而租船人的经纪人通知取消契约；

⑶船东与租船人之间的连带关系如下：船东的经纪人是彼特马，该经纪人又同新加坡的经纪人莱夫斯和丸红公司有联系，丸红公司又同南京外运取得联系；

⑷已提供的证据并没有显示丸红公司在成交租船契约上已经超出了他们的名义代理权，如果确实如此，这是租船人追究丸红公司的事情，但并不能说明租船人有权说他们不受代表他们订立的合同的约束；

⑸租船人不但完全知道协议条款，而且也完全知道成交书的条款，并且已经授权丸红公司成交；

⑹油轮贸易的进行频繁，订好船只，进行航运，在稍后的一些时间才提交租船契约以便作为同意的条款的正式证据，证据确认南京外运使用其他主要租船人的船东使用的接收电传形式的成交书有约束力，并按照其中的条款约定的装货的同样的方式来定期运作；

⑺租船人的有关没有有效合同的抗辩又进一步和他们1995年7月19日（向丸红公司）发出的航运指示的事实相抵触，在这一航运指示中他们明确地把他们描述为租船人，双方有合同基础；

⑻本合同被同意受英国法律支配，通过一个书面或者口头承诺的交换而达成协议，是英国法律存在已久的原则，双方交换的信息成立了书面协议，并不能排除在英国法律下没有一个书面协议的可能性；

⑼船东已经采取了合理的减少损失的行动，索赔成功。

（一）本案裁决在我国的承认与执行

1998年7月21日，申请人奥特克公司向武汉海事法院申请执行在伦敦的该临时仲裁庭作出的裁决。

1．*南京外运请求法院拒绝执行裁决的理由*

被申请人中国外运南京公司（简称南京外运）提出申请人签署的租船合同对被申请人无法律上的拘束力，以及被申请人对Asbatankvoy租约格式第二十四条关于在伦敦或纽约仲裁的规定不知情为由，请求法院拒绝承认与执行该仲裁裁决。被申请人提出了如下理由：

⑴申请人与被申请人之间根本没有签订任何租船合同，也未签订任何仲裁条款或协议，所以仲裁裁决对被申请人无约束力。丸红公司作为中间经纪人在未得到被申请人的授权及认可擅自使用被申请人名义与申请人签订租船合同，对申请人没有约束力，丸红公司冒用他人名义签订合同，后果应由他自己承担。

⑵仲裁裁决所依据的仲裁条款无效。申请人提供的Asbatankvoy租约格式第二十四条关于在伦敦或纽约仲裁的规定，被申请人对此不知情，更谈不上与申请人签署确定仲裁地点，这份标准合同的仲裁地因无人在合同的第一部分给予确定而同时存在两个可选择仲裁地点即伦敦和纽约，像这样有两个仲裁地点的仲裁条款属于“浮动仲裁条款”，因而无效。仲裁庭无根据地变更标准合同第二十四条款

规定，随心所欲地在伦敦仲裁是不合法的。

⑶伦敦仲裁在仲裁程序上有严重不符合1958年《纽约公约》的情节，仲裁庭未向被申请人提出仲裁员名册及有关资料，被申请人无从选择（仲裁员），剥夺了被申请人对仲裁员（进行）挑选的权利。

⑷被申请人从未接到过开庭通知，从未同意过不开庭审理，剥夺了被申请人参加庭审申辩的机会。总之，被申请人未能收到仲裁庭关于指派仲裁员或仲裁程序之恰当通知，该裁决应不予承认及执行。

2．武汉海事法院拟裁定拒绝承认与执行该裁决

2000年5月27日，武汉海事法院经审理后拟作出驳回申请人奥特克公司提出的执行该仲裁庭裁决的处理意见，理由如下：

⑴仲裁协议或仲裁条款具有独立性，仲裁条款与它所依据的合同是相互独立的，仲裁条款独立性原则已被各国仲裁立法与实践普遍接受，是具有法律约束的原则。构成合同一部分的仲裁条款应视为独立于合同其他条款以外的一项协议。

⑵本案中被申请人收到租船概要后，只是向经纪人丸红公司发出一份航次指令，该航次指令并未涉及仲裁事项，当事人在租船方面达成含意，并不等于就仲裁达成合意，所以从航次指令来看，被申请人发出航次指令至多只能证明同意租船，并不当然认定为被申请人同意该纠纷可进行仲裁。

⑶申请人奥特克公司只是与经纪人丸红公司签订航次租船合同，丸红公司作为被申请人租船经纪人只是为委托人南京外运办理租船事宜，南京外运并未明确授权丸红公司可代替南京外运同意订立与租船合同有关的具有独立性的仲裁条款，南京外运不对其经纪人丸红公司的所有行为承担责任。

⑷丸红公司以南京外运名义与申请人奥特克公司签订租船合同时，既未出具南京外运的介绍信，也无其他委托证明来证明南京外运同意进行仲裁。同时，南京外运并不知道包括仲裁条款在内的租船合同详细条款，也不知道该租船合同并入Asbatankvoy租约格式。故本案中丸红公司的签约行为所涉仲裁条款并不构成显见代理。

⑸ 1995年7月20日，申请人才与丸红公司签订租船合同，而事实上，申请人所属船舶“塔亚号”已于1995年7月19日到达新加坡，船长于次日零时发出准备就绪通知书，即船舶达到新加坡后申请人才与丸红公司签订租船合同，裁决认定1995年7月17日签订租船合同与事实不符。在船舶达到新加坡之前，丸红公司未与申请人奥特克公司签订租船合同，更谈不上被申请人接受了租船合同中的仲裁条款，而仲裁条款是仲裁庭进行仲裁的权力来源和首要条件，没有合法的

仲裁条款，不能进行仲裁。

综上所述，本案中租船合同仲裁条款没有得到申请人南京外运的事先同意和事后认可，仲裁事项缺乏合意性，该仲裁条款对南京外运没有约束力，英国仲裁庭无权对该案进行仲裁，故该仲裁无效，应驳回申请人的申请。

根据1958年《纽约承认与执行外国仲裁裁决公约》第五条第一款c项、《中华人民共和国民事诉讼法》第二百六十九条的规定，驳回申请人奥特克公司的申请。

3. 湖北省高级人民法院同意武汉海事法院的意见

根据《最高人民法院处理与涉外仲裁及外国仲裁事项有关问题的通知》，凡一方当事人向人民法院申请执行外国仲裁机构的裁决，如果人民法院经审理后认为申请承认与执行的外国仲裁裁决不符合我国参加的国际公约的规定或者不符合互惠原则的，在裁定不予执行或者拒绝承认与执行之前，必须报请本辖区所属高级人民法院同意不予执行或者拒绝承认与执行，应将其审查意见报最高人民法院。待最高人民法院答复后，方可裁定不予执行或者拒绝承认与执行。据此规定，武汉海事法院将其对该案的上述处理意见上报湖北省高级人民法院，湖北省高级人民法院审判委员会经研究，同意武汉海事法院“驳回申请人奥特克公司的申请”的意见，并于2000年9月12日以鄂高法〔2000〕231号文件的形式，呈报最高人民法院审批。

4. 最高人民法院的意见

最高人民法院在2001年9月11日复函湖北省高级人民法院，提出了如下意见：

⑴鉴于本案被申请人中国外运南京公司的所有活动都是通过其经纪人丸红公司进行的，因此应当认定丸红公司是被申请人的代理人，被申请人应当受丸红公司代其签订的租船合同的约束。

⑵被申请人签发航次指令的行为是一种履行合同的行为，该行为表明被申请人与申请人之间有租船合同。

⑶因为本案租船合同和租船概要中均含有仲裁条款，所以应当认为被申请人与申请人之间存在仲裁协议，本案仲裁裁决不具有不予承认和执行的情形。根据《中华人民共和国民事诉讼法》第二百六十九条和《承认和执行外国仲裁裁决公约》的规定，该仲裁裁决应当得到承认与执行。

根据最高人民法院的上述意见，本案以武汉海事法院承认与执行由临时仲裁庭在伦敦作出的仲裁裁决而告终。

（二）本案涉及的主要法律问题

本案涉及的法律问题是多方面的，归纳起来，主要有以下几个问题：临时仲裁机构与常设仲裁机构裁决的效力；本案租船合同和仲裁协议的成立；如何正确地理解本案合同中仲裁条款的效力和仲裁条款独立原则；本案仲裁程序是否适当。

现就本案所涉及的上述法律问题分述如下：

1．临时仲裁机构与常设仲裁机构裁决的效力

本案裁决是设于伦敦的临时仲裁机构（庭）作出的裁决。就仲裁裁决的实质而言，临时仲裁裁决与常设仲裁机构项下的裁决的效力相同。这是由于《纽约公约》项下的裁决不仅包括仲裁机构项下的裁决，同时也包括临时仲裁庭作出的裁决。

这里必须指出的是，在常设仲裁机构仲裁的情况下，仲裁裁决是由仲裁庭作出的，而不是由仲裁机构作出。仲裁机构的主要作用，是负责制定仲裁规则和协助、监督仲裁规则的实施，以及与仲裁规则实施有关的行政管理等方面的工作。我国是《纽约公约》的缔约国，尽管在我国境内作出的裁决，均应根据仲裁法由我国境内的各仲裁委员会管理下由仲裁庭作出裁决，目前尚无临时仲裁裁决存在的法律空间，但是对于外国仲裁裁决，无论是在外国仲裁机构项下的裁决，还是临时仲裁庭作出的裁决，我国法院均应当按照《纽约公约》的各项规定，作出承认与执行或者拒绝承认与执行的裁定。

2．本案租船合同与仲裁协议的订立

本案当事人之间的争议，是由于被申请人租用申请人的油轮的航次租船合同而引起的争议。而该航次租船合同不是由本案当事人直接订立，而是通过他们各自在新加坡的代理人订立的。申请人通过其经纪人彼特马在新加坡为其油轮的运输招揽生意，而被申请人则通过其在新加坡的丸红公司为其寻找运输石油的船舶。

本案申请人请求法院拒绝执行该裁决提出的第一个理由是双方当事人之间没有合同关系。这个理由不能成立，因为本案申请人与被申请人之间的租船合同，是通过在新加坡的另外一个船舶经纪人莱夫斯订立的。1995 年 7 月 17 日，莱夫斯首先把丸红公司的租约条款传真给申请人的代理人彼特马，后者将租用申请人油轮的租船合同概要（包括租船人为本案申请人、装载条款、丸红公司的租约条款和 Asbatankvoy 租船格式合同）传真给莱夫斯，莱夫斯将此又传真给本案被申请人的经纪人丸红公司。1995 年 7 月 18 日，丸红公司将此租船概要传真给被申请人，并注明所租船舶为本案申请人的“塔亚号”。1995 年 7 月 19 日申请人向丸红公司发出航次指令。如果说 1995 年 7 月 18 日丸红公司向申请人传真的租船概要是本

案申请人向被申请人发出的租船合同的要约，那么1995年7月19日申请人向丸红公司发出的航次指令则构成对该租船合同概要的接受。因为被申请人在该航次指示中明确了租船合同中的特别条款中的内容：装货港、商品名称、数量、供货人名称、承租人中国外运南京公司，卸货港代理南京外运船务代理公司等，完善了该租船合同的内容。因此，申请人不能以没有在1995年7月20日的合同上签字为由，否认该合同的成立。1995年7月20日在合同上的签字只是合同成立的证明。就合同条款达成的意思表示一致的时间是1995年7月19日。在此之前，丸红公司作为被申请人在新加坡的代理人的身份不能否认。丸红公司在1995年7月18日将此租船概要传真给被申请人，并注明所租船舶为本案申请人的“塔亚号”，可见，丸红公司的行为是在被申请人的授权之下所为，其在1995年7月20日的签约行为并没有超越其代理权限。尽管合同于1995年7月20日签字，但是当事人意思表示一致的时间是在1995年7月19日。被申请人不能以其没有在合同上签字而否认该合同的订立。事实上，1995年7月20日的签字是对当事人之间已经达成了的租船合同内容形式上的进一步确认。根据合同法的理论，当事人就合同内容达成一致，合同对当事人有法律上的拘束力，除非法律另有规定。

鉴于本案租船合同本身就有关于仲裁解决合同争议的规定，1995年7月18日丸红公司传真给被申请人的租船概要中，也包括仲裁条款的规定，这一条款包括在该合同的共同条件中。被申请人在向丸红公司发出租用“塔亚号”号时，并没有对该条款提出异议，因此，本案合同的成立时间，就是仲裁协议的成立时间。

3．如何正确地理解本案合同中仲裁条款的效力和仲裁条款独立原则

被申请人请求法院拒绝承认与执行该裁决的理由之二，是该裁决所依据的仲裁条款无效，并称对租船格式合同第二十四条关于在伦敦或纽约仲裁的规定不知情，此外，有两个仲裁地点的仲裁条款属于“浮动仲裁条款”，因而无效。

被申请人的上述抗辩不能成立。理由是丸红公司在1995年7月18日将申请人提出的含有格式租船合同的租船概要已经传真给被申请人，而被申请人在格式合同共同条件的基础上完善了合同的特殊条款后，1995年7月19日向丸红公司发出航次指令。被申请人在向丸红公司发出此项指令时，并没有对租船合同中的仲裁条款提出异议，视为对该仲裁条款的接受，因为仲裁条款是合同共同条件的一部分，这是从事该行业的人都应当知道的内容，被申请人称其不知情，这是他自己的责任，因为1995年7月18日丸红公司向其发出的租船合同概要，包括了该合同中的全部共同条件，被申请人应当知道格式合同中的仲裁条款。如果说被申请人不知情，被申请人也应当自行承担不知情的责任。1995年7月18日，当作为

申请人要约条件的租船合同概要传真给被申请人后，被申请人完全可以提出不接受该合同中的仲裁条款的要求，但是被申请人在1995年7月19日发出航次指令时，并没有对该条款提出异议，因此，该租船合同的成立日期，即为仲裁协议的成立日期。

仲裁条款中含有两个可供选择的仲裁地点，并不构成仲裁条款无效。因为当事人选择其中的任何一个地点，都是允许的。仲裁条款有效性的最基本的实质要件，是当事人通过仲裁的方式解决合同项下争议的意思表示。即便在我国的司法实践中，也允许当事人在两个仲裁地点中作出选择，而不是认定该仲裁协议由于规定了两个仲裁地点而无效。例如，早在1996年，最高人民法院在复函山东省高级人民法院《关于齐鲁制药厂诉美国安泰国际贸易公司合资合同纠纷一案中仲裁条款效力的审查报告》中就指出：本案当事人订立的合同仲裁条款的约定“合同争议应提交中国国际贸易促进委员会对外经济贸易仲裁委员会，或瑞典斯德哥尔摩商会仲裁员仲裁”，该条款对仲裁机构的约定是明确的，亦是可以执行的。当事人只要选择约定的仲裁机构之一即可进行仲裁。在临时仲裁中对于仲裁地点的选定，也是如此。当事人可以选择其中的任何一个地点，都可以进行仲裁。

武汉海事法院最初打算拒绝承认与执行该裁决，其主要理由是被申请人接受了租船合同，并不意味着接受仲裁条款。其所依据的就是仲裁条款独立性原则的理论。这是对仲裁条款独立性原则的曲解。所谓仲裁条款独立性原则，是指当事人对含有该条款的合同无效、失效或者违法、合同不存在的问题发生争议时，或者仲裁庭或者法院即便认定该合同由于违法而无效、失效或者不能履行时，仲裁条款作为一项独立的有关如何解决合同争议的条款，仍然应当得到法院的承认与执行。就本案而言，武汉海事法院提出的一个理由是当事人接受了租船合同，并不意味着接受了该合同的仲裁条款。

这样的论调还可以发生在合同转让中，当含有仲裁条款的合同转让给另一方当事人后，该合同在履行中发生争议，当一方当事人将争议提交仲裁解决时，受让人往往也提出这样的抗辩：受让人接受了合同实体权利义务的转让，但是没有接受合同中的仲裁条款，其所依据的也是仲裁条款独立性原则。这种论调同样站不住脚。受让人在接受该含有仲裁条款的合同时，意味着他将要接受合同中规定的全部权利与义务，当然也包括合同中的仲裁条款。受让人在接受被转让的合同时，可以与转让人进行讨价还价，对合同中的任何条款都可以表达其不同意见，如果不能就即将接受的合同中的条款达成一致意见，合同的转让也不能完成。可见，当事人之间在进行合同转让交易时，受让人完全有机会选择不接受合同中的任何条款，包括仲裁条款。如果在接受该合同时没有对该合同中的仲裁条款提出异议，就意味着接受了该合同的全部内容，包括合同中的仲裁条款。受让人就要受该合同中的仲裁条款的约束，而无权在此后履行中以仲裁条款独立性原则为由，提出接受合同而未接受该合同中的仲裁条款的抗辩。因为此项抗辩完全是对仲裁条款独立性原则的曲解。

无论是本案所涉及的仲裁条款对被申请人的拘束力，还是含有仲裁条款的合同转让时所涉及的仲裁条款对受让人的拘束力，都不能以仲裁条款独立性原则作为抗辩依据。其主要理由是当事人在订立合同时如果没有就合同中的仲裁条款提出异议，他无权在合同履行中对此提出抗辩。因为仲裁条款一旦成立，就对双方当事人具有法律上的拘束力，就是“有效的、不可撤销的和可以强制执行的，除非存在着法律上或者最高人民法院作出的决定是正确的，平衡法上规定的可以撤销的理由”。当然，仲裁是双方当事人的共同约定，如果双方当事人都同意撤销该仲裁协议，该协议也可以终止。但是，一方当事人无论如何也不能单方面终止该协议，一项有效的仲裁协议，可以得到法院的强制执行。如果当事人对此条款的效力发生争议，一方当事人认为该仲裁协议无效，当事人完全可以将该争议提交法院解决。如果法院认定该仲裁协议有效，就可以作出强制执行该协议的裁定。正如《纽约公约》第二条第三款所规定的那样：“当事人就诉讼事项订有本条所称之协议者，缔约国法院受理诉讼时应依一方当事人之请求，令当事人将该协议项下的事项提交仲裁，除非此项协议经法院认定为无效、失效或不能履行。”

关于含有仲裁条款的合同订立后的转让仲裁条款对受让人的效力问题，最高人民法院《关于人民法院处理涉外仲裁及外国仲裁案件的若干规定》（征求意见稿）第二十九条作了如下规定：“一方当事人在订立合同后将其权利义务全部转让给第三人的，合同中的仲裁条款对受让方和该合同的其他当事人具有约束力，但转让方、受让方及该合同的其他当事人另有约定的除外。”

4．本案仲裁程序是否适当

被申请人还提出了有关仲裁程序中的一些问题，包括仲裁员名册及其选择问题，以及本案的开庭审理等问题，不符合正当程序的要求。对此，我们应当如何看待呢？

⑴关于本案仲裁程序的适用法律

本案申请人选择了伦敦作为仲裁地点，那么根据国际商事仲裁立法与实践，如果当事人没有就仲裁程序的适用法律作出选择，按照各国国际私法中普遍适用的确定国际合同准据法的“最密切联系原则”的理论，应当认为仲裁地点所在国的法律，与本案仲裁程序有着最为密切的联系。所以，本案仲裁程序只要符合英国有关仲裁程序的法律规定，程序就是合法的。

⑵关于仲裁员名册及选择仲裁员的问题

如前所述，本案所涉及的是临时仲裁而不是机构仲裁。尽管我国现行《仲裁法》项下的仲裁只包括机构仲裁，而不包括临时仲裁。然而，就国际商事仲裁实践而言，特别是海事仲裁实践，临时仲裁是非常普遍的。况且，《纽约公约》项下的裁决，不仅包括在机构仲裁管理下作出的裁决，同样也包括临时仲裁庭作出的裁决。在临时仲裁的情况下，并不存在仲裁员名册的情况，当事人可以选择他们所信赖的任何人作为仲裁员。即便在常设仲裁机构仲裁的情况下，许多也没有仲裁员名册制度，如国际商会国际仲裁院，并没有名册制度。美国仲裁协会虽然有一个仲裁员名册，但是该名册仅供当事人参考，当事人在选择仲裁员时，并不受该名册制度的限制，当事人可以在名册中选择仲裁员，也可以在该名册之外选择。所以，仲裁员名册制度并不构成仲裁程序不当的理由。本案被申请人称“仲裁庭未向被申请人提出仲裁员名册及有关资料，被申请人无从选择，剥夺了被申请人对仲裁员进行挑选（仲裁员）的权利”，这个理由并不成立。因为本案涉及的是临时仲裁而非机构仲裁，临时仲裁根本就没有仲裁员名册可提供，况且，仲裁庭都成立了，还要什么名册呢？这里的关键问题是仲裁地点在伦敦，如何组成仲裁庭、仲裁程序如何进行、裁决如何作出才能得到法律保护等问题，如果当事人未能对这些问题在仲裁协议中作出约定的话，应当适用仲裁地法解决这些问题。而根据本案中租船格式合同中的仲裁条款的规定，当请求仲裁的一方当事人提出仲裁并向被申请人发出仲裁通知后，被申请人应当在收到该通知后20天内指定仲裁员，否则将由申请人代为指定第二名仲裁员。由于本案被申请人收到申请人的仲裁通知后未能指定仲裁员，所以申请人又指定了第二位仲裁员，这两位仲裁员又共同指定了第三位仲裁员作为首席仲裁员组成仲裁庭审理本案。这样做符合仲裁地法的规定，因而是合法的。

⑶关于本案开庭审理的问题

关于开庭审理的方式，如果当事人之间没有约定，同样应当适用仲裁地所在国的法律，本案被申请人还提出了本案仲裁庭未开庭审理案件的抗辩。这一抗辩同样也不能成立。本案仲裁裁决已经非常明确、有力地驳回了被申请人的这一抗辩理由。本案仲裁庭认为，根据本案应当适用的英国法，除非当事人各方在作出裁决前的任何阶段，约定或者要求进行口头开庭审理，否则仲裁庭有权依据文件对租船合同进行仲裁。作为英国公认的惯例，在当事人各方未约定或要求口头开庭审理的情况下，应当视为当事人各方已经同意仲裁应当在不进行口头开庭审理的情况下进行。仲裁庭或申请人律师多次给被申请人提出答辩或要求口头开庭审理的机会，被申请人仍未要求口头开庭审理。仲裁庭故推定，当事人双方已同意仲裁庭在不进行口头开庭审理的情况下作出裁决，因此本案不进行口头开庭审理而进行裁决。事实上，本案被申请人在仲裁审理过程中，从来也没有提出过书面审理的要求。被申请人在 1996 年 9 月 10 日，对仲裁庭的管辖权和仲裁协议的效力提出抗辩，但是该抗辩是在仲裁程序终结日（1996 年 7 月 31 日）之后提出的，根据一般适用的仲裁规则，仲裁庭可以不予考虑。因为本案仲裁庭在 1996 年 7 月 6 日之前，多次致函被申请人，要求其在 1996 年 7 月 31 日之前提交相关材料。既然被申请人没有提出延期要求，就意味着接受了仲裁庭的上述要求和仲裁程序规则。因此在仲裁程序终结后提出没有给被申请人申辩机会的理由，同样不能成立。其败诉也在情理之中。

本案最高人民法院对该案的把握完全正确。在向湖北省高级人民法院发函时指出，被申请人签发航次指令的行为是一种履行合同的行为，该行为表明被申请人与申请人之间有租船合同。

本案租船合同和租船概要中均含有仲裁条款，所以应当认为被申请人与申请人之间存在仲裁协议，本案仲裁裁决不具有不予承认和执行的情形。根据《中华人民共和国民事诉讼法》第二百六十九条和《承认和执行外国仲裁裁决公约》的规定，该仲裁裁决应当得到承认与执行。

（三）结论

通过上述分析，我们可以得出如下结论：

⑴临时仲裁庭的裁决与常设仲裁机构项下的仲裁裁决，具有相同的法律效力，均为《纽约公约》规定的裁决。

⑵含有仲裁条款的合同订立时间，即为该合同中的仲裁协议的成立时间。当事人在接受含有仲裁条款的要约或者接受类似合同权利义务的转让时，如果在接受要约或者转让时未能就该要约或合同中的仲裁条款提出异议，此后则不能以仲裁条款独立原则为由，提出仲裁协议无效的抗辩理由。

⑶仲裁程序适用当事人在仲裁协议中所选择的法律，如果未能作出选择，根据国际私法上普遍适用的决定国际合同准据法的“最密切联系原则”，应当适用仲裁地点所在国的法律，对仲裁程序的合法性作出认定。

后　记

仲裁法学是一门实践性很强的学科，但国内有关仲裁的书籍较多地集中于对仲裁制度的宏观理论介绍，对仲裁制度的实际运作及操作细节进行全面介绍分析的较少。这种情况既不利于读者对仲裁理论的深入研究，也不利于对仲裁方法和技巧等实用技能的掌握。作者从事仲裁法教学研究多年，有意识地总结仲裁案件的规律、特点，通过公开渠道收集了大量有关仲裁及其司法监督的真实案例，经过精挑细选、系统分析，使各案例具有典型代表性和实用参考价值，能给读者带来直观有效的法律实践借鉴指导。

本书从具体案例出发，系统、完整地为读者介绍仲裁法的基本理论，阐释我国仲裁法及相关司法解释的制度内涵与具体规定，探讨仲裁实践中存在的问题与解决方法，从而使读者更好地了解我国仲裁法，指导读者解决现实问题。

为了响应国家及学校教学改革的要求，为了满足仲裁法案例教学的需要，作者根据多年的教学经验，结合法学界最新的研究成果和新的法律、司法解释，参考了多部仲裁法教材、专著和多篇学术论文编写了本书，希望对仲裁法的教学有所助益。